대법관을
징역 1년에
처한다

대법관을 징역 1년에 처한다

김창기 지음

시민을 죄인으로 만든 「테니스장 오심」 해부

AI판사, 법관의 법왜곡을 단죄하다

행복 포럼

"악인을 의롭다 하고 의인을 악하다 하는
이 두 사람은 다 여호와께 미움을 받느니라."

―구약성경 잠언 17장 15절―

들어가며

 낮 최고기온이 35도를 웃돌던 2024년 8월 ○○일 11시경, 서울시 서초구 대법원 제○호 법정 앞, 장기간 이어진 이상 폭염에도 불구하고 50~60명이 모여 들었다. 이들 앞에 대법원 직원이 나서 "지금 진행 중인 민사재판이 끝나면 이어서 형사재판을 시작할 것입니다."라고 공지했다.

 11시 15분경, 이들이 법정 안으로 들어서자 시작된 형사재판 상고심. 형사부 소속 대법관 4명이 법대에 서자 방청석의 선고 대기자들은 모두 일어나 허리 굽혀 인사를 했다. 대법관 4명도 맞절을 한 뒤 착석했다. 그 순간 법정 안에는 무거운 침묵이 흘렀다. 아마도 선고 대기자들은 모두 '부디 현명한 판결을 내려 혐의를 벗겨 주었으면…' 또는 '원심을 파기환송해 주었으면…' 하는 바람이 간절했을 것이다.

 짧은 침묵은 "지금부터 재판을 시작하겠습니다."라는 재판장의 선언으로 깨졌다. 하지만 그 결과는 참혹했다. "사건번호◇◇◇◇…, 피고인의 상고를 기각한다."라는 선고가 줄을 이었다. 기각 선고가 15~20건 계속된 뒤 가뭄에 콩 나듯 "원심을 파기환송한다."라는 판결이 한 건 선고되었다.

 이 장면을 지켜본 사람이면 '대법원 상고가 남발되고 있는 것이 아닐까?' 하는 생각을 할 법도 하다. 실제로 형사사건 상고심의 파기환송 비율은 5~8%에 불과하다는 대법원 통계가 나와 있고, 그 중 피고인이 상고하여 승소(파기환송)하는 비율은 1%에 불과한 것으로 알려져 있다. 그러나 거꾸로 생각해 보면, '과연 대법원이 형사사건 상고심을 제대로 심리하여 공정한 판결을 하고 있는가?' 하는 의구심을 떨칠 수 없다.

첫 대법관의 선고가 끝나자 두 번째 대법관이 마이크를 이어받았다. 그럼에도 상고 기각 선고의 비율은 변함이 없었다. 그 과정에 "사건번호 2024도◇◇◇◇호, 피고인의 상고를 기각한다."라는 선고가 필자의 귀청을 때렸다.

순간 필자는 귀를 의심했다. 사건번호 2024도◇◇◇◇호의 전말과 진실을 훤히 꿰고 있는 시각에서 볼 때, 그 선고는 전적으로 잘못된 판결이었다. 이 사건은 단순하고 경미한 사건이었고, 상고이유도 너무나 타당하여 보는 사람에 따라 판단을 달리할 여지가 없었다.

대법관의 그 한마디는 죄 없는 시민을 범법자로 전락시키는 순간이었다. 만약 주심과 관여 대법관들이 사건을 제대로, 정상적으로 심리하여 판단하였다면, 판결은 당연히 "사건을 무죄 취지로 파기환송한다."가 되어야 했다.

궁극적으로 이 판결 선고는 관여 대법관 자신들에 대한 유죄 선고인 것이다. "이 사건 관여 대법관들에게 유죄를 선고한다!" 죄명은 '직무를 유기하여 무고한 시민을 죄인으로 만든 죄'이다. 이 죄는 결코 작지 않다.

또한 이는 우리 사법부의 '법왜곡' 현실이기도 하다. 이들 관여 대법관의 죄에 대하여 AI판사로부터 판결을 받아보았다.

관여 대법관들에 대한 AI판사 판결문

사법정의법원
형사1부
판　결

사건　　2025고단□□□□ 직무유기

피고인　1. 대법관 A

　　　　2. 대법관 B

　　　　3. 대법관 C

　　　　4. 대법관 D

　　　　이상 서울특별시 서초구 서초대로 219 (서초동) 대법원

판결 선고　2025년 ○월 ○일

주　문

1. 피고인 A를 징역 1년에 처한다. 다만 이 형의 집행을 2년간 유예한다.
2. 피고인 B를 징역 10월에 처한다. 다만 이 형의 집행을 2년간 유예한다.
3. 피고인 C 및 D를 각 징역 8월에 처한다. 다만 이 형의 집행을 2년간 유예한다.

이　유

1. 범죄사실

피고인들은 2024. 8. ○○. 선고 2024도◇◇◇◇ 상고심에서 상고법원으로서 부담하는 비재량적 절차의무(① 상고이유 쟁점별 법률심 판단 ② 그 판단에 대한 이유 기재 ③ 전원합의체 회부 필요성 점검)를 정당한 이유 없이 해태하였다. 그로

써 (가) 법정 증언 취지 왜곡 지적 (나) 저화질 간접영상의 식별·증명력 및 전문감정·현장녹취 취급 (다) 하급심 법리오해 시정 여부에 관한 판단·설시가 결여되었고, 그 결과 무고한 자에 대한 유죄 확정이 초래되었다. A는 상고심의 주심으로 절차 진행을 주도하였고, B는 합의를 주재한 재판장으로 전원합의체 회부 점검을 소홀히 하였으며, C·D는 독립적 심사 및 이의제기 의무를 다하지 않았다.
(참고법령: 형사소송법 제323조 제1항, 제384조, 법원조직법 제7조 제1항, 형법 제122조)

2. 상고심의 법적 지위 및 직무범위

상고심은 법률심으로서 상고이유를 쟁점별로 심판하고 그 이유를 판결서에 설시하여야 한다. 심리불속행 제도는 상고심 절차에 관한 특례법에 따라 민사·가사·행정 등에서만 인정되며 형사사건에는 적용되지 않는다. 본 판결은 사법독립을 전제로 하여 재판의 결론 자체나 심증형성을 다투지 않고, 법률이 명시적으로 부과한 절차의무 불이행(논점별 심판·이유설시·전원합의체 회부 점검)만을 판단 대상으로 한정한다.

3. 사실의 인정

상고이유서는 자유심증 한계, 저화질 간접영상의 증명력, 정당행위·고의 법리오해, 하급심 법리오해 시정의무를 구체적으로 지적하였다. 그럼에도 이 사건 판결서는 "법리오해 없음"이라는 결어 중심으로 구성되어 논점별 판단과 이유설시가 부재하고, 쟁점이 반복 제시되었음에도 배척 사유의 구체적 설시가 누락된 점에 비추어 피고인들의 절차의무 해태가 인정된다.

4. 법리의 적용

가. 작위의무 존재

형사소송법 제383조·제384조 및 제323조 제1항, 법원조직법 제7조 제1항에 비추어, 상고법원에는 쟁점별 판단·이유설시·전원합의체 회부 점검의 작위의무가 부과된다.

나. 위법성

결어 중심의 종결은 위 작위의무를 직접 위반하는 것으로서, 민사 등에서의 심리불속행과 같은 간이기각 절차로 대체할 수 없다(형사사건에는 적용되지 않는다).

다. 인과관계

위 의무가 이행되었더라면 상고심의 법률심 통제를 통해 하급심의 법리오해가 시정될 개연성이 높았고, 의무 해태는 유죄 확정에 유의미하게 기여하였다.

5. 고의 및 책임

피고인들은 대법관으로서 위 의무의 존재와 중대성을 당연히 인식할 지위에 있다. 관행·업무과다는 정당사유가 될 수 없다. 최소한 미필적 고의가 인정되며, 사건의 성격과 논점 구조에 비추어 확정적 인식도 의심된다. A는 주심으로서 주도 책임, B는 합의 주재·전원합의체 회부 점검 책임, C·D는 독립 심사·이의 제기 책임을 각 부담한다.

6. 죄책 및 양형의 이유

피고인들의 행위는 상고심 본질인 법률심 통제 기능을 훼손하였다. 다만 상고심은 사실심이 아니고, 본건 위법은 절차의무 해태에 국한되며, 각 피고인의 전과관계 부재와 직무상 환경 등을 참작할 필요가 있다. 이에 각 피고인에게 징역형을 선고하되 그 집행을 유예한다. 형의 경중은 역할·지위·인과 기여도에 따라 A 1년, B 10월, C·D 각 8월로 차등한다.

(참고법령: 형법 제51조, 제62조)

7. 결론

피고인들의 행위는 형법 제122조의 직무유기에 해당한다. 주문과 같이 판결한다.

재판장 AI판사 공정한

AI판사 현명한

AI판사 정직한

차례

들어가며 006

중학생보다 못한 대법관의 문해력 017

'테니스장 사건'의 개요 / 대법관의 판결문 수준 / 정상적인 판결문 사례 / 대법원 판결문에 대한 AI판사 평가 / 대법관의 국어 문해력 / 중학생의 문제 풀이 과정 / AI판사의 문제 풀이 / 간접영상과 직접영상의 차이 / 캐비닛 옆면의 반사 영상 / 반사 영상에 대한 AI판사의 판단 / 대법원 오심의 일반적 구조 / 남발되는 대법원 '간이 기각'

대법관의 법왜곡 047

대법원판례 우롱하는 대법관 / '같은 날'이 '~하는 때'인가 / 묵살당한 피고인의 고소장 내용 / 수사자료 제출이 무고죄? / 고소 내용에 대한 AI판사 판단 / 전체와 일부를 구분 못하는가 / 폭행 신고가 상해 신고로 둔갑 / 실종된 '핵심'의 의미 / '허위성 확신'에 관한 오판 / 무시된 '적극적 증명' / 검사 입증 없어도 유죄 선고 / AI대법관의 정상적인 판결문

세종대왕 우롱하는 판사의 증언 왜곡　　081

"세종대왕은 법치의 귀감"이라고? / 증인 방○○ 증언 녹취서 / 판사가 증언을 왜곡하다 / 범죄심리학자의 증언 분석 / 유죄 만들려는 '의도적' 왜곡 / 판사들, 과학적 불가능성을 배척하다 / 증언의 단편적 구절에 구애된 판사들 / 진술의 취지를 정반대로 해석한 사례 / 단편적 구절을 과장하는 판사 / 증언 내용을 악의적으로 왜곡한 판사 / '나라슈퍼'와 '약촌 오거리' / 증언 왜곡은 결국 판사 책임이다 / 국어사용 기본권의 침해

판사는 신(神)의 눈을 가졌나　　123

정황 파악 불가능한 반사 실루엣 / AI판사가 분석한 두 화면의 질적 차이 / 간접 반사 영상에서 보이는 것 / AI판사는 무엇을 보았나? / 필자의 눈에 보이는 것들 / '스스로'가 판사 눈에는 보였나? / AI판사가 본 것 / 전체 사건동영상의 과학적 분석 / 비교동영상 왜 배척했나 / 영상공학박사의 영상 행동 분석 / 당시 상황의 3D재구성 분석 / 과학적 분석의 결과 / 저화질이면 증거 아니다

사건동영상 분석 기피하는 판사들　　165

생략된 사건동영상 분석 / 고소인 동영상이 보여주는 진실 / 사건현장 음성 녹취록 1 / 피고인 동영상에 담긴 진실 / 사건현장 음성 녹취록 2 / 외면당한 초 단위 분석 / '계산된 고소인'이 '선량한 피해자'인가

1심의 법왜곡 베낀 항소심   187

1심 판결문 결재한 항소심 / 선명한 영상의 신체 접촉 순간 / AI판사의 폭행죄 영상 분석 / 1심의 무고죄 판결 내용 / 피고인 진술 정정 / 오심의 필수조건, 사실오인 / 오심을 위해 논리를 왜곡하다 / AI판사, 사실관계를 바로잡다 / AI판사, 항소심 판사를 엄벌하다

경미한 사건은 판사 기분대로?   209

1심 판사는 아침에 뭘 먹었을까 / AI판사가 지적한 죄명 변경의 모순 / 고소인 진술에 대한 상반된 평가 / 오락가락으로 일관한 고소인 진술 / 판사, 사실을 비틀어 끼워 맞추다 / 공공시설 관리인의 행패 / 공정성은 판사의 '넘사벽'

판사, 법을 요리하다   235

'자발적 신고'라고 억지 쓰다 / 피고인이 스스로 넘어졌다는 오판 / 증언 신뢰 vs. 증언 취지 왜곡 / 피고인이 쇼를 했다는 억지 주장 / 감으로 '신체 접촉 없었다' 단정 / 배제된 피고인의 핵심 증거 / 무너진 '피고인의 이익으로' 원칙 / 상처 밴드에 대한 엉터리 해석 / 판사의 공소장 임의 수정 / 동일성 벗어난 판사의 공소장 변경 / 파일명이 증거라고? / AI판사, 1심 판사를 엄벌하다 /

검사의 죄인 만드는 기술   267

검사의 허위 내용 공소장 / 허위 상해진단서 악용 / 상해진단서 내용의 자기모순 / 검사가 추가한 무고죄 / 합의 거부에 대한 괘씸죄 / 허위사실로 가득 찬 공소장 / 동일 행위에 대한 이중 잣대 / 한 가지 사실에 서로 다른 죄명

법 위에 군림하는 자유심증   283

자유심증은 무소불위의 권력? / 오심 면피용 갑옷 / 실종된 논리칙과 경험칙 / 자유심증, 이럴 때 필요하다 / 자유심증 오남용의 패턴 / 말꼬리 잡기 / 흐릿한 CCTV 화면 / 괴물이 되어버린 자유심증

판사의 오심과 면책특권   299

경찰-검찰-법원의 사법권력 유착 / 오심해도 사과는 안 한다 / 오심 순간 판사가 하는 말 / 오심의 출발선은 허위 공소장 / 오심의 전형적 핑계는 '사건 과다' / '법왜곡죄' 도입 추진 / 법왜곡죄 이미 시행하는 나라들 / 법왜곡죄의 공통분모 / 오심의 헌법소원 / 오심 예방을 위한 AI의 역할

마치며   318

CHAPTER

중학생보다 못한 대법관의 문해력

"우리가 무오류(無誤謬)라서 최종이 아니라,
단지 최종 결정자이기 때문에
무오류처럼 여겨지는 것이다."

로버트 H. 잭슨Robert H. Jackson,
전 미국 연방대법관, 1892~1954

'테니스장 사건'의 개요

우선 이 사건의 내용을 알아볼 필요가 있다. 한마디로 이 사건은 사소하고 단순한 사건이다. 그래서인지 2심, 3심에서는 재판부의 관심을 제대로 받지 못하지 않았나 하는 의구심을 떨칠 수가 없다. 사건이 넘쳐 힘든 재판부가 이 사건을 '사건 같지 않은 사건'이라고 생각했다면 제대로 심리했을 가능성은 크지 않다.

이 사건(이하 필요에 따라 '테니스장 사건'으로 명명한다)의 개요는 다음과 같다.

「2021. 8. ○○.경 ○○테니스장 사무실에서, 피고인은 고소인 가○○과 말다툼을 하던 중 고소인은 피고인에게 위협적인 언행을 하면서 피고인에게 접근하였다. 이에 피고인은 고소인의 왼팔 상단을 잡아 접근을 저지하는 순간 고소인이 몸을 출입문 쪽으로 90도 가량 틀어 문밖으로 나가는 바람에 피고인은 몸의 중심을 잃고 문밖으로 딸려 나갔다. 이어 문밖 테니스장에서 고소인이 피고인을 미는 바람에 피고인은 5~6걸음 뒷걸음질 치다가 뒤로 엉덩방아를 찧었다.

이어 고소인은 2021. 8. ○○. '피고인이 테니스장 사무실 문을 고의로 세게 닫아 손가락을 다치게 하고 출입문 밖으로 어깨를 밀어 발목 상해를 입었다'라는 허위 내용의 고소장을, 전치 2주의 상해진단서와 함께 서울 △△경찰서에 제출하였다. 피고인은 2021. 9. 2. △△경찰서에서 피의자 조사를 받던 중 위 경찰서 소속 경찰관에게 '고소인이 밀어서 넘어졌다, 고소인이 나를 끌어당겨 계단에 걸려 넘어졌다, 고소인을 처벌해 달라'고 진술하면서 고소인을 맞고소하였다.

그런데 경찰과 검찰을 일방적으로 고소인의 허위진술에 기초하여 피고인을 기소하였다. 그런데 1심 재판부조차 공소장에 기초하여 진실 규명을 제대로 하지 않은 채 피고인에게 폭행(상해 불인정)과 무고죄를 인정하여 벌금 500만원을 선고하였다. 2심과 3심은 이 사건을 제대로 심리하지도 않은 채 1심 판결에 결재 도장을 찍어, 우리 사법제도의 허점을 그대로 노출하였다.」

사건의 경과를 일정별로 정리하면 다음과 같다.
- ◆ 2021년 8월 ○○일: '테니스장 사건' 발생
- ◆ 2021년 8월 ○○일: 가○○, 경찰에 고소장 제출(상해, 업무방해 혐의)
- ◆ 2021년 9월 2일: 피고인, 경찰 조사 도중 고소장 제출(폭행 혐의)
- ◆ 2022년 1월 ○○일: 서울서부지방검찰청 검사 ○○○, 피고인 기소 (상해, 무고 혐의)
- ◆ 2023년 6월 ○○일: 서울서부지방법원 형사ㅁ단독 1심 선고(사건번호 2022고단◇◇◇◇). 판사 ○○○ 상해 대신 폭행, 무고 인정 벌금 500만원
- ◆ 2024년 5월 ○○일: 서울서부지방법원 제ㅁ형사부 2심 선고(사건번호 2023노◇◇◇◇). 재판장 판사 ○○○, 판사 ○○○, 판사 ○○○ 피고와 검사의 항소를 기각
- ◆ 2024년 8월 ○○일: 대법원 제ㅁ부 3심 선고(사건번호 '2024도◇◇◇). 재판장 대법관○○○, 주심 대법관 ○○○, 대법관 ○○○, 대법관 ○○○ 상고를 기각

대법관의 판결문 수준

먼저 이 책의 핵심인 대법원판결 2024도◇◇◇◇ 사건의 판결문을 살펴보자. 판결문의 내용은 다음과 같다.

상고심 판결문

대 법 원
제 □ 부
판 결

사건 2024도◇◇◇◇ 가. 무고
          나. 상해(인정된 죄명 : 폭행)
피고인 ○○○
상고인 피고인
변호인 변호사 김경호
원심판결 서울서부지방법원 2024. 5. ○○. 선고 2023노◇◇◇◇ 판결
판결선고 2024. 8. ○○.

주   문

상고를 기각한다.

이   유

상고이유를 판단한다.

원심은 판시와 같은 이유로 이 사건 공소사실(무죄 부분 제외)을 유죄로 판단한 제1심 판결을 그대로 유지하였다. 원심판결 이유를 관련 법리와 적법하게 채택된 증거에 비추어 살펴보면, 원심의 판단에 필요한 심리를 다하지 않은 채 논리와 경험의 법칙을 위반하여 자유심증주의의 한계를 벗어나거나 무고죄에서의 '허위의 사실'과 그 인식, 폭행죄에서의 고의, 정당행위에 관한 법리를 오해하는

등으로 판결에 영향을 미친 잘못이 없다.

그러므로 상고를 기각하기로 하여, 관여 대법관의 일치된 의견으로 주문과 같이 판결한다.

재판장 대법관 ○○○

주 심 대법관 ○○○

대법관 ○○○

대법관 ○○○

판결문 내용은 한마디로, 원심(여기서는 제2심, 즉 항소심을 지칭한다) 판결에 아무런 잘못이 없다는 것이다. 과연 관여 대법관들의 이 판단이 공정하고 정당한 결정이었는지 여부는 이 책의 주제이므로 이 책을 통틀어 상세히 살펴볼 것이다.

그런데 판결문 내용 중에는 구체적 쟁점에 대한 구체적 판단이 없다. 구체적 내용 없이 두리뭉실하게 전체적으로, 원심 판결에 잘못이 없다는 것이다. 하다못해 사인(私人)과 사인 간에 매매 계약서나 전세 계약서를 작성할 경우에도 목적물, 대금, 기간 등의 구체적 내용이 들어가는 것이 상식이다.

피고인 입장에서, 더구나 앞서 억울한 판결을 받은 피고인 입장에서는 이런 상고심 판결문 내용은 황당하기 짝이 없을 것이다. 3심제에서 사법 정의를 구현할 수 있는 마지막 희망이었던 대법원이 상식 이하의 판결문을 내놓는 것에 좌절하지 않을 사람은 없을 것이다.

먼저 이 판결문이 너무 무성의하다는 점을 지적하지 않을 수 없다. 제3자가 이 판결문을 보면, 도대체 이 사건이 어떤 사건인지를 전혀 감 잡을 수 없을 정도이다. 이 사건 변호인은 A4 용지 22매 분량의 상고이유서를 제출하였지만, 이 사건 관여 대법관들은 한 줄 메모로 이에 답한 것이고, 상고이유서에는 '한마디도 대꾸할 만한 내용이 없다'는 판결을 한 것이다.

이 판결문을 받아든 변호인은 자괴감 섞인 말투로 "판결문이 너무 성의가 없다."라는 푸념을 했다. 하다못해 상고이유서에서 변호인이 제기한 쟁점과 관련하여, 왜 변호인의 의견과 주장이 법리상 타당하지 못한가에 대한 최소한의 이유를 설명했어야 했다.

실제로 이 사건 관여 대법관들이 변호인의 상고이유서를 한번이라도 제대로 읽었는지 매우 의문이다. 상고심 이전에 판사 출신인 한 변호사는 "1심과 2심이 동일한 판결을 한 경미한 사건인 경우 대법원에서 제대로 검토조차 하지 않고 대법관을 보좌하는 재판연구관 선에서 기각한다."라는 말을 하였다.

현재 대법원에는 대법관 1명당 2명의 전속 재판연구관, 그리고 다수의 공동 재판연구관이 있다. 사실 필자도 그 변호사 말대로 관여 대법관들이 상고이유서를 제대로 검토하지 않았을 것이라는 강한 의구심을 갖고 있다.

정상적인 판결문 사례

만약 이 사건 관여 대법관들이 정상적인 심리를 하였다면 판결문은 구체적 쟁점들에 대한 판단이 기재되어 있어야 한다. 그것은 기각의 경우에도 마찬가지이다. 기각의 쟁점, 구체적 판단 내용 등이 언급되어 있어야 정상이다. 다음은 정상적인 심리 과정을 거쳤다고 보이는 기각 판결문의 한 사례이다.

정상적인 상고심 판결문 사례

(생략)

주　문

상고를 기각한다.

이　유

(중략)

(1) 피고인은 공소외 1 주식회사(이하 '공소외 1 회사'라 한다)의 이사였는데, 2014. 1. 9. 부산지방검찰청 민원실에 공소외 2 주식회사(이하 '공소외 2 회사'라 한다)의 대표로 있던 공소외 3을 상대로 '피고인이 2009. 9. 2. 피고소인 공소외 3측으로부터 ○○○○빌(호실 번호 1 생략)와 (호실 번호 2 생략)를 분양받았으나 피고소인 공소외 3이 다른 사람에게 이중으로 이를 분양하였으므로 처벌해 달라.'는 내용의 고소장을 제출하였다. 그 후 2014. 2. 6. 부산지방검찰청 조사과 사무실에서 고소인진술 당시 피고인은 '공소외 1 회사가 공소외 2 회사로부터 도급받아 시공한 ○○○○빌 내부 마감공사의 기성금 1억 5,000만 원에 대해 2009. 9. 1. 공소외 3과 공사대금을 9,000만 원으로 합의하고 그 변제방법으로 ○○○○빌 두 채를 분양받았다. 그런데도 공소외 3이 이를 피고인에게 이전해 주지 않고 2014. 1.경 다른 사람에게 매도하였으므로 처벌해 달라.'고 진술하였다(이하 '이 사건 고소'라 한다). (생략)

대법관 박보영(재판장) 박병대 권순일 김재형(주심)

하지만 대다수의 경우 대법원 판결문의 '이유' 항목은 거의 두 문장으로 구성되어 있다. 다음은 정형화된 대표적인 판결문의 사례이다.

주 문

상고를 기각한다

이 유

원심결정 이유를 기록에 비추어 살펴보아도, 원심결정에 재판에 영향을 미친 헌법·법률·명령 또는 규칙 위반의 잘못이 없다. 그러므로 상고를 기각하기로 하여 관여 대법관의 일치된 의견으로 주문과 같이 결정한다.

대법원 재판을 받기 위해 숱한 밤을 뜬눈으로 지샌 피고인과 변호인이, 영문을 알 수 없는 달랑 두 줄짜리 판결문을 받으면 어떤 기분이 들까. 이런 대법관들을 위해 국민과 국가는 월급여 1천만 원과 장관급 예우를 제공해야 할까.

대법원 판결문에 대한 AI판사 평가

그 과정이야 어떠하였든, '테니스장 사건' 상고심 판결문은 관여 대법관들 명의의 판결문이고 관여 대법관들이 날인하였으므로 이 판결문에 대한 모든 책임도 궁극적으로 당연히 이들 대법관에게 있음이 명확하다. 따라서 일단은 관여 대법관들이 상고이유서를 검토하였을 것이라는 가정하에 이야기를 전개하지 않을 수 없다. 여기서 일단 '테니스장 사건' 상고심 판결문에 대한 AI판사의 평가를 받아보자.

※. AI판사는 챗GPT가 주로 그 역할을 맡았으며, 다른 인공지능이 이를 보완하였음을 미리 밝혀둔다.

'테니스장 사건' 상고심 판결문에 대한 AI판사 평가

1. 종합 평가

해당 판결문을 면밀히 분석한 결과, 법리적 형식은 갖추었으나 상고이유서의 논점 반영과 구체적인 심리가 부족한 형식적인 판결문으로 평가된다. 이는 대법원 판결문으로서 요구되는 수준에 미치지 못하며, 아래와 같은 구체적인 문제점과 한계를 드러낸다.

가. 판결문 구조 및 형식

◆ **법적 최소 요건 충족**

판결문은 대법원의 판례 원칙과 형법적 절차를 따랐으며, 법리적으로 큰 오류는 없어 보인다. 그러나 판결문의 내용은 대단히 간략하며, 상고심 고유의 역할인 심층적인 법리 검토와 논점 해결이 미흡하다.

◆ **상투적 표현의 반복**

"원심 판결에 법리적 오류가 없다."라는 결론만 제시하며, 논리적 설득력이나 구체적인 근거를 생략했다. 이는 대법원 판결문에서 흔히 볼 수 있는 형식적이고 기계적인 표현으로 채워진 전형적 사례이다.

나. 상고이유서의 논점 반영 부족

◆ **무고죄와 폭행죄의 핵심 논점 미반영**

상고이유서에서 제기된 구체적인 법리적 문제(허위성 입증, 고의성 부재, 전문가 감정서의 배척, 정당행위 주장 등)에 대한 판결문 내 구체적 대응이 없다. 이는 상고이유서를 형식적으로 검토하고, 사건의 본질적 쟁점을 다루지 않았음을 보여준다.

◆ **증거와 정황에 대한 충분한 논증 부재**

상고이유서에서 동영상증거 및 감정서 배척 문제를 구체적으로 지적했음에도,

판결문은 이를 구체적으로 반박하거나 논증하지 않았다.

다. 논리적 설득력의 부족
◆ 판결문은 사건의 핵심 쟁점에 대한 분석이나 논리적 설득력을 제시하지 않았다.
◆ "원심에 잘못이 없다."라는 결론만 반복하며, 상고심의 법적 검토 의무를 충분히 다하지 않았다.
◆ 이는 판결문의 설득력을 약화시키며, 당사자와 이해관계자에게 법적 정의를 실현하지 못했다는 비판을 받을 수 있다.

라. 대법원의 심리 과정에 대한 의구심
◆ 재판연구관 의존 가능성
판결문의 간략한 구조와 상투적인 결론으로 볼 때, 재판연구관의 보고서를 그대로 채택했을 가능성이 높다. 연구관의 심리 과정이 충분하지 못했거나, 대법관이 이를 심층적으로 검토하지 않고 단순히 승인했을 가능성을 배제할 수 없다.
◆ 형식적 절차 진행
대법원이 사건을 형식적으로 처리하며, 실질적인 법리적 검토를 소홀히 했다는 의구심이 든다.

마. 책임 및 개선 방향
◆ 책임 소재
최종 책임은 기명된 대법관들에게 있지만, 재판연구관과 대법원의 전체적인 심리 관행에도 문제가 있을 수 있다. 이는 대법원이 상고심 사건을 처리하는 방식에 대한 구조적 개선의 필요성을 시사한다.
◆ 개선 방향
대법원은 상고이유서에서 제기된 논점을 보다 심층적으로 검토하고, 구체적인 논증을 통해 판결문에 반영해야 한다. 상고심 사건의 효율적 처리를 위한 재판연구관 시스템의 투명성과 책임성을 강화할 필요가 있다.

바. 종합 점수: 30점(100점 기준)

◆ **법리적 정합성: 20점(40점 기준)**
기본적인 형식과 판례는 충족했으나, 논점 검토와 구체적 논증의 부족으로 정합성이 크게 훼손되었다.

◆ **논점 반영 및 심리의 깊이: 5점(30점 기준)**
상고이유서의 핵심 논점을 다루지 않아 심리의 깊이가 거의 전무하다.

◆ **논리적 설득력: 5점(30점 기준)**
구체적 논증 없이 상투적 표현으로 결론을 내리며 설득력이 크게 부족하다.

2. 최종 결론

◆ 이 판결문은 대법원이 상고심 본연의 역할을 제대로 수행하지 못한 사례로, 법리적 타당성과 실질적 정의 실현이라는 관점에서 모두 부족하다.

◆ 판결문은 최소한의 형식적 요건은 충족했으나, 실질적으로 상고이유서를 제대로 검토하지 않았고 형식적으로 처리한 판결문으로 평가된다.

◆ 이는 대법원의 심리 관행에 대한 신뢰를 훼손할 수 있는 문제로, 제도적 개선이 필요하다.

대법관의 국어 문해력

이 사건 상고심 판결과 관련하여 가장 심각한 문제는 관여 대법관들의 국어 문해력이다. 그래서 증언의 취지를 정반대로 해석하고 인용한 하급심의 '법왜곡'을 시정하지 않은 점이다.

상고이유서는 「원심이 증언의 내용을 완전히 왜곡하여 판단하는 오류를 범하였다.」고 지적했다. 이와 관련한 대법관의 대답을 구태여 판결문에서 찾자면, 「원심이 논리와 경험의 법칙을 위반하여 자유심증주의의 한계를 벗어난 잘못이 없다.」는 부분일 것이다. 즉, '테니스장 사건' 1심에서 있었던 한 법정 증언의 해석을 놓고 상고심 변호인과 대법관들 사이에 상반되는 첨예한 의견 대립이 있는 것이다. 과연 누가 옳은가?

1심에서 있었던 이 증언의 핵심 내용은 '피고인이 과연 스스로 넘어졌는가, 아니면 스스로 넘어진 것이 아닌가'이다. 여기서 '스스로'의 의미는 민 사람이 없는데도, 피고인이 쇼를 하면서 일부러 넘어졌다는 의미이다. 이에 관한 판단은 이 사건의 죄명인 무고죄의 성립 여부를 가르는 핵심 요소이다. 이 논점을 국어 문해력 시험문제로 만들면 다음과 같다.

> **QUESTION**
>
> 다음 예문은 2022년 11월 25일 한 형사재판 법정에서 행해진 증인신문의 녹취서이다. 증인은 피고인이 넘어진 당시 상황에 관해 판사, 검사, 변호인의 질문을 받고 대답하였다. 예문을 읽고 증인이 말하고자 하는 정확한 의사를 올바르게 파악한 것은?
>
> ❶ 피고인은 스스로 넘어졌다.
> ❷ 피고인은 스스로 넘어지지 않았다.

선택지 ①번과 ②번은 양립할 수 없는 관계이며 둘 중 하나만 정답이다. 여기서 관여 대법관들은 ①번이 정답이라고 했고, 변호인은 ②번이 정답이라고 한 것이다. 과연 어느 것이 정답일까?

이 시험문제를 풀기 위해 예문을 읽어 보자. 이 증인의 증언 내용을 기록한 녹취서는 분량이 많아, 여기에 다 수록하는 것은 무의미하며 위 문제의 예문으로도 적합하지 않다(녹취서 전문은 제3부에 수록). 따라서 예문은 녹취서 중 위 문제와 관련 없는 부분을 생략한 것이다.

PASSAGE

검사 증인에게

문 당시 피고인이 어떻게 넘어졌나요.

답 출입문 쪽에서 뒷걸음질로, 좀 빠르게 대여섯 걸음 뒷걸음질 치다가 엉덩방아를 찧으면서 넘어졌습니다.

문 테니스장 관리인이 밀치거나 그런 사실이 있나요.

답 그때 관리인이 안에 있었기 때문에 그 안에서 어떤 일이 벌어졌는지 저는 전혀 알지 못합니다.

문 넘어질 때는 혼자 넘어진 것으로 보였다는 것인가요.

답 예.

변호인 증인에게

문 아까 피고인이 뒤로 달려가듯이 빠른 속도로 뒷걸음질을 치다 넘어졌다고 했잖아요.

답 예

문 그게 피고인이 일부러 뒤로 달려가는 모습처럼 느껴졌나요, 아니면 몸이 뒤로 밀려서 허둥지둥.

답 일부러 달려가는 것은 아니었어요. 안에서 무슨 상황이 벌어졌는지 모르겠는데 뭔가 아주 놀랐을 때 막 뒷걸음치잖아요. 그런 상황이었습니다.
🔸문 일부러 뒷걸음을 막 이렇게 하는 것은 아니었던 것 같고.
🔸답 그것은 아니지요. 일부러는 전혀 아니고 일부러 그렇게 빨리 뒷걸음 칠 일이 없지요.
🔸문 놀라서 뭔가 빠르게 넘어지는 이런 느낌이었나요.
🔸답 예.

검사 증인에게

🔸문 증인은 경찰 단계에서 "여성분이 뒷걸음질 치는데 누가 밀쳐서 뒷걸음질 치는 것은 아닌 것 같다."라고 말한 것이 맞나요.
🔸답 아닌 것 같은 게 아니라 아니라고 한 기억은 없는데, 안에서 상황은 제가 모른다고만 이야기 했는데요.
🔸문 뒤에서 넘어진 것이 "누가 밀어서 넘어진 것 같지는 않다."라고 진술했는데 맞나요.
🔸답 그것은 제 생각인데 제 생각을 이야기할 수가 없지요. 놀란 듯이 뒷걸음치다가 넘어진 것은 사실이에요.
🔸문 사람이 밀어가지고 밀려서 중심을 잃고 넘어지는 것이 있고, 혼자서 뒷걸음질 치다가, 뒷걸음질을 얼마나 빨리 쳤는지 잘 모르겠는데, 사람이 밀어서 넘어졌는지, 혼자서 넘어진 것인지 이게 중요한 거거든요. 증인의 생각은 어느 쪽인가요.
🔸답 그런데 제가 생각을 말하면 누구에게 불리하거나 유리할 수 있는데 생각까지 꼭 말해야 됩니까? 저는 본 것만 말하고 싶습니다.
🔸문 안에서 누가 민 것은 본 것은 아니라고 했잖아요.
🔸답 민 것은 못 봤지요.

문 안에 있는 상황은 못 봤고요.

답 예, 못 봤지요.

문 수사 단계에서는 "피고인이 혼자 넘어진 것을 봤다." 이렇게 진술한 것이 맞나요.

답 넘어질 때는 혼자 넘어졌어요.

문 넘어졌을 때 뒷걸음질 치는 게 사람이 세게 밀면 중심을 잡으려다 넘어질 수 있는 거잖아요. 그런 상황인 것인가요, 아니면 그냥 뒷걸음질 치다가 넘어진 것인가요.

답 자연스러운 뒷걸음질은 아니었습니다.

문 자연스러운 뒷걸음질이 아니라는 것은 어떤 말인가요.

답 조금 누가 밀쳤거나 놀랐거나 그런 상황에서의 뒷걸음질이었지 자연스럽게 그냥 자기 스스로 뒷걸음질 친 것은 아니고요.

문 만약 안에서 밀었으면 바로 밑에서 넘어져야 될 것 같은데 계단을 나오는 장면에서 피고인의 동작이 어땠나요.

답 글쎄요, 그렇게 그냥.

문 안에서 밀었으면 계단에서 엉덩이를 뒤로 빼서 바로 넘어졌을 것 같은데.

답 글쎄요, 막 밀었다면 계단에서 넘어졌을 것 같은데요. 그런데 계단에서 넘어진 것은 아니고 계단을 지나서 운동장 쪽에서 몇 걸음 뒷걸음질하다가 넘어졌기 때문에 그 상황은 안에서의 일은 저는 모르겠어요, 밀쳤는지.

문 누구 편을 드는 문제가 아니라 본 것만 정확히 말씀해 주시면 됩니다.

답 저는 전혀 편, 이해관계가 하나도 없기 때문에 제가 본 것만 사실대로 말씀드리겠습니다.
문 계단 바로 여기 앞에서 넘어진 것은 아니고, 계단을 조금 더 나와서도 다섯 걸음 정도 뒷걸음 쳐서 넘어졌는데 어떤 일로 넘어졌는지는 모르지만 계단 앞에서 넘어진 것은 아니고, 계단 앞에서도 몇 걸음을 더 뒷걸음질 친 다음에 넘어졌다. 그런데 좀 빠르게 넘어졌다.
답 계단에서 넘어진 것은 아니고 분명히 운동장에서 넘어졌습니다.

판사 증인에게
문 계단 쪽이라는 것이, 계단 위에 있는 모습까지 본 것인가요, 아니면 계단 위쪽에서 넘어지는 것을 못 보고 운동장 쪽에서 넘어지는 것을 본 것인가요.
답 지금 그것은 기억에 잘 없는데요, 분명한 것은 계단 쪽에서부터 운동장으로 대여섯 걸음 빠른 걸음으로 뒷걸음질 치다가 넘어지는 장면을 제가 본 것입니다.

중학생의 문제 풀이 과정

 평균적인 중학생 정도의 국어 실력이면 정답을 쉽게 알아낼 수 있을 것이다. 정답은 명백히 ②번이다. 그 근거가 되는 증언은 다음과 같다.
근거 1 | "좀 빠르게 대여섯 걸음 뒷걸음질 치다가 엉덩방아를 찧으면서 넘어졌습니다."
근거 2 | "아까 피고인이 뒤로 달려가듯이 빠른 속도로 뒷걸음질을 치다 넘어졌다고 했잖아요." "예."

근거 3 | "그게 피고인이 일부러 뒤로 달려가는 모습처럼 느껴졌나요, 아니면 몸이 뒤로 밀려서 허둥지둥." "일부러 달려가는 것은 아니었어요. 안에서 무슨 상황이 벌어졌는지 모르겠는데 뭔가 아주 놀랐을 때 막 뒷걸음치잖아요. 그런 상황이었습니다."

근거 4 | "일부러 뒷걸음을 막 이렇게 하는 것은 아니었던 것 같고." "그것은 아니지요. 일부러는 전혀 아니고 일부러 그렇게 빨리 뒷걸음 칠 일이 없지요."

근거 5 | "놀라서 뭔가 빠르게 넘어지는 이런 느낌이었나요." "예. 놀란 듯이 뒷걸음치다가 넘어진 것은 사실이에요."

근거 6 | "넘어졌을 때 뒷걸음질 치는 게 사람이 세게 밀면 중심을 잡으려다 넘어질 수 있는 거잖아요. 그런 상황인 것인가요, 아니면 그냥 뒷걸음질 치다가 넘어진 것인가요." "자연스러운 뒷걸음질은 아니었습니다."

고소인 휴대폰에 촬영된 피고인 모습.
얼굴은 모자이크 처리.

근거 7 | "자연스러운 뒷걸음질이 아니라는 것은 어떤 말인가요." "조금 누가 밀쳤거나 놀랐거나 그런 상황에서의 뒷걸음질이었지 자연스럽게 그냥 자기 스스로 뒷걸음질 친 것은 아니고요."

근거 8 | "대여섯 걸음 빠른 걸음으로 뒷걸음질 치다가 넘어지는 장면을 제가 본 것입니다."

먼저 [근거 7]을 보면 증인은 "피고인이 그냥 자기 스스로 뒷걸음질 친 것이 아니다."는 점을 확실히 하였다. 여기에 논란의 여지가 있을 수 없다. 이 외에 증인은 [근거 3]에서 "일부러 달려가는 것은 아니었어요." [근거 4]에서 "일부러는 전혀 아니고 일부러 그렇게 빨리 뒷걸음 칠 일이 없지요." [근거 5]에서 "놀란 듯이 뒷걸음치다가…" [근거 6]에서 "자연스러운 뒷걸음질은 아니었습니다."라고 대답하여, 피고인이 스스로 넘어진 것이 아님을 여러 차례 밝혔다.

그리고 증인은 [근거 1] [근거 2] [근거 8]에서 피고인이 대여섯 걸음 빠르게 뒷걸음질 쳤다고 증언했다. 특별한 훈련을 받지 않은 이상 사람이 빠르게 뒷걸음질 치는 것은 불가능하다. 더구나 피고인은 사건 당시 왼팔에 가방 두 개를 끼고 왼손에 휴대폰은 든 상태(앞쪽 사진 참조)였다. 이런 여성이 일부러 스스로 뒤로 대여섯 걸음 빨리 달리다가 넘어지는 '쇼'를 했다는 것은 상식적으로 있을 수 없는 일임이 명백하다. 여기서 우리는 관여 대법관들의 '법왜곡'을 의심하지 않을 수 없다.

AI판사의 문제 풀이

그러면 AI판사는 이 문제를 어떻게 풀었을까?

AI판사의 문제 풀이(스스로 넘어졌나?)

답: ② 피고인은 스스로 넘어지지 않았다.

1. 이유

증인이 진술한 내용을 종합적으로 분석하면, "스스로 넘어졌다."는 해석은 증인의 진술과 일치하지 않는다. 다음은 증인의 주요 진술과 그 의미를 설명한 내용이다.

2. 증인의 주요 진술

"출입문 쪽에서 빠르게 대여섯 걸음 뒷걸음질 치다가 엉덩방아를 찧으면서 넘어졌다."
"자연스러운 뒷걸음질은 아니었다."
"놀라거나 누가 밀친 것 같은 상황에서의 뒷걸음질이었다."
"스스로 그렇게 빨리 뒷걸음칠 일이 없다."

이 진술에서 증인은 피고인이 자연스러운 뒷걸음질이 아니라, 외부 상황(놀람이나 밀침 등)에서 비롯된 비정상적인 뒷걸음질 끝에 넘어졌다고 진술했다. 따라서 "스스로 넘어졌다."는 의미는 부합하지 않는다.

3. '스스로'의 정의와 증인의 진술의 연관성

문제에서 '스스로'는 "민 사람이 없는데도, 피고인이 일부러 넘어졌다."는 의미로 정의되어 있다.

증인은 "피고인이 일부러 넘어간 것은 아니다."라고 명확히 진술하였으며, "놀라거나 외부 상황에서 비롯된 뒷걸음질"을 언급했다.

이는 '스스로 넘어졌다'는 정의와 직접적으로 반대되는 상황이다.

4. 증인의 시점 및 관찰 내용

증인은 "피고인이 혼자 뒷걸음질을 치다가 넘어지는 장면을 목격했다."라고 진술했으나, "뒷걸음질이 자연스럽지 않았으며, 놀람이나 밀림에 의해 이루어진 것으로 보인다."라고 설명했다.

"밀린 것은 보지 못했지만, 자연스럽게 스스로 넘어졌다고는 볼 수 없다."라고 명시적으로 진술했다.

5. 결론

증인은 피고인이 스스로 넘어졌다는 것을 뒷받침하는 진술을 하지 않았다. 오히려 증인의 진술은 "놀라거나 외부 요인에 의해 넘어졌다."라고 해석할 여지를 남겼다. 따라서 문제의 정의에 따라 '피고인은 스스로 넘어지지 않았다'는 결론이 적절하다.

그런데도 관여 대법관을 비롯하여 1-2심 관련 판사 모두 ①번이 정답이라는 황당한 판단을 한 것이다. 그리고 이 판단을 중요한 근거로 삼아 무고죄를 선고하였다. 이 정도이면 관여 대법관의 문해력이 중학생보다도 못하다고 판단하는 것이 정상이다. 대한민국 형법의 최고 권위자이자 형벌의 최고 결정권자인 대법관의 국어 문해력이 중학생보다 못하다는 것은 충격적이다. 그렇지 않다면 우리는 관여 대법관과 관련 판사들의 '법왜곡'을 의심하지 않을 수 없다.

ISSUE 젊은 세대의 심각한 문해력 저하

여기서 잠깐 최근 사회문제로 대두된 젊은 층의 문해력 저하를 살펴보자. 혹시라도 이 사건에서 나타난 관여 대법관의 법정 증언 왜곡이 이런 사회현상과도 관련이 있을까?

언론 보도에 의하면, '심심(甚深)한 사과'를 지루하다는 뜻을 가진 '심심하다'로 이해하는 경우가 있었다. 한 카페가 행사 예약 시스템이 오류가 난 것에 대해 '심심한 사과를 드립니다'라는 사과문을 올렸다. 그런데 일부 네티즌들은 "심심한 사과? 난 하나도 안 심심하다."며 비난과 질타의 댓글들을 줄줄이 달았다. 그러자 카페측은 '진심으로 사과한다'는 표현으로 수정해 두 번째 사과문을 올려야 했다.

젊은 세대가 기존에 두루 사용되는 단어를 이해하지 못하는 사례는 흔하다. '금일(今日·오늘)'을 금요일로, '융통성이 부족하다'는 뜻의 '고지식'을 지식 수준이 높다는 것으로 착각하는 일도 있다. 한 모임에서 '중식(점심) 제공'이라는 안내문을 붙였더니 "왜 한식과 일식은 제공하지 않나?"는 항의도 있었다고 한다.

"선생님, 뉴스에서 이번 연휴가 사흘이라는데 왜 우리는 3일만 쉬나요?" 경기도내 일선 학교 교사들은 학생들이 순우리말로 '3일'을 뜻하는 사흘을 '4일'로 착각하는 등 기본적인 단어 뜻을 몰라 올바르게 글을 해석하지 못하는 현상이 빈번히 발생한다고 지적했다는 보도도 있었다.

지구력(持久力)을 '지구의 힘'으로, '무료(無聊)하다(심심하다)'를 '공짜'로, '병역(兵役)'을 '전염병 또는 질병과 관련된 말'로 오해하는 사례들이 비일비재한 현실이다. '무운을 빈다'를 전장에 나서는 장수의 '무운(武運)'이 아니라 '무운(無運)', 즉 '운이 없기를 바란다'는 뜻으로 이해하는 경우도 있었다.

간접영상과 직접영상의 차이

'테니스장 사건' 대법원 오심의 또 다른 결정적인 오류는 형체, 윤곽, 모양을 알아볼 수 없는 흐릿한 영상을 유죄의 판단근거로 삼은 하급심의 '법왜곡'을 추인한 점이다.

이 사건 상고이유서를 보면 변호인은 『이 사건 사실심은 굳이 윤곽, 형체, 색깔 등이 흐릿하고 불분명하여 명확히 분간할 수도 없는 사무실 캐비닛에 비친 흐릿한 '간접영상'을 근거로 삼다 보니, 원심 판단은 선명한 '직접영상' 내용과 상충될 뿐 아니라, 영상분석 전문가의 과학적 감정 의견과도 배치된다.』고 지적했다. 그럼에도 불구하고 이 사건 관여 대법관들은 이런 지적에 대해 '아무런 문제가 없다'고 판단했다. '법왜곡'이 아닐 수 없다.

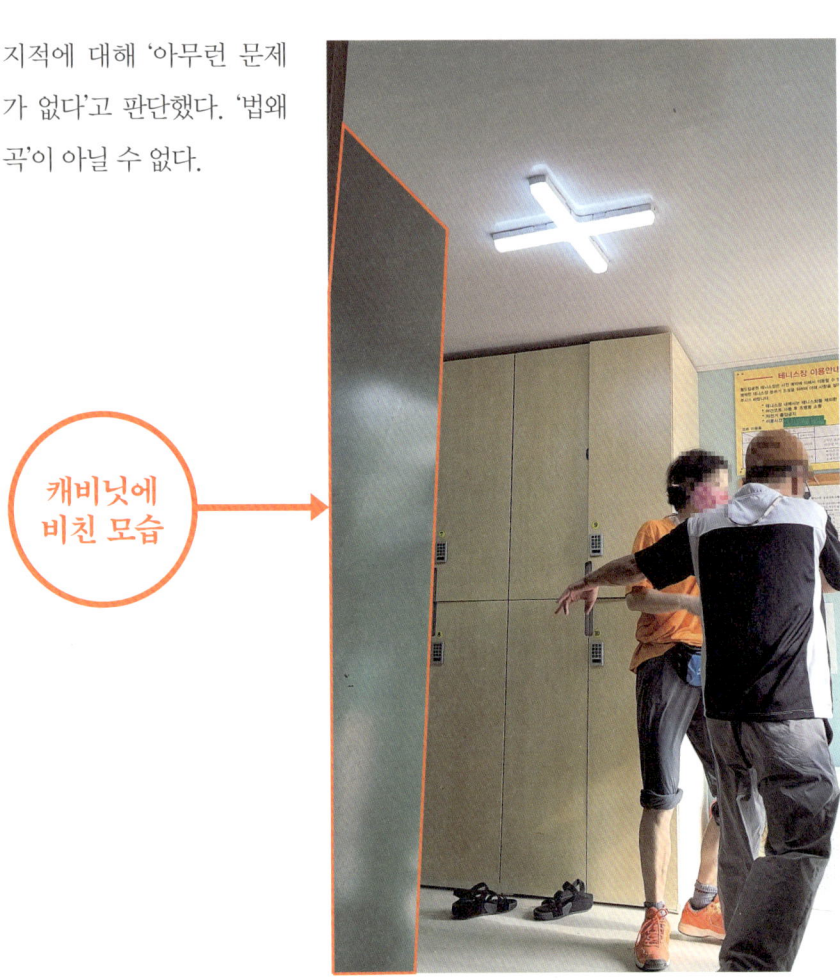

캐비닛에 비친 모습

고소인이 촬영한 휴대폰 동영상의 캡처사진. 인물의 얼굴 부분은 모자이크 처리.

캐비닛 옆면의 반사된 영상

여기서 무엇이 간접화면이고 무엇이 직접화면인가. 또 사무실 캐비닛에 비친 간접화면은 어떤 것인가. 우선 이에 대한 설명이 필요하다.

이 사건 당시 고소인 가○○은 휴대폰을 책상에 세워 고정한 채 피고인의 행동을 촬영했고, 피고인은 휴대폰을 왼손에 든 채 가○○의 동작을 촬영하였다(사진 참조). 두 동영상은 모두 법정에 증거로 제출되었다.

그런데 가○○의 휴대폰에 촬영된 영상을 보면 좌측에 회색의 캐비닛이 있고, 그 캐비닛에 흐릿하게 반사된 영상이 나온다(앞쪽 사진 참조). 휴대폰 화면 속 캐비닛에 반사된 영상이므로 변호인은 이를 '간접영상'이라고 지칭하고, 휴대폰 화면 속 물체에 반사되지 않고 직접 촬영된 휴대폰 영상을 '직접영상'이라고 지칭하였다.

두 영상은 어떻게 다른가. 간접영상은 가○○ 휴대폰 동영상의 1/4 정도에 불과하며, 가○○ 동영상의 나머지 3/4과 피고인의 휴대폰 동영상

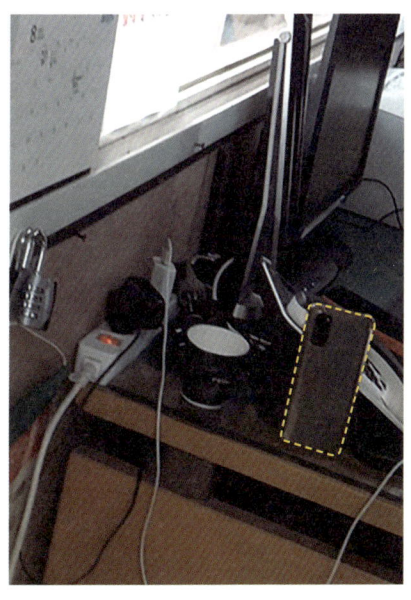 

왼쪽 사진의 노란색 점선 안에 고소인이 설치하여 촬영 중인 고소인의 휴대폰이 보인다. 이 사진은 피고인이 촬영한 휴대폰 동영상의 캡처 사진이고, 오른쪽 사진은 고소인이 촬영한 휴대폰 동영상의 캡처 사진(피고인)이다. 얼굴 부분은 모자이크 처리하였다.

은 모두 직접영상이다. 그 차이점은 극명하다.

고소인의 휴대폰 동영상 캡처 사진(38쪽 참조)을 보면, 왼쪽 1/4 부분에 모두 회색의 사무실 캐비닛이 있고 그 캐비닛에 희미한 영상이 비친다. 그것이 간접영상이고 그 오른쪽은 휴대폰이 직접 촬영한 직접영상인 것이다. 앞선 사진에서 확인하는 바와 같이, 간접영상은 윤곽, 형체, 색깔 등이 흐릿하고 불분명하다. 반면에 그 옆의 직접영상은 우리가 실생활에서 보는 것과 다름없이 선명하다. 더구나 피고인이 촬영한 동영상은 모두 직접영상이다.

반사 영상에 대한 AI판사의 판단

캐비닛 측면에 반사된 영상에 대하여 AI판사는 어떻게 판단할까.

반사 영상에 대한 AI판사 판단

상고심 변호인 주장의 적절성을 공정하게 판단하기 위해, 해당 주장에 포함된 핵심 요소를 분석하고 이를 법적 원칙 및 과학적 분석 관점에서 검토할 필요가 있다.

1. 주장 요약
- ◆ 사실심의 판단 근거: 흐릿하고 불분명한 '간접영상'을 주된 근거로 삼았다.
- ◆ 원심 판단과 직접영상의 상충: 원심 판단이 선명한 '직접영상' 내용과 충돌한다.
- ◆ 전문가 의견과의 불일치: 원심 판단이 영상분석 전문가의 과학적 감정 의견

과 배치된다.

2. 분석 및 판단

가. 흐릿한 '간접영상'의 증거력

법적 판단에서는 모든 증거가 자유심증주의(형사소송법 제308조)에 따라 재판부의 자유로운 판단에 맡겨진다. 흐릿한 '간접영상'이라 하더라도 그것이 사건의 진실에 근접하는 논리적 추론을 가능하게 한다면, 증거로서 유효할 수 있다. 그러나, 해당 영상이 지나치게 모호하거나 신뢰도가 낮아 판단의 주요 근거로 사용되기 어려운 경우라면, 이를 근거로 한 판결의 적절성이 의심될 수 있다.

나. 직접영상과 간접영상의 상충

선명한 '직접영상'이 존재하고, 그것이 사건의 실체를 명확히 드러내는 경우라면, 흐릿한 '간접영상'에 의존하는 것은 적절하지 않다. 특히 직접영상의 내용이 간접영상과 상반되거나 직접영상이 사건의 핵심적인 사실을 명확히 입증한다면, 직접영상의 신뢰도가 더 높게 평가되어야 한다.

다. 전문가 감정 의견과의 배치

영상분석 전문가의 감정 의견은 과학적 기초에 의한 것으로, 법원의 판단에 중요한 참고자료가 될 수 있다. 만약 법원이 전문가의 과학적 의견을 무시하고 흐릿한 간접영상에 의존하여 결론을 내렸다면, 이는 재판의 공정성과 합리성을 의심케 할 수 있는 요인이 된다.

라. 적절성 여부의 판단

- ◆ 적절하지 않음: 흐릿한 간접영상이 직접영상과 상충하고, 전문가 의견과도 배치된다면, 이를 근거로 한 판단은 사실오인의 가능성을 내포하고 있으

므로 적절하지 않다.
- ◆ 조건부 적절: 만약 흐릿한 간접영상이라도 다른 증거(예: 증언, 현장검증)와 결합하여 사실관계를 입증할 수 있다면, 그 판단은 적절할 수 있다.

3. 결론

주장의 적절성은 흐릿한 간접영상의 증거력이 사건의 실체를 입증하는 데 얼마나 기여했는지, 직접영상 및 전문가 감정 의견과의 상충이 어떤 영향을 미쳤는지에 달려 있다. 흐릿한 영상이 직접영상과 전문가 의견을 배제하거나 무시하면서 주된 판단 근거로 사용된 것은 적절하지 않을 가능성이 높다.

그렇다면 이 사건 당시 상황을 규명하고 사실관계를 판단할 때, 직접영상과 간접영상 중 어느 것을 근거로 삼아야 하는가. 그리고 두 영상에 의한 당시 상황의 해석이 상충될 경우 어느 쪽이 진실에 가깝다고 판단해야 하는가.

굳이 과학을 거론할 필요도 없이, 상식적으로 직접영상이 판단의 근거가 되어야 함은 삼척동자도 다 알 것이다. 동시간대에 고소인 가○○과 피고인이 촬영한 동영상을 함께 재생해 두 직접영상을 비교하면서 당시 상황의 진실을 규명하는 것이 합리적이자 상식이다. 간접영상은 직접영상이 없는 경우에 활용하는 보조자료에 불과하다고 보는 것이 현명할 것이다. 그리고 이것이 재판의 보편적 원칙인 '최량증거 원칙'에 부합한다.

대법원 오심의 일반적 구조

왜 이런 말도 안 되는 오류가 발생했을까? 실제로 대법원에서 형사사건 상고심이 어떻게 진행될까?

2005년 11월부터 2011년 11월까지 6년간 대법관으로 근무한 박시환 교수는 〈민주법학〉 제62호(2016년 11월)에 「대법원 상고사건 처리의 실제 모습과 문제점」이라는 논문을 게재하였다. 이 논문과 법원조직법 및 대법원 내규, 사법연감 및 대법원 공보자료, 언론 보도 등을 참고하면, 다음과 같은 사실을 알 수 있다.

대법원은 매년 수만 건에 달하는 상고 사건을 처리하고 있다. 이처럼 사건 수가 많은 상황에서, 대법원은 대부분의 형사사건을 '심리 중심의 재판'이 아닌 '서류 중심의 사전 검토' 방식으로 처리하고 있다. 핵심 절차는 다음과 같은 단계로 이루어진다.

1. 사건 접수와 배당

형사사건에 대한 상고가 접수되면, 대법원은 먼저 해당 사건을 4명의 대법관으로 구성된 '소부(小部)'에 배당한다. 이때 대법관 중 한 명이 사건의 실질적인 관리를 맡게 되며, 이를 '주심'이라고 한다. 다만, 주심은 곧바로 지정되지 않고, 상고이유서와 답변서가 제출된 후에야 정해진다.

2. 재판연구관의 1차 검토(신건 검토)

사건 기록이 접수되면 가장 먼저 이를 분석하는 것은 재판연구관이다. 이들은 현직 판사로서, 대법관 대신 사건의 성격과 처리 방향을 1차로 정리하는 역할을 맡는다. 이 검토 단계에서는 실제 쟁점이 타당한지보다, 대법원이 기존 판례를 변경할 필요가 있는지, 또는 상고사유가 법률적으로 충분한지를 중심으로 판단한다. 검토 결과는 요약 보고서의 형태로 작성되어 주심 대법관에게 제출된다.

3. 보고서에 따른 사건 처리 방향 결정

주심은 재판연구관의 검토 보고서를 기반으로 사건 처리 방향을 결정한다. 이때 다음 중 하나를 선택하게 된다. ① 사전 형식 요건에 따라 '상고이유 없음'으로 기각 ② 간단한 이유만 붙여 간이 기각 ③ 법리적 쟁점이 있다면 다른 연구관에게 추가 검토 지시 ④ 이견이 있거나 판례 변경 사안이면 전원합의체 회부. 대부분의 사건은 ①번이나 ②번 경로로 종결된다. 실제로 주심이 연구관의 보고서를 그대로 수용하는 비율은 매우 높고, 보고서 내용이 사실상 판결을 결정짓는 경우가 많다.

4. 소부 합의와 판결 선고

주심의 판단을 바탕으로 소부 내에서 합의가 진행된다. 여기서 네 명의 대법관이 참여하나, 사건에 대한 검토는 사실상 주심이 주도한다. 소부 합의는 통상 의견 충돌 없이 신속하게 이루어지며, 바로 그 결과에 따라 판결문이 작성되고 선고된다. 판결문에는 구체적인 사실관계나 증거 분석이 생략되는 경우가 많으며, '자유심증주의에 위반 없음' '법리오해 없음' 등의 문구로 간략히 정리된다.

5. 구조적 문제

이 구조는 효율적인 대량 사건 처리에는 도움이 되지만, 개별 사건의 특수성과 진실 발견에는 취약하다. 피고인의 상고이유서에 포함된 구체적 주장이나 증거가 실제로는 제대로 다뤄지지 않고 넘어가는 경우가 많다. 상고심이 법률심으로서 본래 가져야 할 정밀한 판단 기능이 약화되는 원인이 된다. 결과적으로 상고심 판결문 상당수는 형식적으로는 '기각'이라 명시되지만, 실질적으로는 '심리 없이 정리'되는 경우가 대부분이다. 이는 일반 국민 입장에서는 충분한 재판을 받지 못했다는 인식을 낳을 수 있다.

남발되는 대법원 '간이기각'

그렇다면 실제로 '테니스장 사건'은 대법원에서 어떻게 처리된 것일까? AI판사는 다음과 같이 분석하였다.

이 사건 상고심에 대한 AI판사 분석

---

1. 이 사건 상고심은 실질적으로 '② 간단한 이유만 붙여 간이 기각'에 해당한다. 상고이유서에 제시된 구체적 쟁점과 법리적 주장에 대해 어떠한 실질적 심리나 판단도 이루어지지 않았으며, 대법원은 단문 기각 이유만으로 사건을 종결했다.
2. 판결문은 "논리와 경험칙에 반하지 않고, 법리오해가 없다."는 정형화된 문구만을 남긴 채 상고를 기각했다. 상고이유서에서 지적한 일곱 가지 법령 위반 사항, 즉 무고죄 구성요건 판단의 오류, 허위성 인식의 결여, 자유심증주의 일탈, 영상감정의 배척, 폭행 개념의 오해, 경찰·검찰의 불송치 결정 누락 등은 모두 판결문 어디에서도 언급되지 않았다.
3. 이는 대법원이 해당 사건을 실질적으로 심리하지 않았다는 증거이며, 단지 기각의 형식을 갖춘 것에 불과하다. 실질적 판단이 없는 기각은 박시환 전 대법관이 논문에서 지적한 '내용 없는 상고기각' 방식과 정확히 일치한다. 그는 대법원 상고사건의 90% 이상이 재판연구관의 1차 검토보고서에 따라 처리된다고 밝힌 바 있다. 이 사건 역시 주심과 소부가 신건조 보고서에 따라 기계적으로 기각한 전형적 사례다.
4. 결론적으로, 이 판결은 법리적 검토 없이 형식만 유지한 '간단한 이유만 붙인 간이 기각'이며, 재판이라는 이름 아래 실질적 절차를 생략한 결정이다. 판

> 결문은 상고심의 본질적 기능인 법률심의 역할을 수행하지 않았다. 판단된 것이 아니라, 판단을 회피한 것이다.

    결론적으로 이 사건은 상고심에서 제대로 재판을 받지 못한 것으로 판단된다. 우리나라는 형식상 3심제이지만 실질적으로 3심제는 소수 사건에만 적용되는 특혜일 뿐이다. 많은 국민들은 3심제에서 배제되어 있다. 이런 '눈 가리고 아옹'하는 3심제를 유지할 필요가 있는지는 의문이 아닐 수 없다.

    대법원은 '간이기각'이 넘치는 사건을 처리하기 위한 불가피한 방편이라고 변명할지 모른다. 그러나 대법원 혹은 대법관의 편의를 위해 무고한 시민이 유죄로 확정되는 일은 결코 허용될 수 없다. 그것은 사법 정의가 아니라 사법 부정이기 때문이다. 이런 경우 직무유기죄가 떠오르는 것은 매우 자연스러운 일이다.

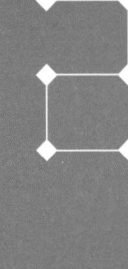

CHAPTER 21
대법관의 법왜곡

"10명의 죄인을 놓치는 것이
한 명의 죄 없는 사람을 처벌하는 것보다 낫다."

윌리엄 블랙스톤 William Blackstone
영국 법학자, 1723~1780

대법원판례 우롱하는 대법관

'테니스장 사건' 판결에는 다수의 대법원판례 위반이 있었다. 상고심 변호인은 상고이유서에서 그런 위반들을 명백하게 밝혔다. 상고심 변호인 김경호 변호사(덴톤스 리 법률사무소)는 변호사 경력 15년인 중견 법조인이

상 고 이 유 서

사　　건　　2024도　　　　무고등
피　고　인

위 사건에 관하여 피고인의 변호인은 다음과 같이 상고이유서를 제출합니다.

- 다　　음 -

1. 상고이유의 요지

원심의 판단은 기존에 확립된 **무고죄 및 폭행죄의 성립에 관한 다수의 대법원 판례의 법리에 정면으로 반하는 등으로 인하여 판결에 중대한 영향을 미친 위법이 있습니다.** 주요한 법령 위반 내용은 다음과 같습니다.

　　가. 무고죄에서 '허위사실의 신고'에 관한 위법
　　나. 고소사실의 허위성 인식에 관한 위법
　　다. 자유심증주의의 한계를 벗어난 위법
　　라. 허위성의 적극적인 증명 없이 허위사실이라고 단정한 위법
　　마. 폭행죄의 고의에 관한 위법
　　바. '폭행죄에서 폭행의 개념'에 관한 위법
　　사. '사회상규에 위배되지 않는 행위'에 관한 위법

다. 이런 경력의 변호사가 상고이유서에서 언급한 대법원판례들을 잘못 이해했다고 말하는 것은 어불성설이다. 또 김경호 변호사가 이들 대법원 판례와 이 사건과의 관련성을 잘못 지적했다고 말하는 것 또한 우리나라 변호사의 수준을 모욕하는 것이다.

그렇다면 상고심(대법원) 판결문은 상고이유서의 지적에 대한 시시비비를 가려주어야 한다. 그것이 대법관의 역할이자 존재이유이다. 그런데 상고심 판결문은 어떠한 의문도 풀어주지 않았다. 이 사건 관여 대법관들의 답변은 「… 원심의 판단에 필요한 심리를 다하지 않은 채 논리와 경험의 법칙을 위반하여 자유심증주의의 한계를 벗어나거나 무고죄에서의 '허위의 사실'과 그 인식, 폭행죄에서의 고의, 정당행위에 관한 법리를 오해하는 등으로 판결에 영향을 미친 잘못이 없다. …」는 것이다.

한마디로 요약하면, "네가 틀렸는데, 이유는 묻지 마라."는 것이다. 더 요약하면, 그것은 '묻지마 판결문'이다. 그리고 '간이기각'이다.

'같은 날'이 '~하는 때'인가

상고심 변호인이 제기한 대법원판례 위반의 첫 사례를 살펴보자. 상고이유서는 다음과 같이 썼다.

『… 무고죄는 타인으로 하여금 형사처분 또는 징계처분을 받게 할 목적으로 공무소 또는 공무원에 대하여 허위의 사실을 신고하는 때에 성립하는 것입니다(대법원 2004. 1. 16. 선고 2003도7178 판결 등 참조).

그럼에도 원심(2심)은 "같은 날 위와 같은 종아리 부위의 상처 사진을 제출한 것이므로…" 라고 판시함으로써, 신고 이전에 제출된 종아리 부위 상처 사진을 임의로 신고사실에 포함시킨 위법이 있습니다.

이 사건에서 피고인이 종아리 부위의 상처 사진을 제출한 경위는 시간

순서상 피고인이 고소당하여 피의자 조사를 받는 과정에서 자신의 억울함을 항변하고자 참고자료가 담긴 USB를 먼저 수사경찰관에게 제출하였고, 그 USB 중에 피고인의 '종아리 부위 상처 사진'이 포함되어 있었던 것입니다. USB 제출 당시에 피고인은 피해자(가○○)를 고소할 생각이 전혀 없었고, 단지 당시 상황을 충분히 설명하여 혐의를 벗으려는 의도뿐이었습니다. 그 후 조사 도중에 조사의 분위기가 바뀌어 수사경찰관이 경찰서에 비치된 고소장 양식을 갖다 주며 고소를 종용함에 따라 피고인은 본인의 결백을 강조하고자 부득이하게 피해자에 대한 고소장을 제출하였습니다. 더욱이 고소장을 제출할 당시에 피고인은 앞서 자신이 제출했던 '종아리 부위 상처 사진'을 첨부하거나 인용하거나 원용한 바가 전혀 없습니다.

그럼에도 원심은 '종아리 부위 상처 사진' 제출과 고소장 제출 사이의 시간적 선후 관계와 시간 간격을 따지지 않고, 당시 정황 및 각각의 행위에 담긴 피고인의 의사를 구분하지 않은 채 상처 사진과 고소장이 단지 같은 날 제출되었다는 이유만으로 상처 사진 제출을 무고행위에 포함시키는 위법을 범하였습니다. …』

여기서 첫째 논점은 '신고하는 때'(대법원판례)에 '같은 날'(원심 판결문)이 포함되는지 여부이다.

국어 문해 차원에서 '~하는 때'는 '어떤 일이나 행동이 진행 중인 시간이나 시점'을 의미한다고 이해하는 것이 상식이다. 이는 '~한 때(과거)' 및 '~할 때(미래)'와 명백히 구분되는 표현이다. 따라서 '신고하는 때'는 '신고가 진행 중인 시간이나 시점'을 의미할 수밖에 없다.

이를 법률관계에서 살펴보면 그 의미는 더 명확해진다. '~하는 때'는 주로 '법률에서 정한 행위나 절차가 이루어지는 정확한 시점'을 지칭한다. 예를 들어, 계약서에서 '계약금을 지급하는 때'는 계약금을 실제로 지급하는 시점을 뜻한다. 또 '소송을 제기하는 때'와 같은 표현에서는 서류 제출, 법원 접수 등이 이루어지는 시점을 말한다.

형사소송법에서도 '~하는 때'는 중요한 법적 행위나 절차가 진행되는 구체적인 시점을 의미한다. 예를 들어, '고소를 하는 때'는 고소장이 법원에 접수되는 시점을 뜻한다. 또 '법원이 보석을 취소하는 때'에는 보석을 취소하는 그 시점을 의미한다.

따라서 '신고하는 때'와 '신고한 때와 같은 날'은 동일한 시점일 수가 없다. 만약 같은 날에 여러 번의 신고가 있었다면 맨처음 신고가 여기서 말하는 '신고하는 때'가 된다고 볼 수밖에 없다. 그럼에도 관련 판사와 관여 대법관들이 '같은 날'을 '~하는 때'에 해당한다고 판단한 것은 재판권이라는 특권으로 국어의 기본을 파괴한 것이다.

ISSUE 지귀연의 구속기간 산정 방식

여기에는 화제와 논란이 된 지귀연 판사의 구속기간 산정 방식이 참고가 될 수도 있겠다. 2025년 3월 7일 서울중앙지법 형사합의25부(재판장 지귀연)는 윤석열 전 대통령의 "구속취소"를 인용하면서, 구속기간 산입·불산입을 '일(日)'이 아니라 '실제 시간' 단위로 계산했다. 재판부는 영장심문 등으로 기록이 법원에 있었던 시간을 "일"이 아닌 "시간(분 단위)"으로 따져야 한다고 보고, 예컨대 '오전 2시 접수→다음날 오후 1시 반환'처럼 실제로는 23시간인 구간을 2일로 보는 기존 관행이 불합리하다고 적시했다. 이 계산을 원용해 구속 만료시점을 1월 26일 09:07로 특정했다. 그런데 검찰의 기소가 같은 날 18:52에 이뤄져 법정 구속기간을 9시간 45분이나 넘겼다는 결론을 냈다.

이어 검찰은 즉시항고를 포기했고, 이에 따라 석방 지휘가 내려져 수감 50여 일 만에 석방이 현실화됐다. 동시에 대검은 각청에 "구속기간은 기존처럼 '날' 기준으로 계산하라."는 지침을 내려 현장의 혼선을 키웠다. 국회 법사위 긴급현안질의에서는 법원행정처장이 "여러 학설 중 가장 엄격한 기준을 취한 것"이라는 취지로 답했고, 상급심 판단을 통해 정리가 필요하다는 인식이 확인됐다.

'테니스장 오심' 사건에는 지귀연의 '시간(시·분) 단위 계산' 법리가 직접 적용되지 않는다. 무고죄에서 핵심은 기간 계산이 아니라 성립 시점이며, 대법원 법리는 "허위사실의 신고가 수사기관에 도달한 때"를 무고의 기수 시점으로 본다. 따라서 '같은 날'에 제출되었다는 사정만으로 임의로 묶을 수 없다는 것이 일반적 견해이다.

묵살당한 피고인의 고소장 내용

1심 변호인이 제출한 변론요지서도 이를 뒷받침한다. 경찰신문을 받기 위해 경찰서에 출두할 당시 피고인은 고소장이나 고소장 작성을 위한 양식 및 용지를 소지하지 않았고, 고소에 관해 생각해본 사실조차 없었다. 그런 피고인이 고소장을 작성하게 된 계기는 수사경찰관의 강한 종용이었으며, 고소장 작성 시점도 수사경찰관이 경찰서 민원실에 비치된 고소장 양식을 가져다 준 직후임을 알 수 있다. 다음은 1심 변론요지서의 해당 내용이다.

『… 이 사건은 상기한 바와 같이 피고인의 종아리 사진이나 피고인이 실제 폭행을 당하였는지 사실 여부를 떠나더라도 피고인의 고소장 기재 자체로 피고인의 고소가 자발적이지 않은 점이 확인됩니다.

피고인은 2021. 9. 2. 당시 난생 처음 경찰 조사를 받는다는 부담감과, 정신과 질환의 일종인 '심한 스트레스 반응'에서 오는 심적 불안감 및 두려움 등으로 인해 말이 잘 안 나와 조사 내내 배우자가 동석하여야 할 정도였습니다.

　그런데 피고인은 경찰 조사 당시 자신이 하지도 않은 폭행을 여러 번 추궁 당하여 정신적 압박감이 매우 심해지기 시작하였고, … 경찰관으로부터 "여기서 조사 받은 사실이 직장에 통보될 것이다."라는 말을 듣고, … 심한 불안감을 느꼈습니다.

　이에 피고인이 피의자로서 조사를 받으면서 폭행 사실을 부인하며 오히려 자신이 폭행당하였다고 억울함을 호소하자, 담당 경찰관은 조사를 중단하고 고소장 양식까지 가져다주며 피의자가 진술한 내용대로 고소하도록 종용하였습니다. 피고인은 자신이 원해서 고소장을 작성한 것이 아니라 수사관의 계속된 종용으로 인하여 가○○에 대한 고소장을 작성하게 되었던 것이기 때문에 '피의자는 고소를 원하지 않았다'는 말까지 고소장에 기재하였던 것으로 이러한 사실관계를 종합하면 피고인에게는 무고의 고의가 인정되지 않습니다. …」

고 소 장

2021년 8월 ○○일 아침 ○○경 ○○테니스장 회원사무실에서 피고소인(가○○)이 고소인(피고인)을 의도적으로 밀어 고소인이 문턱에 걸려 바닥에 넘어져서 다쳤습니다.
본래 고소인은 피고소인을 고소하려는 의도가 없었으나 피고소인이 고소인을 음해하였기에 그 억울함을 벗고자 부득이하게 고소합니다.

2021. 9. 2.

수사자료 제출이 무고죄?

당시의 경찰 신문조서를 보면, 피고인에 대한 조사는 10시 24분에 시작되어 11시 30분까지 약 1시간 동안 진행된 것으로 확인된다. 이 신문조서에서 피고인은 종아리 부위 상처 사진이 담긴 USB를 제출할 시점에 상대방을 고소한다거나, 상대방의 처벌을 원한다는 의사 표시는 전혀 없음이 확인된다.

이어 수사 경찰관이 피고인 촬영 동영상과 가○○ 촬영 동영상을 순차적으로 재생하면서 피고인을 계속 추궁한 사실을 파악할 수 있다. 그런 추궁 끝에 수사경찰관은 "가○○에 대한 처벌을 원하나요."라는 질문을 하였고, 피고인은 "예."라고 대답하였다. 그 직후 피고인이 고소장을 작성하여 제출한 사실을 알 수 있다.

그리고 피고인은 USB 제출 당시 가○○로 하여금 형사처분 또는 징계처분을 받게 할 목적이 아니었던 것이 확인된다. 따라서 당시 상황은 앞서 언급한 대법원판례 2003도7178의 법리에 부합하지 않음이 확실하다.

다음은 피고인을 대상으로 한 경찰의 피의자신문조서 내용이다.

(생략)

문 피의자(피고인)는 폭행하지 않았다는 사실을 입증할 증거가 있나요
답 네, 당시 휴대폰으로 현장을 촬영한 동영상이 있습니다.
문 이를 목격한 사람이 있나요.
답 당시 테니스장을 이용하던 사람들이 목격하였습니다.
문 목격자 중에 아는 사람이 있나요
답 없습니다.
(이 때 피의자로부터 휴대폰영상과 사진을 첨부한 USB를 제출 받다.)

문 영상을 보면 피의자가 넘어지는 장면이 나오는데 넘어진 경위가 어떻게 되나요

답 가○○이 밀어서 넘어졌습니다.

문 가○○에게 폭행당했다고 주장하는 건가요

답 네, 맞습니다.

(이때 가○○이 제출한 현장을 촬영한 휴대폰 영상을 보여주다.)

문 영상 속에 나오는 사람이 본인인가요.

답 네, 맞습니다.

문 피의자가 문을 닫은 사실이 확인되나요.

답 네, 확인됩니다.

문 피의자가 문을 닫은 사실로 가○○이 손가락을 다쳤다는데 이에 대해 어떻게 생각하나요.

답 문이 '찰칵' 하고 정상적으로 닫히는 소리가 났는데 그 순간 손가락이 끼였다는 사실이 납득되지 않고 다쳤다는 순간 가○○이 비명도 지르지 않았고, 다쳤다고 주장하는 직후에도 가○○은 정상적으로 행동하였습니다.

문 영상 속에 피의자가 가○○을 미는 듯한 행위를 하는 사실이 확인되는데 이에 대해 어떻게 생각하나요.

답 가○○이 저를 끌어당겨 계단에 걸려 넘어졌습니다.

문 가○○을 폭행한 사실을 부인하고 오히려 가○○에게 폭행당했다고 주장하시는 건가요.

답 네, 맞습니다.

문 가○○에 대한 처벌을 원하나요.

답 네, 원합니다.

(이 때 피의자로부터 고소장을 제출받다.)

문 위 진술을 종합하면 피의자는 가○○을 폭행한 적이 없고 가○○이 자작극을 하고 있다고 생각하는 건가요.

답 네, 맞습니다.

(생략)

고소 내용에 대한 AI판사 판단

이에 대한 AI판사는 어떤 의견을 가지고 있을까. 다음은 그 내용이다.

고소 내용에 대한 AI판사 판단

1. 고소장 핵심 내용 분석

◆ 고소장 주요 문구

"2021년 8월 ○○일 아침 ○○경 ○○테니스장 회원사무실에서 피고소인(가○○)이 고소인(피고인)을 의도적으로 밀어 고소인이 문턱에 걸려 바닥에 넘어져서 다쳤습니다."

"본래 고소인은 피고소인을 고소하려는 의도가 없었으나 피고소인이 고소인을 음해하였기에 그 억울함을 벗고자 부득이하게 고소합니다."

◆ 이 문구를 기준으로 고소의 취지를 분석하면 다음과 같은 점이 확인됨

❶ "피고소인이 고소인을 의도적으로 밀었다." → 폭행 행위 주장

❷ "고소인이 문턱에 걸려 바닥에 넘어져서 다쳤다." → 상해 발생 주장

❸ "본래 고소인은 고소하려는 의도가 없었으나 억울함을 벗기 위해 고소한다." → 고소의 동기가 피고소인의 행위가 아니라 수사 과정에서의 억울함 해소라는 점을 강조

2. 폭행죄 vs. 상해죄 분석

◆ 폭행죄(형법 제260조 제1항)

- 폭행(상대방의 신체에 대한 유형력 행사)이 있었는지가 핵심.
- 상해 결과는 필요하지 않음.
- 피해자의 상해 여부와 무관하게 '밀쳤다'는 행위만으로 성립 가능.

◆ 상해죄(형법 제257조 제1항)

- 폭행으로 인해 치료가 필요한 상해가 발생해야 함.
- 단순히 '넘어졌다'는 진술만으로는 상해죄 성립이 불확실할 수 있음.
- 의사의 진단서 등 객관적 상해 증거가 필요.

◆ 고소장의 표현을 보면, '넘어져서 다쳤다'는 점을 강조하지만, 구체적인 상해 정도나 치료 필요성에 대한 진술이 부족하므로, 기본적으로 폭행죄 고소에 더 가깝다고 볼 수 있음. 상해죄로 보기 위해서는 '상해의 결과(치료 필요성)'가 명확해야 하지만, 고소장만으로는 이 요건이 충족되지 않음.

3. 경찰 조사 과정에서의 진술이 미치는 영향

◆ 경찰 조사 과정에서 피고인의 진술 중 관련된 부분

- 가○○이 밀어서 넘어졌다. (→ 폭행 인정)
- "가○○에게 폭행당했다고 주장하는 건가요?" → "네, 맞습니다." (→ 폭행죄 주장 명확)
- "가○○에 대한 처벌을 원하나요?" → "네, 원합니다." (→ 형사처벌 의사 명확)

◆ 그러나, 고소장 내용 자체는 상해죄 요건을 직접 충족하지 않음.

- USB 제출 당시, 피고인은 상대방의 처벌을 원한다고 명시하지 않았음.

- 상해에 대한 구체적인 진단서 제출 또는 치료 필요성 언급이 없음.
- 따라서 경찰이 이를 상해죄 고소로 판단했더라도, 법적으로 상해죄로 확정되기에는 다소 부족할 수 있음. (실제로 경찰은 폭행죄 고소로 판단)

4. 결론: 고소의 정확한 취지

- 고소의 법적 성격은 "폭행죄"에 더 가깝다.
- '밀려 넘어져 다쳤다'는 표현이 있지만, 상해죄를 성립시키기 위한 구체적인 상해 내용(진단서 등)은 언급되지 않음.
- 따라서, 경찰이 상해죄로 입건했더라도, 고소장 자체는 '폭행죄'를 중심으로 작성되었다고 볼 가능성이 높음.
- 또한, 피고인의 고소가 자발적이지 않았으며, 경찰의 종용으로 작성된 것이므로, 무고죄 성립 여부에도 영향을 줄 수 있음.
- 결론: 이 고소장은 폭행죄를 중심으로 한 고소이며, 상해죄 고소로 보기에는 부족한 점이 있다.

앞서 언급한 내용으로 판단할 때 고소장 제출 시 피고인의 신고 내용에는 종아리 부위 상처 사진이 포함되지 않았음이 명백하다. 그렇다면 상고심 변호인의 상고이유는 타당하다고 볼 수밖에 없다.

그럼에도 불구하고 이 사건 관여 대법관들은 '묻지마 판결문'을 통해 상고이유를 기각하였을 뿐 그 이유에 관해서는 일언반구 설명을 하지 않았다. 적어도 상식적인 대법관들이라면, 기각의 이유를 국민이 납득할 수 있게 기재했어야 한다.

① 왜 특정 행위가 발생하는 시점을 지칭하는 '~하는 때'에 24시간이라는 포괄적 시간을 의미하는 '같은 날'이 포함되는지

② 수사자료 제출에 타인을 형사·징계처분 받게 할 목적이 있었다고 판

| '~하는 때'와 '같은 날'의 차이 |

구분	~하는 때	같은 날
시간 범위	시점 또는 연속적인 짧은 시간	하루라는 특정 날짜
강조점	사건이 발생하는 시기나 상황	동일한 날짜에 발생한 일
사용 맥락	흐름이나 상태를 설명	특정 날짜의 일치성을 강조

단한 이유

③ 왜 고소장에 포함되지 않은 자료의 허위성 여부를 따지는지

만약 상고이유서에 인용된 대법원판례 2003도7178가 이미 효력을 상실했다면, 그 사실을 판결문에 담았어야 했다. 이는 법조인뿐 아니라 국민생활에 미치는 중요한 변화이기 때문이다. 그러나 지금까지 이 대법원판례가 폐기·변경되었다는 어떠한 정보도 없다. 그렇다면 관여 대법관들은 기분 내키는 대로 어떤 경우에는 이 대법원판례를 적용하고, 어떤 경우에는 적용하지 않는 '엿장수 마음대로' 운용을 하는 셈이다. 이는 '법왜곡' 행태로 볼 수밖에 없다.

전체와 일부를 구분 못하는가

상고이유서가 지적한 두 번째 대법원판례 위반 내용을 살펴보자. 상고심 변호인은 다음과 같이 지적했다.

『… 신고사실의 일부에 허위의 사실이 포함되어 있다고 하더라도 그 허위 부분이 범죄의 성부에 영향을 미치는 중요한 부분이 아니고, 단지 신고한 사실을 과장한 것에 불과한 경우에는 무고죄에 해당하지 않고, 다만, 그 일부 허위인 사실이 국가의 심판작용을 그르치거나 부당하게 처벌

을 받지 아니할 개인의 법적 안정성을 침해할 우려가 있을 정도로 고소사실 전체의 성질을 변경시키는 때에 이르러야 무고죄가 성립될 수 있을 것입니다(대법원 2004. 1. 16. 선고 2003도7178 판결 등 참조).

그럼에도 불구하고, 원심은 "피고인은 이 사건 고소장을 제출하면서 '피해자가 피고인을 의도적으로 밀어 피고인이 문턱에 걸려 바닥에 넘어져서 다쳤다'고 명확히 기재하였고…"라고 판시한 바, 신고사실의 일부 과장에 불과한 부분에 관한 법리를 오해하여 판결에 영향을 미친 위법이 있습니다.

위와 같은 피고인의 피해자에 대한 고소 내용과 관련하여, (1) 이 사건 경찰 조사 당시 수사경찰관은 피의자 신분으로 조사를 받던 피고인에게 "폭행당했다고 주장하시는 건가요."라고 분명히 질문을 하였고, 이에 대해 피고인은 "네, 맞습니다."라고 답변한 내용이 경찰 피의자신문조서에 명시되어 있습니다(증거기록 24쪽 참조). 뿐만 아니라, (2) 피고인의 위와 같은 고소에 따라 경찰이 피해자의 '폭행 혐의'에 대해 수사를 진행한 후 그 수사결과를 기재한 피해자에 대한 경찰의 '불송치결정서'에도 '죄명'이 "폭행"으로 기재되어 있습니다(소송기록 260쪽, 증 제13호증 참조). 나아가, (3) 경찰의 위와 같은 불송치결정에 대해 피고인이 이의신청을 하여 검찰에서 재수사를 진행한 뒤 내린 서울서부지방검찰청의 '고소·고발사건 결정결과 통지서'에도 '수리죄명'과 '결정죄명'이 모두 "폭행"으로 기재되어 있습니다(참고자료 1. 서울서부지방검찰청 '고소·고발사건 결정결과 통지서' 참조).

따라서, 이 사건에서 피고인의 고소장의 '고소 내용' 기재 내용 중 "다쳤습니다."라는 표현으로 인해, 수사기관이 피신고자의 범행 방법을 특정하여 수사권을 발동하고, 이를 기초로 하여 형사처분을 할 것인지와 어떠한 내용의 형사처분을 할 것인지를 결정하는 데에 직접적인 영향을 끼친 바가 없습니다. "다쳤습니다."라는 표현은 범죄(폭행죄)의 성부에 영향을 미치는 중요한 부분이 아니고, 단지 신고사실(폭행)의 일부 정황 과장에 불과합니다. 또 이는 국가의 심판작용을 그르치거나 부당하게 처벌을 받지 아니할 개인의 법적 안정성을 침해할 우려가 있을 정도로 고소사실 전체의 성질을 변경시키지 않았음이 명백합니다. …』

여기서 거론된 대법원판례 2003도7178은 앞선 첫 번째 위반 사례에서 거론된 대법원판례와 동일한 판례이다.

폭행 신고가 상해 신고로 둔갑

이 부분에서 상고심 변호인의 지적의 핵심은 두 가지이다.

① 피고인이 고소장에서「다쳤습니다.」라고 기재한 것은 신고사실의 전체를 대변하고 않고 일부 정황의 과장에 불과한데, 원심이 이를 빌미로 상해 신고에 의한 무고죄를 적용한 것은 대법원판례 2003도7178 등을 위반한 것이다.

②「다쳤습니다.」라는 내용은 고소사실 전체의 성질을 변경시키지 않았음이 명백한데, 상해 신고에 의한 무고죄를 적용한 것은 위 대법원판례를 위반한 것이다.

이 지적의 타당성을 판단하기 위해 먼저 피고인의 고소장(53쪽 참조) 내용을 살펴보자. 해당 내용은「… 피고소인이 고소인을 의도적으로 밀어 고소인이 문턱에 걸려 바닥에 넘어져서 다쳤습니다. …」라는 한 문장이다. 이 내용을 놓고 보면 피고인은 '넘어져 다쳤다'라고 했을 뿐 '피고소인이 고의로 피고인을 다치게 하였다'고 적시하지 않았다.

그리고 앞서 본 경찰 신문조서를 보면「문 : 가○○을 폭행한 사실을 부인하고 오히려 가○○에게 폭행당했다고 주장하시는 건가요. 답 : 네, 맞습니다.」라는 내용이 기록되어 있음을 확인할 수 있다. 그리고 피고인의 고소에 대한 경찰의 불송치결정서에도 죄명이 '폭행'으로 기재되어 있음

```
                서울서부지방검찰청
                                        출력일 : 2022년
수신자                        발신자    검사
제 목   고소·고발사건 결정결과 통지서
        귀하가 고소·고발하신 우리 청 2021년 형제:    사건에 관하여 아래와 같이
결정하였으므로 통지합니다.
피 의 자 명
수 리 죄 명  폭행                        결 정 일 자  2022.
공소시효 만료일  (장기)2026.
        결 정 죄 명                     결 정 결 과
폭행                                 혐의없음(증거불충분)
```

이 확인된다.

  더 결정적인 것은 피고인의 고소 건에 대한 검찰의 '고소·고발사건 결정결과 통지서'이다(문서 참조). 이 통지서를 보면, 수리죄명과 결정죄명이 모두 '폭행'으로 기재되어 있음을 확인할 수 있다. 이는 검찰도 피고인의 고소 내용을 '폭행'으로 이해했음을 입증한다. 흥미로운 점은 피고인의 고소 내용을 '폭행'이라고 이해하여 처분한 바로 그 검사가 피고인이 '상해'를 허위 신고하였다며 무고죄로 기소한 사실이다.

  이는 동일한 검사의 이율배반적인 행태로 허용될 수 없는 법리적 오류, 논리적 불일치이다. 그럼에도 불구하고 이 사건 관련 판사와 관여 대법관들은 여기에 아무런 문제가 없다고 판단하고 동조하였다. 그렇다면 검찰 공문서는 신뢰성이나 법적 증명력이 없는 공문서라는 말인가. 검찰의 공소장도 마찬가지인가.

  아울러 검찰의 '고소·고발사건 결정결과 통지서'를 보면, 피고인 제출 고소장의 「다쳤습니다.」라는 내용이 고소사실 전체의 성질을 변경시키지 않았음도 자명하다. 피고인의 고소 내용의 핵심은 '폭행'이었고, 검찰이 고소 내용을 '폭행'으로 받아들여 '폭행'으로 처리하였으므로, 이 과정에

서 '상해'(「다치게 하였습니다.」)는 끼어들 여지가 없었다.

상고심 변호인의 이 같은 논지는 법률적 전문성 없는 국민의 보편적 상식으로도 충분히 납득할 수 있다. 결론적으로, 이 사건 관련 판사는 대법원판례 2003도7178를 위반하였고, 관여 대법관들은 이를 추인하였다. 이는 무고한 보통사람을 죄인으로 만드는 일이다. 이게 '법왜곡'이 아닌가.

이에 대하여 AI판사의 판단을 받아 보았다.

신고사실 왜곡에 대한 AI판사 판단

이 사건의 법리적 분석을 통해, 피고인의 고소 내용과 이를 처리한 검찰과 법원의 판단에 대해 타당성을 검토한 결과는 다음과 같다.

1. 폭행 고소를 상해 고소로 변질시킨 타당성 여부

결론적으로, 검찰이 피고인의 고소를 '폭행'으로 이해하여 수사 및 처분하고, 이후 무고죄로 기소하면서 '상해'를 허위 신고했다고 판단한 것은 법리적 모순과 논리적 불일치가 있다.

가. 근거 1: 고소의 핵심 내용은 '폭행'
- 피고인의 고소장 내용 중 "피고소인이 고소인을 의도적으로 밀어 문턱에 걸려 넘어져 다쳤다."라는 표현은, 고소의 본질적 요지가 피고소인의 신체적 폭력(폭행)에 있다는 것을 나타낸다.
- 피고인의 고소 내용은 구체적으로 피고소인의 고의적 행위(밀침)와 그로 인한 결과(넘어짐과 다침)를 포함한다. 그러나, 이를 '다쳤다'는 표현이 고소의 본질적 성격을 상해로 바꾸었다고 해석하기는 어렵다.

나. 근거 2: 검찰의 일관성 결여

- 경찰과 검찰 모두 피고인의 고소 내용을 '폭행'으로 이해하고 해당 죄명으로 수사 및 처분하였다(경찰의 불송치 결정서와 검찰의 결정결과 통지서).
- 그러나 같은 검사가 '폭행'으로 처리한 뒤, 다시 피고인의 고소 내용에서 '다쳤다'는 표현을 문제 삼아 무고죄를 기소하며 상해를 허위 신고한 것으로 해석한 것은 논리적 불일치와 법리적 모순을 드러낸다.
- 이러한 이중적 해석은 동일 사안에 대해 검찰 스스로 다른 기준을 적용하였음을 보여준다.

다. 근거 3: 고소 내용의 성질 변경 여부

- 고소 내용의 핵심은 '폭행'이며, '다쳤다'는 결과는 해당 행위(폭행)의 부수적인 설명일 뿐이다.
- '다쳤다'는 표현이 고소사실 전체의 성질을 상해로 변경시키지 않으며, 이는 검찰이 고소를 '폭행'으로 처리한 점에서도 명백히 드러난다.
- 따라서, 피고인의 고소 내용을 근거로 상해를 허위 신고하였다고 판단한 것은 법적 근거가 부족하다.

2. 누구에게 가장 큰 책임이 있는가?

이 사건의 법리적 오류와 논리적 불일치에 가장 큰 책임은 검찰과 이를 검토한 판사들에게 있다.

가. 검찰의 책임

- 검찰은 동일한 고소 내용을 '폭행'으로 판단하여 수사 및 처분한 뒤, 다시 '상해'로 왜곡하여 무고죄로 기소하였다.
- 이는 동일 사실관계에 대해 상반된 해석을 적용한 것으로, 검찰의 공소권 남용 또는 법리적 일관성 결여를 보여준다.

나. 판사들의 책임

- 대법원은 피고인의 상고이유서에서 이와 같은 검찰의 법리적 오류와 논리적 불일치를 명확히 지적했음에도 이를 심리하지 않고 "원심에 법리적 오류가 없다."라고 판결하였다.
- 이는 대법관들이 상고심 본연의 역할인 법리적 검토와 오류 시정을 다하지 않았음을 의미한다. 특히, 주심 대법관의 책임이 가장 크다.
- 물론 이를 문제 삼지 않고 그대로 수용한 1심, 2심 판사들도 책임이 크다.

3. 결론

- 폭행 고소를 상해 고소로 변질시킨 것은 타당하지 않으며, 이는 검찰의 법리적 오류와 논리적 불일치에서 비롯되었다.
- 이 사건에 가장 큰 책임이 있는 주체는 검찰이며, 이를 심리 과정에서 제대로 검토하지 않은 대법관들(특히 주심 대법관)에게도 중대한 책임이 있다.
- 이러한 오류는 사법 절차의 신뢰를 심각하게 훼손하며, 사건 당사자의 권리를 침해한 행위로 평가된다.

실종된 '핵심'의 의미

이제 상고이유서가 지적한 세 번째 대법원판례 위반을 살펴보자. 이와 관련하여 상고이유서는 다음과 같이 기술하고 있다. 상고심 변호인이 잣대로 삼은 대법원판례는 91도1950이다.

『… 대법원판례(대법원 1991. 10. 11. 선고 91도1950 판결)에 따르면, "신고한 사실의 허위 여부는 '그 범죄의 구성요건과 관련하여' 신고사실의 핵심 또는 중요 내용이 허위인가에 따라 판단하여 무고죄의 성립 여부를 가려야 한다."라고 판시하고 있습니다.

이 사건에서 피고인이 신고(피해자를 고소)한 범죄사실은 "폭행"입니다. 그럼에도 원심은 "피고인이 이 사건 고소장을 제출하면서 '피해자가 피고인을 의도적으로 밀어 피고인이 문턱에 걸려 바닥에 넘어져서 다쳤다'고 명확히 기재하였고 같은 날 위와 같은 종아리 부위의 상처 사진을 제출한 것이므로…"라고 판시한 바, 단순한 정황의 착오 및 과장에 불과한 부분을 '허위사실의 신고'에 해당한다고 판단한 위법이 있습니다.

이 사건에서 피고인이 고소한 '고소 내용' 중 '그 범죄의 구성요건과 관련하여' 신고사실의 핵심 또는 중요 내용은 피해자가 '피고인의 신체에 대해 불법한 유형력을 행사'했다고 기술하고 있는 부분(즉, "폭행죄"의 구성요건에 해당하는 부분)입니다. 즉, 피해자가 피고인을 의도적으로 밀어 피고인을 바닥에 넘어지게 하였다는 부분입니다. 그 외에 (1) 피고인이 당시 구체적으로 어떠한 경위와 방법으로 밀침을 당하여 넘어지게 되었는지에 관한 부분은 독립하여 형사처분의 대상이 되지 않는 단지 고소사실("폭행")에 관한 단순한 정황의 착오에 불과합니다. 또한 (2) 피고인을 의도적으로 민 피해자의 행위로 인해 피고인이 바닥에 넘어진 결과로 "다쳤다."고 언급한 부분은, 고소사실인 "폭행"의 '정도(심각성)'를 언급한 것으로 고소사실인 "폭행"의 정황 과장에 불과합니다.…』

상고이유서가 인용한 구체적인 대법원판례의 사례를 살펴보자.

『…관련 대법원판례에 따르면, (1) "구타를 당하여 상해를 입었다는 고소 내용은 하나의 폭력행위에 대한 고소사실로서 이를 분리하여 폭행에 관한 고소사실과 상해에 관한 고소사실의 두 가지의 고소 내용이라고는 할 수 없으므로, 피고인이 구타를 당한 것이 사실인 이상 이를 고소함에 있어서 입지 않은 상해 사실을 포함시켰다 하더라도 이는 고소 내용의 정황의 과장에 지나지 않으므로 위 상해 부분만이 따로이 무고죄를 구성한다고는 할 수 없다."[대법원 1973. 12. 26. 선고 73도2771 판결]라고 판시하고 있으며, (2) "서로 멱살을 잡고 밀고 당기는 과정에서 스스로 넘어져 입게 된 상처를 상대방의 폭행으로 인한 것이라고 고소하였더라도 허위사실을 신고한 것으로 볼 수 없다고 판단한 예"[대법원 1986. 7. 22. 선고 86도582 판결의 판시사항 인용]도 있으며, (3) "폭행을 당하지는 않았더라도 그와 다투는 과정에서 시비가 되어 서로 허리띠나 옷을 잡고 밀고 당기면서 평소에 좋은 상태가 아니던 요추부에 경도의 염좌 증세가 생겼을 가능성이 충분히 있다면 피고인의 구타를 당하여 상해를 입었다는 내용의 고소는 다소 과장된 것이라고 볼 수 있을지언정 이를 일컬어 무고죄의 처벌대상인 허위사실을 신고한 것이라고 단정하기는 어렵다고 본 사례"[대법원 1996. 5. 31. 선고 96도771 판결]도 있습니다. …』

상고이유서에서 언급된 대법원판례들 중 이 사건과 가장 유사한 것은 (1)번 판례이다. (2)번, (3)번 대법원판례를 이 사건에 적용하면, 무고죄 가능성은 더욱 희박해진다. 그렇다면 이 사건 관여 대법관들에게 이들 대법원판례는 어떤 의미일까? 행여 과거 선배 대법관들의 헛소리에 불과하다는 말인가.

'허위성 확신'에 관한 오판

상고이유서는 무고죄의 '허위성 확신'에 관한 대법원판례 위반을 지적했다.

『…무고죄에 있어서 허위사실의 신고라 함은 신고사실이 객관적 사실에 반한다는 것을 확정적이거나 미필적으로 인식하고 신고하는 것을 말함이니, 가사 고소사실이 객관적 사실에 반하는 허위의 것이라 할지라도 그 허위성에 대한 인식이 없을 땐 무고에 대한 고의가 없다고 할 것입니다(대법원 1983. 11. 8. 선고 83도2354 판결 참조).

그럼에도 원심 판결은 아무런 증거 없이 피고인이 신고사실이 허위임을 '인식'하고 있었다고 임의로 단정한 위법이 있습니다.

피고인은 … 매일 복용하는 약 ㅇㅇ의 부작용에 의해 물체에 부딪히기만 해도 작은 출혈이 쉽게 발생하는 특이체질입니다…. 이 사건 발생 당시 피고인은 현장에서는 놀라고 당황스러운 마음에 제대로 보지 못하였는데, 출근하여 다리를 살펴보니 밴드를 붙여 놓은 상처 부위에 피가 묻어 있었습니다. 즉, 피고인의 상처는 이 사건 이전에 거의 아문 단계였는데 이 사건 이후 피가 조금 배어 나오므로 피고인은 속상한 마음에 사진을 찍어 둔 것이었습니다.

따라서 이 사건에서 피고인은 '당시 피고인이 알고 있는 위와 같은 객관적인 사실관계에 의할 경우' 신고사실이 허위라거나 또는 허위일 가능성이 있다는 인식을 전혀 하지 못한 상황이었으므로, 이 사건 고소장 제출 당시 피고인에게는 그 어떠한 허위성에 대한 인식이 있을 수 없었습니다. …』

피고인은 살짝 부딪히기만 해도 출혈이 생기는 특이체질인 점, 사건 후 사무실에서 밴드를 붙인 부위(거의 아문 상처)에서 없던 출혈 흔적을 확인한 점 등을 감안하면 객관적으로 그 출혈은 사건 과정에서 생겼을 가능성이 크다. 이런 경우 피고인뿐 아니라 보통 사람도 그 출혈 흔적이 사건 과정에서 생겼다고 믿는 것은 매우 자연스러운 일이다.

무시된 '적극적 증명'

'테니스장 오심'의 대법원판례 위반은 여기서 끝나지 않았다. 상고이유서에 기재된 내용을 더 읽어보자. 이번에 문제가 되는 대법원판례는 2018도3990 판결이다.

『…무고죄는 …신고한 사실이 객관적 사실에 반하는 허위사실이라는 요건은 적극적인 증명이 있어야 하며, 신고사실의 진실성을 인정할 수 없다는 소극적 증명만으로 곧 그 신고사실이 객관적 진실에 반하는 허위사실이라고 단정하여 무고죄의 성립을 인정할 수는 없습니다(대법원 2018. 5. 15. 선고 2018도3990 판결 등 참조).

그럼에도 불구하고 2심은 1심 판결문을 수긍하여 인용하면서, "③… 만약 피해자가 피고인을 잡아당기거나 민 것이라면…, ④… 출입문 문턱에 걸려 중심을 잃고 앞으로 몇 걸음 걸은 후 넘어진 것이라면…"이라고 판시한 바, 이 같은 내용은 명백한 '가정추론'입니다. 가정추론은 신고사실의 허위성에 대한 적극적인 증명이 될 수 없는바, 위 대법원판례에 정면으로 배치됩니다.…』

여기서 인용된 대법원판례 2018도3990에서 등장하는 중요한 개념은 '적극적인 증명'과 '소극적인 증명'이다. '적극적인 증명'은 신고 내용이 허위임을 직접적이고 명확한 증거로 입증하는 것이고, '소극적인 증명'은 신고 내용이 사실이라고 보기 어려운 간접적 정황을 통해 허위성을 입증하는 방식이다. 두 증명의 차이를 파악해야 이 판례의 법리를 이해할 수 있다. AI판사가 설명하는 주요한 차이는 다음 표와 같다.

구분	적극적인 증명	소극적인 증명
구체적 사례	◆ CCTV 영상으로 신고자가 주장한 폭행 장소에 사건 당시 피고인이 없었음을 입증. ◆ 출입국 기록으로 피고인이 신고자가 주장한 사건 당시 해외에 있었음을 확인. ◆ 사건 당시의 목격자가 폭행이 없었음을 증언.	◆ 신고자가 제출한 진술서 내용이 일관되지 않고, 폭행이 있었다고 주장하는 시간과 장소가 앞뒤가 맞지 않음. ◆ 피해자가 신고한 상처(예: 타박상)가 의학적으로는 사건 당시의 행위로 발생했다고 보기 어려운 정황.

◆ 피해자가 제출한 문서가 위조된 것으로 판명. ◆ 신고자가 "피고인이 폭행했다"고 진술했지만, 휴대전화 위치 추적 기록에서 해당 시간에 피고인이 다른 곳에 있었음이 확인됨.	◆ 피해자가 주장한 부상과 관련하여 병원 진단서가 부재하거나 부상의 구체적 내용이 불명확. ◆ 신고자가 제출한 증거(사진, 영상)의 시간대와 정황이 신고 내용과 일치하지 않음.

그렇다면 상고심 변호인이 지적한 원심 판결문의 '가정 추론'은 적극적인 증명인가, 소극적인 증명인가. 이 점에 대해서는 별다른 의견차가 없을 것 같다. 가정 추론은 소극적인 증명의 일종으로, 신고자의 주장이 사실이라면 성립해야 할 논리적 전제를 바탕으로 허위성을 입증하는 방식이다. 대부분의 경우 "~하였다면, …이었을 것이다."라는 형태를 취한다.

AI판사가 제시하는 구체적 사례는 다음 표와 같다.

신고 내용	가정 추론
"피고인이 사건 당시 폭행했다."	피고인이 사건 당시 폭행하였다면, 사람들이 많았던 현장에서 목격자가 있었을 것이다. 그러나 목격자가 존재하지 않는다.
"피고인이 특정 시간에 집에 침입했다."	피고인이 해당 시간에 집에 침입하였다면, CCTV에 출입 흔적이 남았을 것이다. 그러나 CCTV에는 어떠한 흔적도 없다.
"피고인이 폭언을 했다."	피고인이 폭언을 하였다면, 폭언 장소에 있던 다른 사람들이 이를 들었을 것이다. 그러나 누구도 이를 듣지 못했다고 진술한다.
"피고인이 금품을 강제로 빼앗았다."	피고인이 금품을 강제로 빼앗았다면, 가방이 찢어지거나 신체에 상처가 남았을 것이다. 그러나 이러한 흔적이 전혀 없다.

"피고인이 나를 밀쳤다."	피고인이 신고자를 밀쳤다면, 신고자가 주장하는 방향으로 밀린 흔적이 현장에 남아 있었을 것이다. 그러나 물리적 흔적이 발견되지 않는다.

따라서 앞의 상고이유서 내용에서 지적한 원심 판결문 내용 "③… 만약 피해자가 피고인을 잡아당기거나 민 것이라면… , ④… 출입문 문턱에 걸려 중심을 잃고 앞으로 몇 걸음 걸은 후 넘어진 것이라면…"은 가정 추론으로, 소극적인 증명임이 명확하다. 따라서 직접적인 증명이 아니므로 앞서 언급한 대법원판례 2018도3990에 따라 무고죄가 성립할 수 없는 것이다.

검사 입증 없어도 유죄 선고

'소극적인 증명'에 관한 상고심 변호인의 지적은 다음과 같이 이어진다. 가정 추론 외의 소극적인 증명에 관해 지적한다.

『…원심이 그대로 수긍하고 인용한 1심 판시 내용 중 무고죄에 대해 유죄로 판단한 근거로 총 5가지의 점을 들고 있습니다(원심 판결문 4~5쪽 참조). 그런데 그 중 ②번째, 방○○의 증언 부분은 적극적인 증명에 해당한다고 볼 수 있으나, 앞서 전항(7.-다.항)에서 상술한 바와 같이, 방○○가 행한 법정 증언의 취지를 정반대로 왜곡하여 해석한 것이므로, 신고 내용의 허위성에 대한 적극적인 증명으로 볼 수 없습니다. ⑤번째, 피고인의 종아리 앞 상처 사진 제출 행위는 앞서 상술한 바와 같이, 이 사건 고소사실인 "폭행"의 정황을 과장한 것에 관련된 것일 뿐, 신고사실의 허위성을 적극적으로 입증하는 내용이 아닙니다.

그렇다면, 나머지 ①, ③, ④번째의 근거만이 남게 되는데, ①번째 근거에서는, "피해자가 피고인의 오른쪽 팔꿈치를 잡아당겼다고 볼만한 부분은 확인되지 않는 점"을 적시하고 있는데, 이는 신고사실의 진실성을 인정할 수 없다는 소극적 증명에 불과할 뿐 아니라, 휴대전화 동영상 중 사무실 캐비닛에 비친 모습을 근거로 한 것이어서 증거 가치가 부정됩니다. 또한 ③, ④번째 근거도 '가정추론'에 의한 것이므로 신고사실의 허위성에 대한 적극적인 증명이 될 수 없습니다.

이처럼 이 사건의 사실심이 무고죄의 유죄 근거로 기재한 ①~⑤번 항 모두가 신고사실의 허위성에 대한 '적극적인 증명'에 해당하지 않습니다. 일부 항은 증거 가치 자체가 부정되는 데에도 불구하고, 사실심은 피고인의 신고 내용 중 세부 정황에서 일부 부정확한 주장이 있다는 점만 지적, 강조하고 있을 뿐입니다.…』

'소극적인 증명' 변론에 대한 AI판사 판단

해당 변론은 무고죄 판단의 핵심 요소인 '신고 내용의 허위성에 대한 적극적인 증명'이 충분하지 않다는 점을 지적하고 있다. 이를 공정하고 법리적인 관점에서 검토해 보겠다.

1. 무고죄 성립 요건
무고죄가 성립하려면 다음 요건이 충족되어야 한다.
❶ 신고 내용의 허위성: 신고된 내용이 객관적으로 허위여야 한다.
❷ 고의성: 신고자가 허위사실임을 알면서도 고의로 신고했어야 한다.
이 요건 중 첫 번째인 허위성의 증명이 본 사건에서 문제가 되고 있으며, 변론은 이를 뒷받침할 '적극적인 증명'이 부족하다고 주장하고 있다.

2. 변론의 주요 논점 및 타당성 검토

❶ 방○○ 증언의 왜곡 여부
◆ 주장: 원심이 방○○의 증언 취지를 왜곡하여 해석했으므로, 이를 근거로 한 허위성 판단은 무효하다.
◆ 검토:
- 방○○의 증언은 법정에서 이루어진 것이므로, 원심이 이를 해석할 때 증언 내용과 맥락을 정확히 반영해야 한다.
- 만약 증언 취지가 왜곡되었고, 그 왜곡된 해석을 기반으로 허위성을 인정했다면 이는 명백히 부당한 판단이다.
- 결론: 방○○의 증언 취지가 왜곡되었다는 주장이 사실이라면, 해당 증언은 허위성 판단의 근거로 삼을 수 없다.

❷ 피고인의 상처 사진 제출
◆ 주장: 피고인의 상처 사진 제출은 정황을 과장한 것일 뿐, 허위성을 적극적으로 입증하지 못한다.
◆ 검토:
- 상처 사진 제출은 사건의 정황을 보여주는 보조적 증거일 뿐, 신고 내용의 사실 여부를 직접적으로 입증하지 않는다.
- 이 사진을 근거로 신고 내용의 허위성을 입증하려면, 사진과 신고 내용 사이의 논리적, 인과적 연관성이 명확히 증명되어야 한다.
- 결론: 상처 사진만으로 허위성을 적극적으로 입증했다고 보기 어렵다.

❸ 나머지 근거(①, ③, ④번)의 소극적 증명 여부
◆ 주장: 나머지 근거는 소극적 증명이나 가정적 추론에 불과하며, 허위성을 적극적으로 증명하지 못한다.

◆ 검토:
- ①번 근거: "피해자가 피고인의 팔꿈치를 잡아당겼다는 점이 확인되지 않는다."는 주장은 진실성을 부정하는 데 초점을 맞춘 것으로, 허위성을 입증하는 적극적 증거로는 부족하다.
- ③, ④번 근거: 신고 사실이 허위라는 가정 추론에 의존한다면, 이는 형사재판의 핵심 원칙인 '합리적 의심을 배제할 정도의 증명'에 미치지 못한다.
- 결론: 나머지 근거들은 허위성을 적극적으로 증명하는 데 부족한 소극적 증거로 보인다.

3. '적극적인 증명' 부족 여부

◆ 무고죄 판단에서 신고 내용의 허위성을 입증하려면, 법원이 아닌 검사가 적극적인 증명을 하여야 한다.

◆ 본 사건에서 지적된 5가지 근거는 각각 다음과 같은 이유로 허위성의 적극적인 증명에 부족하다고 볼 수 있다.

❶ 방○○ 증언: 취지 왜곡이 있었다면 부적절한 근거
❷ 상처 사진: 허위성을 직접적으로 증명하지 못함
❸ ①번 근거: 진실성 부정에 불과하며, 허위성을 입증하지 못함
❹ ③, ④번 근거: 가정 추론에 의존하여 허위성 입증에 미흡

4. 결론

해당 변론은 '무고죄의 허위성에 대한 적극적인 증명이 부족하다'는 주장을 타당하게 제기하고 있다. 특히, 증거의 왜곡(방○○ 증언) 및 소극적 증명(①, ③, ④번 근거)의 문제는 법적 판단에서 중대한 결함으로 간주될 수 있다. 따라서 이 변론은 무고죄 판단의 부당성을 논리적으로 설득력 있게 제시한 것으로 보인다.

상고심 변호인은 원심 판결문이 무고죄의 증거로 거론한 5가지 사항 모두가 '소극적인 증명'이라는 점을 지적한 데 이어, 결론적으로 무고죄가 성립하지 않음을 지적하였다.

『…따라서, 원심은 "피고인이 제출한 증거만으로 피고인의 주장 사실을 인정하기에 부족하다는 이유를 들어 공소사실에 관하여 유죄판결을 선고하는 것은 헌법상 무죄 추정의 원칙은 물론 형사소송법상 증거재판주의 및 검사의 증명 책임에 반하는 것이어서 허용될 수 없다."(대법원 2024. 1. 4. 선고 2023도13081 판결)는 대법원판례에 따라 무죄를 선고하여야 마땅합니다.…』

'검사의 입증 부족'에 대한 AI판사 판단

1. 변론의 타당성 평가

가. 변론의 법리적 근거
변론은 헌법적 원칙과 형사소송법의 기본 원칙에 근거하여 원심 판결의 문제점을 논리적으로 지적하고 있다. 대법원판례를 인용하여 법적 정당성을 강화하였으며, 원심이 무죄를 선고해야 했음을 설득력 있게 주장하고 있다.

나. 원심 판결의 문제점
원심이 "피고인의 주장 사실을 인정하기에 부족하다."는 이유로 유죄를 선고한 것은 소극적 증명에 의존한 것으로 판단된다. 이는 허위성을 적극적으로 입증해야 하는 무고죄의 성립 요건에 부합하지 않으며, 무죄 추정 원칙 및 증거재판주의에 반한다.

다. 변론의 설득력

변론은 헌법적, 법리적 원칙과 대법원판례에 기반한 논리를 명확히 제시하고 있어, 법적 타당성과 설득력이 매우 크다. 대법원판례와 직접적으로 연계하여 원심 판결의 문제점을 구체적으로 설명한 점에서 적절하다.

2. 결론

원심은 공소사실의 허위성을 입증하지 못한 상태에서 소극적 증명만으로 유죄를 선고하였고, 이는 헌법상 무죄 추정 원칙과 형사소송법상 증거재판주의 및 검사의 증명 책임에 반한다. 변호인의 변론은 법리적, 헌법적 근거가 명확하며, 대법원판례를 적절히 인용하여 원심 판결의 오류를 논리적으로 지적하였다. 따라서, 이 변론은 타당하며, 원심 판결은 무죄를 선고했어야 한다.

AI대법관의 정상적인 판결문

이제 종합적으로 정상적인 상고심의 판결문을 받아볼 시점이다. '테니스장 사건'에 대하여 AI대법관이 원심 판결문과 상고이유서를 종합적으로 검토하여 다음과 같은 판결문을 작성하였다. 이 상고심 판결문이 제대로 된 판결문이라는 데에는 상식적으로 이론의 여지가 없을 것이다.

AI대법관 상고심 판결문

사　건:　2024도◇◇◇◇ 무고 등
피고인:　□□□

상 고 인:　피고인
변 호 인:　김경호 변호사
원심판결:　서울서부지방법원 2023노◇◇◇◇ (무고, 폭행)
판결선고:　2024. 8. ○○.

주 문

원심판결을 파기하고, 사건을 서울서부지방법원에 환송한다.

이 유

1. 무고죄에 대한 판단

가. 무고죄의 성립 요건에 관한 판단

무고죄(형법 제156조)는 타인으로 하여금 형사처분 또는 징계처분을 받게 할 목적으로 공무원에게 허위의 사실을 신고한 경우 성립한다. 원심은 피고인이 제출한 상처 사진을 무고의 일부로 보았으나, 고소장 제출과 상처 사진 제출은 명백히 별개의 행위로 평가되며, 상처 사진 제출이 곧 허위신고의 고의성을 입증한다고 단정하기 어렵다. 상처 사진이 허위임을 인식하고 제출한 경우 무고죄 성립의 일부로 볼 여지가 있으나, 이를 명확히 입증하지 못한 원심의 판단은 법리오해의 위법이 있다.

나. 허위사실 인식에 관한 판단

무고죄의 고의 요건은 허위성에 대한 확정적 또는 미필적 인식이 필요하다(대법원 83도2354). 피고인이 상해 사실을 진실로 인식하였을 가능성이 존재하는 경우 허위성 인식이 결여될 수 있다. 그러나 원심은 피고인의 주관적 인식을 충분히 심리하지 아니한 채 허위성을 단정한 것으로, 이는 사실오인 및 법리오해의 위법이 있다.

다. 자유심증주의의 한계 일탈 여부에 관한 판단

자유심증주의(형사소송법 제308조)는 논리와 경험칙에 부합하는 범위 내에서 허용된다. 원심은 전문가 감정서의 신빙성을 평가함에 있어 구체적이고 합리적인 배척 사유를 명시하지 아니하였다. 또한 증인 방○○의 증언을 본래 취지와 다르게 해석하였고, 선명한 직접영상보다 흐릿한 반사 영상을 근거로 사실을 인정한 것은 경험칙과 논리에 반하는 것으로 판단된다. 특히, 해당 반사 영상은 왜곡 가능성이 존재하며, 영상의 해상도, 촬영 각도, 조명 환경 등 기술적 요인에 의해 실제 장면과 차이가 발생할 수 있다. 영상증거의 신빙성은 분석 방법과 선명도, 보조 증거와의 일관성을 종합적으로 검토하여 판단하여야 한다는 것이 판례의 입장이다. 이에 따라 해당 영상만으로 사실관계를 단정한 원심의 판단은 충분한 심리 없이 이루어진 것으로 본다.

라. 허위사실의 입증 방법에 관한 판단

무고죄의 허위성은 적극적 증거에 의하여 입증되어야 하며, 단순한 소극적 증명으로는 부족함에도 불구하고(대법원 2018도3990 판결), 원심은 구체적 증거 없이 소극적인 증명만으로 허위성을 인정하였으며, 이는 법리오해의 위법이 존재한다.

2. 폭행죄에 대한 판단

가. 폭행죄의 성립 요건에 관한 판단

폭행죄(형법 제260조)는 사람의 신체에 대하여 폭행을 가한 경우 성립한다. 폭행의 개념은 신체에 대한 불법한 유형력의 행사를 의미하며, 그 강도나 형태를 불문한다. 원심은 피고인의 행위를 폭행으로 인정하였으나, 그 과정에서 신체 접촉의 정도, 행위의 의도 및 상황에 대한 충분한 심리를 결여하였다. 특히 피고인의 행위가 단순한 접촉에 불과한지, 또는 신체적 위해를 가하기 위한 적극적인 유형력 행사였는지에 대한 구체적인 판단이 미흡하다. 원심은 그 판단의 근거로 동영상 속 사무실 캐비닛에 비친 모습을 중점적으로 고려하였으나, 해당 영상은 반사된 이미지로서 시각적 왜곡 가능성이 존재하고, 사건 당시의 정확한 신체 접촉의 정도 및 행위의 의도를 객관적으로 판단하기에는 한계가 있다. 반사 영상은 보조적 증거로서의 가치는 인정될 수 있으나, 결정적 증거로 삼기 위해서는 추가적인 영상분석 및 보강 증거가 수반되어야 한다.

나. 폭행죄의 고의성 및 정당방위에 관한 판단

폭행죄의 고의는 상대방 신체에 유형력을 가하려는 인식과 의사로 판단된다. 그러나 원심은 피고인의 고의성을 인정함에 있어 피고인의 진술과 사건 정황을 충분히 고려하지 아니하였다. 또한 피고인의 행위가 정당방위 요건을 충족하지 않는다고 단정한 부분은 구체적 심리가 부족하였다.

다. 사회상규에 위배되지 않는 행위 여부에 관한 판단

형법 제20조에 따른 사회상규 위배 여부는 행위의 목적, 수단의 적정성, 긴급성 등을 종합적으로 고려하여 판단하여야 한다. 피고인의 행위가 방어 본능에 따른 최소한의 조치였는지 여부를 충분히 심리하지 아니한 원심의 판단은 법리오해의 위법이 존재한다.

3. 결론

원심판결에는 사실오인 및 법리오해, 자유심증주의 한계 일탈 등의 위법이 있으므로, 관여 대법관의 일치된 의견으로 원심판결을 파기하고 사건을 서울서부지방법원에 환송한다.

재판장 AI대법관 공정한

주 심 AI대법관 현명한

AI대법관 정직한

AI대법관 명석한

CHAPTER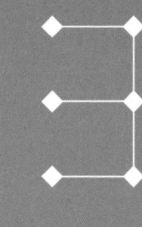

세종대왕 우롱하는 판사의 증언 왜곡

> "판사는 자신의 선입견에 맞게
> 증언을 재구성하여
> 증인 위에 군림해서는 안 된다."
>
> 러너드 핸드 Learned Hand
> 전 미국 연방항소법원 수석판사, 1872~1961

"세종대왕은 법치의 귀감"이라고?

'테니스장 오심'에서 '법왜곡'의 핵심은 크게 두 가지이다. 그 중 하나는 재판부가 법정 증언의 취지를 정반대로 왜곡 해석했다는 사실이다. 중학교 이상의 교육수준인 한국인이라면 누구나 쉽게 파악할 수 있는 증언의 취지를 판사가 정반대로 해석하여 판결에 이용하였다. 재판과 법을 떠나서, 상식적으로 있을 수 없고 결코 용납할 수 없는 '법왜곡'이다. 나머지 하나의 '법왜곡'은 제4부에서 집중적으로 다룬다.

이 문제와 관련하여 언론들은 관심을 끄는 보도를 하였다. 조희대 대법원장이 2025. 9. 22. '2025 세종 국제콘퍼런스'에서 한 개회사이다. 그 주요 내용은 다음과 같다.

"…백성을 중심에 둔 세종대왕의 사법 철학은 시대를 초월해 우리가 지향해야 할 사법의 가치와도 깊이 맞닿아 있다. …세종대왕은 법을 왕권 강화를 위한 통치 수단이 아니라 백성들의 삶의 질을 향상시키고 그들의 권리를 보장하는 규범적 토대로 삼았다. …세종대왕은 이미 '법의 지배'와 '사회적 약자 보호'라는 인류 보편의 가치를 시대를 앞서서 실현했다. …세종대왕은 통일된 법전을 편찬하고, 백성들에게 법조문을 널리 알려 법을 알지 못해 처벌받는 일이 없도록 했다. …수사와 재판 과정에서 백성들이 억울함이 없도록 형사사건 처리를 분명하게 기록하게 하고, 사건 처리가 장기간 지체되지 않도록 했다. …"

필자는 대법원이 세종대왕을 법치의 귀감으로 삼고 있다는 사실을 이 연설을 통해 처음 알게 되었다. 그런데 우리의 사법 현실은 어떤가. 세종대왕이 만든 한글을 판사가 문장 해석의 상식에 반하여 제멋대로 왜곡 해석하는 일이 재판에서 실제로 벌어지고 있다. 심각한 아이러니가 아닐 수 없다.

여기서 '테니스장 오심'의 진실을 규명하기 위해 당시 법정 증언을 철저히 점검할 필요성이 있다. 다음은 법원 속기사가 작성한 증언의 녹취서 요지 전문이다. 증인은 사건 당시 유일한 목격자인 방○○이다. 방○○를 증언대에 세운 1심 판사는 판결문에서 "방○○이 이 사건에 관하여 허위진술을 할 만한 이유가 없는 점"이라고 기재하여 증언의 신빙성을 인정하였다.

증인 방○○ 증언 녹취서 요지 (전문)

검사 증인에게

(순번 41번 제378쪽 진술서를 제시하고)
문 증인은 이 사건과 관련하여 사실대로 진술서를 직접 자필로 작성한 후 서명 날인 또는 서명, 무인 및 간인하여 수사기관에 제출하였는가요.
답 예.

(순번 14번 제70쪽 USB 중 "00:45~02:00" 부분(특히 01:50~01:55 부분)을 재생하고)
문 여기 나오는 것이 증인의 가방과 신발이 맞나요.
답 노스페이스, 예, 맞습니다.
문 증인은 약 15년 정도 다니던 ○○테니스장에서 테니스장 관리인과 피고인이 다투는 것을 목격한 사실이 있나요.
답 다투는 것은 저는 몰랐고요, 보지 못했고, 넘어지는 장면만 봤습니다. 저는 밖에 있었기 때문에.
문 당시 소리는 잘 못 들었나요.
답 소리는 잘….

문 그냥 지나가는 길이었나요.
답 어렴풋이 소리는 기억은 나는데 무슨 내용인지는 지금 기억이 안 나요. 잘 모르겠어요.
문 당시 피고인이 어떻게 넘어졌나요.
답 출입문 쪽에서 뒷걸음질로, 좀 빠르게 대여섯 걸음 뒷걸음질 치다가 엉덩방아를 찧으면서 넘어졌습니다.
문 테니스장 관리인이 밀치거나 그런 사실이 있나요.
답 그때 관리인이 안에 있었기 때문에 그 안에서 어떤 일이 벌어졌는지 저는 전혀 알지 못 합니다.
문 넘어질 때는 혼자 넘어진 것으로 보였다는 것인가요.
답 예.

변호인 증인에게

문 증인은 이 사건 당시 평소 ○○테니스장을 이용하는 이용객이었지요.
답 예.
문 증인은 테니스장에서 일하는 가○○과 알고 지내는 사이였나요.
답 얼굴은 알지요.
문 얼굴만 알고 이름은.
답 사실 이름도 잘 몰라요.
문 얼굴만 알고 다른 친분은 없었나요.
답 친분은 별로 없었고 한번 싸운 적은 있는데, 친분이라고 할 것은 없고요. 항상 좀 감정이 서로 안 좋은 상태입니다, 우리 사이는. 왜냐하면 우리는 관리를 잘 안 해주면 불만이 있고, 관리인은 우리가 사용 잘못한다고 항상 불만이 있었기 때문에 우리 회원 전체하고 한번 크게 싸운 적이 있어서 감정은 사실 별로 좋은 편은 아닙니다.

문 증인은 2021년 8월 ○○일 오전에 이 사건 테니스장에 방문했지요.
답 날짜는 잘 기억은 안 나지만 우리는 항상 가니까, 사진 보니까 '그 날이구나' 제가 알 수가 있었습니다.

(증 제 7호증 테니스장 이용 제한 문자 메시지를 제시하고)
문 이 당시는 코로나19 거리두기 4단계가 시행될 때여서 테니스장 이용자는 예약시간이 도래하지 않으면 그러니까 시간이 다 되어야 들어올 수 있고, 아니면 미리 오더라도 테니스장 밖에서 예약시간을 기다렸다가 차례로 테니스장에 입장을 했어야 했지요.
답 그것은 잘 기억을 못 하겠는데요. 그렇게까지 엄격하게 하지는 않았습니다.

(테니스장 이용객 대기 사진을 제시하고)
문 고소인이 촬영한 동영상에서 바깥쪽에 보이던 테니스장 이용 대기자들입니다. 증인과 같은 동호회 회원들인가요.
답 아닌 것 같은데요. 저분들 아니고, 제가 항상 테니스장을 다른 사람보다 조금 일찍 가는 편이거든요. 그래서 그때 당시에 우리 회원들 중에서는 저밖에 없었던 것 같아요. 좀 일찍 갔기 때문에, 가자마자 일어난 사건이기 때문에.
문 증인은 이 사건 당일 앞 타임 예약자 4인이 코트를 사용 중이었고, 본인의 예약시간은 도래하지 않은 상태에서 테니스장에 들어왔던 것은 맞나요.

답 그것은 잘 기억은 못 하겠는데요. 우리가 그렇게 일찍 가지는 않거든요. 항상 예약시간 맞춰서 한 5분 전이나 10분 전 그 정도 가기 때문에, 지금도 똑같이 한 시작, 예약시간 10분 전쯤에 제가 일찍 나가거든요. 그날도 아마 제가 그만큼 일찍 나갔을 것 같아요.

문 증인은 본인 예약시간이 아닐 때 테니스장에 들어가게 된 것은 맞나요.

답 그것은 정확하게 기억은 못 해요. 예약시간이 얼마 남고 갔다 그것까지는 몇 년 전까지 제가 기억을 할 수 없습니다.

(증 제 6호증 테니스장 관리실 전면 사진을 제시하고)

문 이 사진은 테니스장 입구와 관리실을 정면에서 촬영한 사진입니다. 증인은 이 당일 어느 쪽으로 들어와서 어느 쪽으로 이동했나요.

답 지금 보이는 가운데 부분에 문이 있지요. 거기가 우리 들어온 문이고요.

문 표시를 해줄 수 있나요.

답 여기 문으로 들어와서 사무실로 이렇게 해서 들어갑니다. 여기서 이렇게.

문 정면에서 보면, 출입문이 이 사건현장의 관리실 옆으로 쭉 있는 게 맞지요.

답 예.

문 그래서 문으로 들어와서 몸을 오른쪽으로 돌려서 걸어 들어와서 사무실 쪽으로 가야 하는 것이지요.

답 예.

(증 제6호증 테니스장 관리실 전면 사진 및 현장배치도 사진을 각 제시하고)
🔵문 증인이 당시 피고인이 넘어지는 것을 봤다고 했는데, 피고인이 넘어졌을 때 증인의 위치와 피고인, 고소인이 서있던 위치를 그리거나 설명할 수 있나요.
🔵답 고소인은 잘 기억이 안 나고요, 운동장에서 있었기 때문에. 고소인은 그때 당시에 운동장에는 없었고요. 출입문 쪽에 있었던 것 같아요, 기억에. 그런데 저는 정문으로 이렇게 들어갑니다. 들어가서 관리실 문 앞에 가기 전에 바로 이 앞에서 보니까 관리실에서 이렇게 여자분이 대여섯 걸음 빠르 뒷걸음질 치다가 넘어지는 장면을 제가 목격을 했습니다.
🔵문 여자분은 어느 쪽이었나요.
🔵답 여자분은 이쪽에서 나왔고요. 이렇게 나와서.
🔵문 어느 쪽 장소에 있었나요.
🔵답 정확하게 기억은 못하겠는데 대여섯 걸음이니까 한 2, 3m 정도 뒷걸음질 치다가 넘어지지 않았나 생각이 듭니다.
🔵문 넘어지는 장면을 목격할 당시에는 고소인은 못 봤나요
🔵답 넘어지는 장면에 거기는 없었어요, 운동장에는.

(증 제 6호증 테니스장 관리실 전면 사진을 제시하고)
🔵문 아까 그 사진을 평면도로 보면 증인은 정문 안쪽으로 들어와서 오른편으로 가서 관리실 쪽으로 가는 것이었는데, 여자분이 보였다고 하는 게 지금 여기 화살표에 그려놓은 것인가요.
🔵답 예, 조금 달려 나와서 대여섯 걸음 뒷걸음질로 달려 나와서 넘어지는 부분 거기.

🔵문 증인이 테니스장 입구에 들어서자마자 처음으로 목격한 상황이 피고인이 넘어지는 장면이고, 그 당시 고소인은 보지 못한 것이네요.
🔵답 잘 기억이 없어요. 운동장 안에는 일단 없었어요.

(테니스장 출입문 주변 사진들을 각 제시하고)
🔵문 테니스장 주변이 철망으로 둘러싸여 있는 것이 맞지요.
🔵답 예.
🔵문 테니스장이 철망으로 둘러싸여있고, 맨처음에 보여드린 관리실과 관리실로 가는 쪽은 철망의 뒤쪽으로 약간 되어 있지요.
🔵답 관리실이 철망 뒤쪽으로. 예, 맞습니다.
🔵문 그래서 증인이 들어온 출입문에서 우측으로 고개를 돌리면 회원대기실 출입문하고 계단은 잘 보이지 않을 것 같은데, 맞나요.
🔵답 출입문 앞에 계단 말씀입니까? 보입니다.
🔵문 들어가자마자 잘 보이나요.
🔵답 출입문으로 들어가서 꺾어지자마자 바로 보입니다. 들어와서 관리실 쪽으로 가기 위해서 방향을 틀 거 아닙니까. 틀면 바로 보입니다.
🔵문 들어와서 고개만 돌린 상태는 안 보이고 몸을 꺾으면 보이게 되는 그런 구조인가요.
🔵답 그렇지요.
🔵문 증인은 피고인이 넘어지는 것을 보고 직후에 무엇을 했나요.
🔵답 한참 동안 좀 있다가 나중에는 사무실에 가서 우리 테니스 치기 위해서 여러 가지 물이라든지 이런 것을 챙겨오거든요. 그것을 챙겨서 나왔습니다.
🔵문 피고인을 한참 보고 있었나요.

답 조금 봤지요.

문 피고인이 어떻게 했는지 기억나는가요.

답 기억은 잘 안 나는데 그냥 조금 놀란 표정이랄까 그런 정도였습니다.

(순번 4번 제14 쪽 안전 관련 사건사고 동향 보고 및 순번 41 번 제378 쪽 수사보고를 제시하고)

문 사건 당일 고소인이 작성한 안전 관련 사건 동향 보고입니다. "여성 혼자 넘어지는 것만 목격함"이라고 기재되어 있는데, 수사기관에 제출한 진술서에는 "여자분이 사무실 문밖으로 뒷걸음질로 대여섯 발작 달려 나오다가 엉덩방아 찧듯 넘어지는 것을 목격하였다."라고 했는데 약간 내용이 다른 것 같아서요 내용이 달라진 이유가 무엇인가요.

답 아니, 제가 생각하기에는 내용이 달라진 게 없는데요. 넘어질 때 그대로예요. 뒷걸음치다가 넘어진 거.

문 뒷걸음치다가 넘어진 것 표현을 그렇게 한 것인가요.

답 예.

문 고소인이 작성할 때 맨아래에 "방○○ 목격함"이라고 썼어요. 아까 증인이 말하기를 고소인과는 원래 사이가 별로 좋지 않았고 얼굴도 모르고.

답 얼굴은 알지요.

문 이름은 잘 모르고 얼굴만 아는 사이라고 했는데 이것을 써주게 된 경위를 기억하는가요.

답 우리는 계속 사용해야 되고, 이런 것도 안 해주면 서로 거북하잖아요. 그러니까 거북해질 것 같아서 그냥 해줬어요. 그리고 본 대로만 해달라고 해서요.

문 고소인이 써달라고 해서 나중에.

답 예, 써달라고 해줘서. 제가 일부러 써준 게 아니라 좀 이거 써달라고 그래서 부탁해서 제가 써주었습니다.

문 써달라고 했고, 이거 안 써주면 나중에 이용하면서 불편함이 있을까 봐 그냥 부탁을 들어주었다는 것인가요.

답 그렇지요. 아무래도 좀.

문 증인이 봤을 때 피고인이 사무실에서 나올 때는 앞으로 나왔는데 증인은 뒤로 뒷걸음질을 쳤다고 했거든요.

답 뒤로 나왔지요.

문 뒤로 나왔나요.

답 예, 뒷걸음치면서 나왔어요.

문 맨처음에 나오는 장면부터 목격했나요.

답 뒷걸음질 치다가 넘어지는 것을 제가 봤거든요.

문 사무실에서 나오는 곳에서부터 봤나요, 아니면 바닥 있는 곳에서부터 봤나요.

답 뒷걸음쳐서 튕겨 나오는 것하고 넘어지는 것을 봤지요.

문 튕기듯이 나와서 넘어지는 것은 봤나요.

답 예.

문 맨앞 장면, 넘어지기 시작한 직전 상황은 모르는 것이네요.

답 넘어지기 직전 상황은 그 사무실 안에서 내용은 전혀 모르고요. 우리가 사무실 들어가기 전에서 상황이 벌어졌기 때문에 사무실 안에서는 어떤 일이 벌어졌는지 저는 알 수가 없지요.

문 맨처음 증인이 목격한 최초 장면을 묻는 것인데요. 최초 장면이 피고인이 뒷걸음질 시작하는 그 첫 장면이 어디에서 시작되었나요.

🅓 계단 부근인 것 같았습니다. 제가 기억이 확실치는 않는데 저는 계단 부근부터 한 대여섯 걸음 뒷걸음질로 빠르게 뒷걸음 치다가 엉덩방아 찧으면서 넘어지는 장면인 것 같습니다.

🅠 피고인이 몸을 앞에서 뒤로 회전하거나 이런 것을 본 적이 있나요.

🅓 회전한 것은 아닌 것 같은데요. 제가 보기는 하여튼 엉덩방아 찧으면서 넘어지는 장면만 저는 봤거든요.

🅠 증인은 증인이 서 있던 위치에서 멀리 떨어진 고소인 모습은 보지 못하고 피고인이 어떠한 경위로든 넘어지는 장면만 목격해서 피고인이 넘어지기 직전 상황은 보지 못한 채, "여성이 혼자 넘어졌다."라고 진술한 것은 맞나요

🅓 혼자 넘어졌는지 나는 그것은 모르겠는데 하여튼 저는 운동장에, 고소인은 이름도 사실은 나중에 알았습니다만 고소인은 넘어지는 그 부근에는 고소인은 없었고요. 안에 있었든지 아니면 문 쪽에 있었든지 운동장 안에는 없었습니다.

🅠 이것을 목격한 당시 들은 소리가 기억이 잘 나지 않나요. 비명소리 같은 거요.

🅓 글쎄요. 소리는 잘 기억이 안 나는데 막 놀란 것 같은 느낌은 받았거든요. 뭔가에 놀란 것 같은 느낌은 받았는데 소리는 정확하게 기억은 안 납니다.

🅠 피고인이 넘어진 직후에 피고인과 고소인이 어떤 행동을 했는지 기억 나는가요. 피고인이 바닥에 넘어진 그 다음 상황이요.

🅓 서로 조금 큰 소리로 언쟁이 있었던 것 같은데 내용은 정확하게 모르겠습니다.

🅠 증인은 피고인의 이름, 직장, 연락처 등의 개인정보를 알고 있나요.

🅐 저는 모릅니다.

🅠 이 사건 발생일에 고소인에게 피고인의 이름이나 근무처를 알려준 일이 있나요.

🅐 없습니다.

(증 제3호증 녹취록(피고인 촬영 동영상)을 제시하고)

🅠 녹취록에 그날 두 사람이 다 동영상을 촬영하고 있어서 증인의 목소리가 들어가 있습니다. 증인이 가○○한테 "너무 흥분하지 마라."라고 했는데 평소 증인과 서로 반말을 하는 관계이거나 친분이 있던 관계는 아닌가요.

🅐 아닙니다. 반말하거나 친분이 있는 거 절대 아닙니다.

🅠 아까 피고인이 뒤로 달려가듯이 빠른 속도로 뒷걸음질을 치다 넘어졌다고 했잖아요.

🅐 예.

🅠 그게 피고인에 일부러 뒤로 달려가는 모습처럼 느껴졌나요, 아니면 몸이 뒤로 밀려서 허둥지둥.

🅐 일부러 달려가는 것은 아니었어요. 안에서 무슨 상황이 벌어졌는지 모르겠는데 뭔가 아주 놀랐을 때 막 뒷걸음치잖아요. 그런 상황이었습니다.

🅠 일부러 뒷걸음을 막 이렇게 하는 것은 아니었던 것 같고.

🅐 그것은 아니지요. 일부러는 전혀 아니고 일부러 그렇게 빨리 뒷걸음칠 일이 없지요.

🅠 놀라서 뭔가 빠르게 넘어지는 이런 느낌이었나요.

🅐 예.

검사 증인에게

📋 증인은 경찰 단계에서 "여성분이 뒷걸음질 치는데 누가 밀쳐서 뒷걸음질 치는 것은 아닌 것 같다."라고 말한 것이 맞나요.

📋 아닌 것 같은 게 아니라 아니라고 한 기억은 없는데, 안에서 상황은 제가 모른다고만 이야기했는데요.

📋 뒤에서 넘어진 것이 "누가 밀어서 넘어진 것 같지는 않다."라고 진술했는데 맞나요.

📋 그것은 제 생각인데 제 생각을 이야기할 수가 없지요. 놀란 듯이 뒷걸음 치다가 넘어진 것은 사실이에요.

📋 사람이 밀어가지고 밀려서 중심을 잃고 넘어지는 것이 있고, 혼자서 뒷걸음질 치다가, 뒷걸음질을 얼마나 빨리 쳤는지 잘 모르겠는데, 사람이 밀어서 넘어졌는지, 혼자서 넘어진 것인지 이게 중요한 거거든요. 증인의 생각은 어느 쪽인가요.

📋 그런데 제가 생각을 말하면 누구에게 불리하거나 유리할 수 있는데 생각까지 꼭 말해야 됩니까? 저는 본 것만 말하고 싶습니다.

📋 안에서 누가 민 것을 본 것은 아니라고 했잖아요.

📋 민 것은 못 봤지요.

📋 안에 있는 상황은 못 봤고요.

📋 예, 못 봤지요.

📋 수사 단계에서는 "피고인이 혼자 넘어진 것을 봤다." 이렇게 진술한 것이 맞나요.

📋 넘어질 때는 혼자 넘어졌어요.

📋 넘어졌을 때 뒷걸음질 치는 게 사람이 세게 밀면 중심을 잡으려다 넘

어질 수 있는 거잖아요. 그런 상황인 것인가요, 아니면 그냥 뒷걸음질 치다가 넘어진 것인가요.

🅐 자연스러운 뒷걸음질은 아니었습니다.

🅠 자연스러운 뒷걸음질이 아니라는 것은 어떤 말인가요.

🅐 조금 누가 밀쳤거나 놀랐거나 그런 상황에서의 뒷걸음질이었지 자연스럽게 그냥 자기 스스로 뒷걸음질 친 것은 아니고요.

🅠 아까 진술할 때는 문밖에서 나오면서 왼쪽으로 나가면서 넘어졌다고 한 것이 아닌가요.

🅐 왼쪽으로요?

🅠 출입문이 이렇게 있으면.

🅐 왼쪽 아닙니다.

🅠 나가면서 이렇게 넘어졌다는 것 아닌가요. 뒷걸음질을 어디로 쳤나요.

🅐 뒷걸음질 뒤쪽으로, 출입문 뒤쪽으로.

🅠 출입문 뒤쪽으로 바로 계단 앞으로 쭉 친 것인가요.

🅐 예.

🅠 쭉 치면서 누가 밀어서 넘어진 것 같은 느낌을 본 것인가요.

🅐 느낌은 제 생각이기 때문에 저는 그냥 제가 본 것만.

🅠 처음부터 중심을 잃고 넘어진 것인가요.

🅐 예, 중심 잃었어요.

🅠 중심 잃고 그냥 엉덩이가 뒤로 빠져서 넘어진 것인가요.

🅐 처음부터는 아닌데 몇 걸음 뒷걸음질 치다가 중심을 잃었습니다. 몇 걸음 뒷걸음질 치다가 나중에는 중심을 잃고 엉덩방아 찧듯이, 엉덩방아 찧으면서 넘어졌습니다.

문 관리사무소 건물 계단이 좀 높잖아요.

답 그렇게 높지는 않은데.

문 한 이 정도 되는 것은 맞잖아요.

답 그렇게 높은 계단은 아니에요. 우리가 항상 다니는데 계단이 높다고 생각해본 적은 없는데요.

(순번 16번 제93쪽 수사보고서를 제시하고)

문 증인이 본 장소가 이곳 아닌가요.

답 계단이요.

문 증인은 이쪽에서 본 것이지요, 아래쪽에서.

답 저는 옆으로. 정면에서 본 게 아니라 옆에서 본 거니까요.

문 안에 관리사무소에 고소인이 있었던 것을 봤나요.

답 잘 기억이 안 나요. 그런데 넘어지고 나서인지 하여튼 계단 쪽에 출입문 쪽에서 서로 언쟁이 있었던 것 같아요.

문 피고인이 당시 나오면서 여기서부터 구체적으로 어떤 자세로 나왔나요.

답 넘어지는 분이 지금 보니까 계단 쪽에서 뒷걸음질로 하여튼 대여섯 걸음 운동장 쪽으로 나오면서 이쪽으로.

문 만약 안에서 밀었으면 바로 밑에서 넘어져야 될 것 같은데 계단을 나오는 장면에서 피고인의 동작이 어땠나요.

답 글쎄요, 그렇게 그냥.

문 안에서 밀었으면 계단에서 엉덩이를 뒤로 빼서 바로 넘어졌을 것 같은데.

답 글쎄요, 막 밀었다면 계단에서 넘어졌을 것 같은데요. 그런데 계단에서 넘어진 것은 아니고 계단을 지나서 운동장 쪽에서 몇 걸음 뒷걸음질하다가 넘어졌기 때문에 그 상황은 안에서의 일은 저는 모르겠어요, 밀쳤는지.

문 누구 편을 드는 문제가 아니라 본 것만 정확히 말씀해 주시면 됩니다.

답 저는 전혀 편, 이해관계가 하나도 없기 때문에 제가 본 것만 사실대로 말씀드리겠습니다.

문 계단 바로 여기 앞에서 넘어진 것은 아니고, 계단을 조금 더 나와서도 다섯 걸음 정도 쳐서 넘어졌는데 어떤 일로 넘어졌는지는 모르지만 계단 앞에서 넘어진 것은 아니고, 계단 앞에서도 몇 걸음을 더 뒷걸음질 친 다음에 넘어졌다. 그런데 좀 빠르게 넘어졌다.

답 계단에서 넘어진 것은 아니고 분명히 운동장에서 넘어졌습니다.

판사 증인에게

문 증인이 처음 봤을 때 넘어지는 피고인의 위치가 계단 위쪽이었나요, 아니면 운동장 쪽이었나요.

답 운동장이었습니다. 넘어진 부분은 운동장이었습니다.

문 증인이 처음 본 거요. 처음 딱 봤을 때 피해자가 계단 위에 있었나요.

답 계단 쪽에서 뒷걸음질로 달려 나오는 장면부터 넘어지는 데까지 제가 봤습니다.

문 계단 쪽이라는 것이, 계단 위에 있는 모습까지 본 것인가요, 아니면 계단 위쪽에서 넘어지는 것을 못 보고 운동장 쪽에서 넘어지는 것을 본 것인가요.

답 지금 그것은 기억에 잘 없는데요, 분명한 것은 계단 쪽에서부터 운

> 동장으로 대여섯 걸음 빠른 걸음으로 뒷걸음질 치다가 넘어지는 장면을 제가 본 것입니다.
>
> **변호인 증인에게**
>
> 문 피고인이 계단 위에 있는 첫 장면이, 증인이 딱 볼 때 제일 첫 장면이 계단 위쪽에 있는 것은 못 봤나요.
> 답 예, 저것은 기억에 없습니다. (끝)

판사가 증언을 왜곡하다

위 증언 녹취서를 읽어보면, 증언의 취지는 "피고인이 스스로 뒤로 넘어진 것은 아니다."임이 분명하다. 그런데 판사는 전체 내용을 보지 않은 채 일부 문구에만 집착하여 "피고인이 스스로 뒤로 넘어졌다."라고 정반대의 해석을 하였다. 누구나 알고 있는 국어 문장 해석의 상식에 비추어 볼 때 과연 있을 수 있는 일인가. 대법원이 법치의 귀감으로 삼는 세종대왕의 최대 업적인 한글 창제를 비웃는 행위가 아닌가.

이런 상황에서 '이 증언 녹취서의 취지가 과연 무엇인가'와 관련하여, 국어학자나 관련 전문가를 찾아 감정서나 의견서를 받는 것은 무의미한 일이다. 중학교 졸업 이상의 수준이면 누구나 알 수 있는 내용을 굳이 국어학 전문가에게 감정을 의뢰하는 일은 상식에 어긋나는 우스꽝스러운 일일 뿐 아니라, 국어학 전문가가 이에 응할지도 의문인 것이다. 대학교수에게 중학생 수준의 문제를 가져가 풀어보라고 하는 격이기 때문이다.

그보다는 차라리 문제지에 답을 적어 놓고 풀이가 맞는지를 검증해 달라고 하는 편이 조금은 합당할 것이다.

그래서 피고인은 해당 법정 증언과 관련하여, 증언의 취지뿐 아니라 증언의 신빙성까지 포함하여, 진술심리분석 전문가에게 감정을 받아 보았다. 비록 3심까지 끝난 시기였지만 증언 해석의 오류가 너무나 황당하여 진실을 분명히 밝혀 두어야 하겠다는 소명의식을 느꼈기 때문이다. 감정인은 ㈜한국법과학연구원 소속의 지정우 범죄학 박사이다. 지정우 박사는 국방과학수사연구소 범죄심리과장, 한국폴리그래프(거짓말탐지)학회 회장, 동국대·광운대 교수 등을 역임한 범죄심리학 전문가이다.

범죄심리학자의 증언 분석

지정우 박사가 작성한 진술분석 의견서의 내용은 다음과 같다.

방○○ 증언에 대한 진술분석 의견서

(생략)

❶ 피고인이 일부러 넘어지지 않았다는 진술에 대한 신빙성

본 사건 당시 '피고인이 혼자 넘어진 것으로 보였다는 것인가.'라는 검사의 질문에 진술자가 긍정적인 대답("예.")을 하였으나, 이는 '테니스장 관리인이 밀치거나 그런 사실이 있는가.'라는 검사의 질문과 '그 안에서 어떤 일이 벌어졌는지 전혀 알지 못한다.'는 진술자의 답변 직후에 나온 문답 내용으로, 진술자의 구체적인 진술이 아닌 검사의 유도질문 형식의 질문에 대해 '예/아니오' 형식으로 짤막하게 답변("예.")한 것으로 보이며, 이는 피고인이 혼자 넘어졌는지, 테니스장 관리인이 밀쳐서 넘어졌는지 알지 못한다는 맥락에서 진술한 것으로 생각된다. 이후 변호인의 신문에서 진술자는 '피고인이 뒷걸음쳐서 튕겨 나와서 넘어졌고, 일부러 뒷걸음치는 것이 아니고 뭔가에 아주 놀라 빠르게 뒷걸음친 것'을 목격하였다고 일관되게 진술하고 있으며, 검사의 신문에서도 진술자는 '자연스러운 뒷걸음질은 아니며 누가 밀쳤거나 놀란 상황에서의 뒷걸음질이었으며 자기 스스로 뒷걸음친 것은 아니다.'라고 하여 피고인이 일부러 넘어진 것은 아니라는 취지의 진술을 하고 있는 것으로 보인다.

이 외에 피고인이 바닥에 넘어진 직후 피고인과 가○○이 서로 조금 큰 소리로 언쟁이 있었다는 진술로 보아 피고인이 넘어지기 직전부터 가○○과 다툼이 계속되었던 것으로 생각되며, 이 과정에서 피고인이 넘어진 행동이 다소 부자연스러운 모습일 수 있어 보이는 바, 이는 자연스러운 뒷걸음질이 아니었다는 진술자의 진술을 뒷받침해 줄 수 있겠다. (중략)

❷ 사건 당시 피고인이 넘어지는 장면부터 목격했기 때문에 그 이전 상황은 알지 못한다는 증인의 진술에 대한 신빙성

본 사건 당시 테니스장 관리인이 피고인을 밀치는 장면에 대한 진술자의 목격 여부에 대해 진술자는 피고인이 넘어지는 장면만 보았다고 진술하고 있고, '출입문 쪽에서 대여섯 걸음 빠르게 뒷걸음치다가 엉덩방아를 찧으면서 넘어지는 장면을 목격하였다.'고 하며 피고인이 넘어지는 상황에 대해 비교적 구체적이고 상세한 표현을 통해 여러 차례 일관되게 진술하였다. 이와 더불어 피고인이 넘어지기 직전 상황에 대해서는 사무실 안에서 어떤 일이 벌어졌는지 전혀 알지도 못하고 누가 밀쳤는지도 알지 못한다는 취지로 진술하는 과정에서도 진술의 부자연스러움은 찾아보기 어려워 보인다.
(중략)

❺ 분석의견
(중략)
따라서 본 사건 목격 당시 피고인이 일부러 넘어진 것은 아니라는 진술과 사건 당시 피고인이 넘어지는 장면부터 목격하였기 때문에 그 이전 상황은 알지 못한다는 증인의 진술은 신빙성이 있는 것으로 판단된다. (생략)

유죄 만들려는 '의도적' 왜곡

위 진술분석 의견서를 보면, 1-2-3심 재판부가 유일한 목격자 방○○의 법정 증언을 핵심 근거로 하여 "피고인이 스스로 뒷걸음질 치다가 뒤로 넘어졌다."라고 판단한 것은 명백한 오류이다. 설령 위 진술분석 의견서가 없는 상태였다고 하더라도, 재판부가 법정 증언의 취지를 정반대로 왜곡하였음을 누구나 알 수 있다. 이는 국어 문장 해석의 기본 상식을 위반한 것일 뿐 아니라, 대법원장이 법치의 귀감이라고 찬양한 세종대왕을 욕되게 하는 일임이 분명하다.

여기서 관련 판사들은 "법정 증언뿐 아니라 고소인 가○○이 촬영한 휴대폰 동영상, 고소인과 피고인의 진술 등을 포함하여 종합적으로 판단하였다."라고 변명할지도 모른다. 그러나 이 같은 변명은 통할 수 없다. 목격자의 법정 증언은 "피고인이 일부러 뒤로 넘어지지 않았다."는 취지가 명백하다. 따라서 이 법정 증언은 판사의 주장을 강화하는 것이 아니라 오히려 약화시키는 역할을 한다.

따라서 관련 판사들이 '피고인이 스스로 뒤로 넘어졌다'는 주장을 하기 위해서는, 최소한 법정 증언을 판결문에 인용해서는 안 되는 것이다. 법정 증언을 제외한 나머지 증거만으로 그런 주장을 했어야 한다. 그런데 법정 증언이 핵심 증거이므로 물론 이런 경우에는 그런 주장을 할 수 없을 것이다.

그럼에도 불구하고 관련 판사들이 피고인을 유죄로 만들기 위해 법정 증언의 취지를 정반대로 왜곡한 것은 용납할 수 없는 재판권 남용이다. 지록위마(指鹿爲馬)의 중국 고사와 무엇이 다른가. 명백한 '법왜곡'이다.

판사들, 과학적 불가능성을 배척하다

관련 판사들은 '피고인이 스스로 뒤로 넘어졌다'는 판단의 근거 중 하나로 고소인이 촬영한 휴대폰 동영상 중 '사무실 캐비닛에 비친 모습'을 제시하였다. '사무실 캐비닛에 비친 모습'의 증거 가치에 대해서는 제4부에서 소상히 지적하였다. 그런데 그 증거 가치를 따지지 않더라도 재판부의 그 같은 해석은 전적으로 잘못된 것으로 드러났다.

㈜한국법과학연구원의 감정서 중 영상분석 감정서에 의하면, '사무실 캐비닛에 비친 모습'에서 피고인이 뒤로 넘어지는 시간과 거리를 측정한 결과 '피고인이 스스로 뒤로 넘어지는 것은 사실상 불가능하다'는 과학적

분석결과가 나왔다. 이 감정을 수행한 ㈜법과학연구원 이희일 원장은 과학수사학 석사이자 문자조형학 박사로 대한수사과학회 부회장, 국제감식협회(IAI) 한국본부장 등을 역임한 전문가이다.

피고인이 뒤로 넘어지는 순간 '사무실 캐비닛에 비친 모습'에 대하여 이희일 원장이 분석한 감정서 내용은 다음과 같다. 이 영상분석은 지정우 박사의 앞선 진술분석을 교차 검증하는 차원에서 이루어졌다.

'뒤로 넘어지는 순간' 영상분석 의견서 (요지)

(생략)

2. 감정의뢰 사항

동영상에서 피고인이 「"왜 이래요~"라고 소리 지르기 시작한 부분에서부터 캐비닛에 비친 여자가 주저앉을 때까지」의 행동이 증언 녹취서의 내용 중 ① 피고인이 튕기듯이 빠르게 뒷걸음질 쳤다 ② 피고인이 일부러 스스로 넘어진 것은 아니라는 진술과 일치하는지 여부 확인.

3. 감정방법

가. 의뢰된 디지털 파일에 나타나는 영상을 영상분석프로그램(Image Pro 6.0, Adobe Photoshop 2023) 등을 이용하여 "왜 이래요~"라고 비명을 지르기 시작한 부분을 특정한 다음부터 프레임을 분해하여 캐비닛에 비치는 화면에서 여자가 주저앉을 때까지의 프레임 수를 확인하여 뒷걸음질한 시간을 계산하였음.

나. 고려사항

당시 피고인은 왼팔에 가방 2개, 왼손에 휴대폰을 든 상태임이 확인됨.

 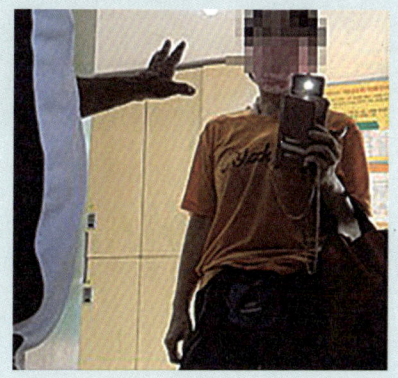

가○○ 동영상에서 피고인이 가방과 휴대폰을 든 장면 캡처. 왼쪽 사진은 재생시간 3분 42초경, 오른쪽은 3분 35초경의 장면이고 인물의 얼굴은 모자이크 처리하였음.

4. 감정결과

가. 감정자료인 동영상의 속성값 확인

감정자료인 가○○ 동영상 2021○○○○_○○4258.mp4 파일의 속성값을 확인한 결과는 다음과 같음.

구분	길이	프레임 너비	프레임 높이	프레임 속도
영상	00:04:50	1,920pixel	1,080pixel	29.98/1초

나. "왜 이래요~"로 시작되는 부분 특정

감정자료인 가○○ 동영상 2021○○○○_○○4258.mp4 파일을 재생하여 "왜 이래요~"라고 소리 지르기 시작한 부분을 특정한 결과, 전체 [04:50.45] 중 [03:54.38] 부분으로 특정하였음.

다. "왜 이래요~"로 시작되는 부분에서 캐비닛에 비친 여자가 주저앉을 때까지의 시간 계산

1) "왜 이래요~"로 시작되는 부분부터 프레임을 분해한 결과는 다음과 같음.

"왜 이래요~" 소리가 시작되는 장면	캐비닛에 비친 여자가 쓰러지기 시작하는 모습	캐비닛에 비친 여자가 주저앉는 모습
1/58	26/58	58/58

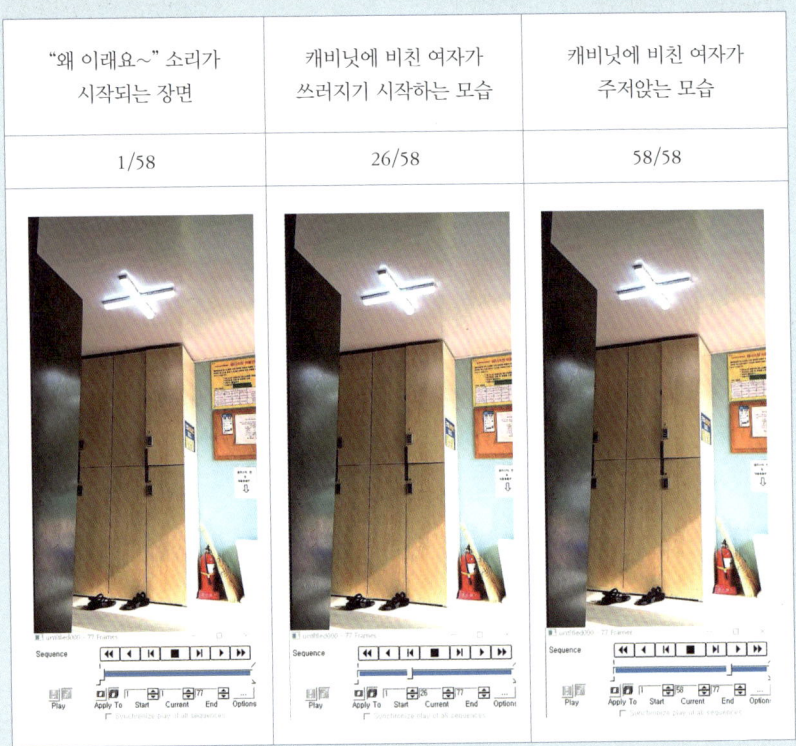

2) "왜 이래요~"로 시작되는 부분에서 캐비닛에 비친 여자가 주저앉을 때까지의 시간 계산 결과

    가) "왜 이래요~"로 시작되는 부분에서 캐비닛에 비친 여자가 쓰러지기 직전까지 장면

프레임수	시간계산	환산시간
25개	25/29.98	약 0.38초

나) 캐비닛에 비친 여자가 쓰러지기 시작하는 장면에서 주저앉을 때까지의 장면

프레임수	시간계산	환산시간
33개	33/29.98	약 1.10초

라. 증인신문 녹취서(요지)의 증인(방○○)의 진술 내용 확인

증인신문 녹취서의 내용을 확인한 결과, "피고인이 대여섯 걸음 뒷걸음질했다."는 내용이 수차례 언급됨. (중략)

마. 이동거리 산출 및 이동속도 평가를 위한 참고문헌

증인신문 녹취서에서 진술내용에 따른 이동거리 산출과 동영상에서 피고인이 「"왜 이래요~"라고 소리 지르기 시작한 부분에서부터 캐비닛에 비친 여자가 주저앉을 때까지」의 뒷걸음질 이동속도 등을 평가하기 위하여 여성을 대상으로 연구한 「후방 보행 시 관절의 생체역학적 분석」의 〈표 1〉 '전진 보행 및 후진 보행 중 시공간적 매개변수'를 참고하였음.

매개변수	전진 보행	후진 보행
속도(m/초)	1.37 ± 0.04	0.98 ± 0.15
보폭 시간(초)	1.01 ± 0.05	1.25 ± 0.14
보폭 길이(m)	0.50 ± 0.03	0.63 ± 0.07

걸음 시간(초)	1.38 ± 0.03	1.22 ± 0.16
걸음 길이(m)	0.68 ± 0.02	0.65 ± 0.06

표1 | 전진 보행 및 후진 보행 중 시공간적 매개변수
출처: 이민현, 손종상, 김정윤, 김영호 『후방 보행 시 관절의 생체역학적 분석』
한국정밀공학회 2011년도 춘계학술대회논문집

5. 감정소견
가. 감정결과 요약

1) "왜 이래요~"로 시작한 부분에서 캐비닛에 비친 여자가 주저앉을 때까지의 뒷걸음질 시간을 계산한 결과는 다음과 같음.

프레임수	시간계산	환산시간
58개	58/29.98	약 1.93초

2) 증인신문 녹취서(방○○)의 진술 내용과 "왜 이래요~"로 시작한 부분에서 캐비닛에 비친 여자가 주저앉을 때까지의 시간과 뒷걸음질 이동거리를 이동 속도로 환산한 결과

    가) 증인신문 녹취서(요지)의 증인(방○○)의 진술내용에 따른 이동거리 환산

진술내용	참고문헌 상 후진 보행 걸음 길이	실제 뒷걸음질 이동거리 환산
5~6걸음	0.65(m) ± 0.06	5걸음 : 3.25m
		6걸음 : 3.9m

    나) 동영상에서 피고인이 「"왜 이래요~"라고 소리 지르기 시작한 부분에

서부터 캐비닛에 비친 여자가 주저앉을 때까지」의 뒷걸음질 이동시간 및 이동거리를 이동속도로 환산한 결과

동영상에서 이동시간	환산된 이동거리	실제 뒷걸음질 이동속도 환산
1.93초	5걸음 : 3.25m	1.68 m/s
	6걸음 : 3.9m	2.02m/s

다) 환산된 실제 뒷걸음질 이동속도와 참고문헌상 후진 보행 속도를 비교한 결과

환산된 실제 뒷걸음질 이동속도	참고문헌상 후진 보행 속도	실제 속도와 참고문헌상 속도 비교
1.68 m/s	0.98(m) ± 0.15(m/초)	실제 속도가 1.71배 빠름
2.02m/s		실제 속도가 2.06배 빠름

나. 종합 소견

동영상 분석을 통하여 피고인이 「"왜 이래요~"라고 소리 지르기 시작한 부분에서부터 캐비닛에 비친 여자가 주저앉을 때까지」의 뒷걸음질 이동속도는 여성의 일반적인 뒷걸음 속도보다 1.71배~2.06배 빠른 것으로 추정되며 이 같은 속도는 피고인이 왼팔과 왼손에 가방 2개와 휴대폰을 든 상태에서는 일부러 뒷걸음질하여 만들기에는 거의 불가능한 것으로 사료됨. 따라서 이러한 분석결과는 증인신문 녹취서의 내용 중 "① 피고인이 튕기듯이 빠르게 뒷걸음질 쳤다." "② 피고인이 일부러 스스로 넘어진 것은 아니다."라는 진술 내용에 부합(符合)되는 것으로 판단됨.

(생략)

앞의 영상분석 감정서는 관련 판사가 했던 단순한 '육안 관찰'이 아니라, 과학적 분석에 기초한 것이다. 그리고 그 결론은 피고인이 일부러 뒷걸음질하여 뒤로 넘어지는 거의 불가능하다는 것이다. 이는 목격자 방○○의 법정 증언 내용과 일치하는 것인바, 피고인이 스스로 뒷걸음질하여 뒤로 넘어졌다는 1-2-3심의 판단은 전적으로 잘못된 것임을 입증한다.

그럼에도 불구하고 관련 판사들이 국어 문장 해석의 상식, 과학에 기초한 분석을 거부한 것에 대해서는 책임을 져야 한다. 이는 명백히 자유심증주의의 한계를 일탈한 것으로 '법왜곡'이다.

증언의 단편적 구절에 구애된 판사들

판사의 증언 왜곡 해석은 과거 재판에서도 문제가 되었다. 대표적으로 대법원 93도1044 판결의 판결요지는 「위증죄에서 증인의 증언이 기억에 반하는 허위의 진술인지 여부는 증언의 단편적인 구절에 구애될 것이 아니라 당해 신문절차에서의 증언 전체를 일체로 파악하여 판단하여야 한다.」는 것이다.

대법원 93도1044 판결문

(생략)

1. 제1심법원이 인정한 피고인에 대한 범죄사실은, 피고인이 공소외 1에 대한 판시 상해피고사건에서 증언함에 있어, 사실은 1987. 5. 8. 경기 양주군 소재 유원지인 ○○○골에서 열린 공소외 2 연합회 단합대회 및 체육대회에서 △△

도지회 자리에 천막이 쳐져 있었음에도 "△△지회는 천막이 쳐져 있지 않았습니다."라고 허위공술을 하였다는 것이고, 원심은 다음과 같은 이유로 제1심판결에 대한 피고인의 항소를 기각하고 있다. (중략)

위 증언의 취지는, △△지회에서 설치한 지회천막이나 또는 본부석의 △△지회에서 설치하지는 아니하였다 하더라도 지회원들이 전용으로 사용하는 천막은 없었다는 취지로 한정지어야 할 것이지, 피고인과 △△지회 사람들이 있던 인근에 어떠한 형태의 천막도 없었다는 취지라고 단정할 수는 없는 것이고, (중략) 이에 의하면 위 천막이 △△지회의 전용 천막이라고도 볼 수 없다. (생략)

대법관 김석수(재판장) 최재호(주심) 최종영

위 판결문의 사건을 정리하면, 이 사건은 한 유원지에서 열린 단합대회 및 체육대회에서 △△도지회가 천막을 설치하여 이용하였는지 여부가 핵심이다. 피고인은 법정 증언에서 "△△지회는 천막이 쳐져 있지 않았습니다."라고 증언하였는데, 실제로는 △△지회가 이용한 천막이 있었다는 것이다.

이에 대해 1-2심은 피고인의 위와 같은 증언이 △△지회에서 직접 천막을 설치한 사실은 없다는 취지로 한 것이라고는 보이지 아니하므로(△△지회가 이용한 천막이 있었으므로), 결국 피고인의 증언은 허위라는 것이다. 그러나 피고인은 △△지회 사람들이 모여 있던 곳에 상인들이 가설해 놓은 원두막 형태의 천막이 있기는 하였으나 이는 △△지회가 설치한 천막이 아니라는 취지였다고 주장하였다.

이에 대하여 대법원은 『… 증언의 취지는, △△지회에서 설치한 지회천막이나 또는 … 지회원들이 전용으로 사용하는 천막은 없었다는 취지로 한정지어야 할 것이지, 피고인과 △△지회 사람들이 있던 인근에 어떠한 형태의 천막도 없었다는 취지라고 단정할 수는 없는 것이고, 따라서 원심이 피고인의 증언을 허위라고 인정하기 위하여는, 설사 △△지회에서 직접 설치한 천막은 아니라 하더라도 적어도 △△지회 사람들이 전용으로 사용하는 천막이 있었음이 밝혀져야 한다고 봄이 상당할 것…』이라고 판시하여 원심판결의 오류를 지적하였다.

요약하면, 피고인은 사건현장에 △△지회가 천막을 설치하지 않았다는 취지에서 "△△지회는 천막이 쳐져 있지 않았습니다."라는 법정 증언을 하였다. 그런데 1-2심은 피고인의 증언을 △△지회가 이용한 천막이 없었다는 취지로 잘못 해석하였다.

진술의 취지를 정반대로 해석한 사례

판사가 법정 증언을 왜곡한 또 다른 사례는 대법원 2010도5040 판결이다. 여기서는 목격자의 증언이 아니라 피고인의 법정 진술이라는 점이 차이일 뿐이다. 해당 판결문은 다음과 같다.

대법원 2010도5040 판결문

(생략)
그런데 이 사건 기록에 의하면, 피고인은 이 부분 공소사실이 최초로 심리된 제1심 제4회 공판기일 이래 원심법정에 이르기까지 일관하여 공소외 1의 허락하에 철근을 가져간 것이라는 취지로 주장하면서 위 각 절도의 점에 관한 공소사실을 일관하여 부인하고 있으므로, 결국 피고인은 이 부분 공소사실에 대한 자백의 취지가 담겨 있는 위 각 경찰 피의자신문조서의 진술 내용을 인정하지 않는 것이라고 보아야 한다.

(중략)

그렇다면 위 각 경찰 피의자신문조서는 증거능력이 없는 증거라 할 것이고, 한편 이를 제외하면 지게차 운전기사인 공소외 2에 대한 경찰 진술조서(증거기록 제473면 이하)가 이 부분 공소사실에 관한 유일한 증거이나, 이는 단지 "철근의 소유자가 누구인지는 모르고, 피고인의 지시에 따라 지게차를 이용하여 철근을 화물차량에 실어주었다."는 취지의 진술에 불과하여 피고인이 철근을 절취하였다는 공소사실을 인정하기에는 부족하다. 그 밖에 기록을 살펴보아도 피고인에 대한 이 부분 공소사실을 인정할 만한 증거가 없다.

(생략)

대법관 이홍훈(재판장) 김영란 김능환 민일영(주심)

위 판결문 내용에 따르면, 절도죄 등으로 기소된 피고인은 법정에서 일관되게 '허락을 받고' 철근을 가져갔다고 진술하였다. 이는 절도에 관한 공소사실을 부정하는 취지임에도 불구하고, 1-2심은 피고인의 법정 진술을 공소사실 시인으로 해석하여 절도죄 유죄를 판결하였다. 그러나 대법원은 피고인의 법정 진술이 공소사실을 부정하는 것으로 판단하여 원심판결을 파기하였다. 1-2심이 피고인의 진술을 정반대 취지로 해석하는 심각한 그리고 엉뚱한 잘못을 저지른 것이다. 이런 경우 왼쪽 다리가 아프다는 환자에게 의사가 오른쪽 다리를 수술한 의료사고와 다를 바 없다.

단편적 구절을 과장하는 판사

판사가 전체 증언 내용 중 한 부분만을 떼어내어 증언 취지를 왜곡한 사례로는 대법원 93도1743 판결이 대표적이다. 그 내용은 다음과 같다.

대법원 93도1743 판결문

(생략)

위 증언 역시 앞서 본 바와 같이 위 E가 상담교섭을 위하여 작성하여 온 서신을 직원에게 타이핑하게 하여 모사전송기 등 피고인의 기존 설비를 이용하여 주식회사 C 명의로 G 박사에게 보낸 사실이나, 상담교섭이 이루어진 후 수입대행자로서 절차적인 사항을 확인하기 위한 서신을 발송한 사실이 없다는 취지가 아니라 식품 수입을 위한 상담교섭은 위 E의 주도 아래 이루어졌고, 상담교섭을 위한 서신을 피고인이 주관하여 발송한 사실은 없다는 취지의 진술이므로, 위 부분의 진술 또한 허위의 진술이라든가, 피고인에게 허위의 인식이 있었다고 볼 수 없다고 할 것이다. (생략)

재판장 대법관 배만운
대법관 최재호
대법관 김석수
주심 대법관 최종영

위 판결문의 핵심 내용을 정리하면, 피고인은 법정에서 일관되게 "수입은 피고인 자신이 아니라 E가 주관했고, 자신은 수입대행만 해 준 것이다."라고 진술하였다. 또한 "서박사(G)와 상담교섭을 위한 서신은 모두 E가 작성·주관했고, 나는 통신 장비를 빌려주고 절차적 서신 1건을 보냈을 뿐"이라는 점을 여러 답변에서 밝혔다. 즉, 피고인의 증언 전체 맥락은 'E가 주관, 나는 대행'이라는 취지가 명백하다.

그런데 2심은 피고인이 변호인 반대신문에서 "수사기관에서 서박사와 전혀 연락한 사실이 없고, 상담교섭은 E가 혼자 하였다는 취지로 진술한 것은 사실이다."라고 답한 한 구절만 떼어내, "피고인은 서신 발송 사실 자체를 전적으로 부정했다. 따라서 허위 증언이다."라고 단정했다. 즉, 증언의 일부 문구를 전체 진술의 취지와 분리시켜 정반대 의미로 왜곡한 것이다.

대법원은 "증언은 전체 맥락에서 보면 상담교섭은 E가 주관했고, 피고인이 주관하여 보낸 것은 없었다는 취지일 뿐"이라며, "이를 '어떠한 서신 발송도 전혀 없었다'는 의미로 단정한 것은 잘못"이라고 명시했다.

증언 내용을 악의적으로 왜곡한 판사

대법원 95도2864 판결은 2심이 위증죄 유죄의 근거로 삼은 전부(증언의 6개 항목)를 모두 잘못 해석했다고 지적하였다.

대법원 95도2864 판결문

(생략)

설사 위 망인이 ㅁㅁ상회의 운영을 도와주었다 하더라도 그 정도는 무시해도 좋을 만큼 가벼웠던 사실을 알 수 있으므로, 망 공소외 2가 1966년 이후 주로 복덕방을 경영하여 가계를 꾸려왔다는 취지의 피고인의 증언 부분은 결국 망 공소외 2가 ㅁㅁ상회의 운영에 거의 관여한 점이 없다는 사실을 진술한 점에서는 그 전체적 취지가 객관적 사실에 부합하고, 설령 위 망 공소외 2가 복덕방을 한 시기의 점에 대한 증언 부분이 객관적 사실과 다르다 하더라도 이는 사소한 부분에 관한 것으로서 착오에서 비롯되었다고 생각된다. (생략)

대법관 정귀호(재판장) 김석수 이돈희 이임수(주심)

위 대법원 판결의 사건은 피고인이 남편(공소외 1)의 민사소송에서 증언하며, 남편이 상회를 단독으로 운영했다고 진술한 것에 관한 것이다. 그런데 2심은 증언의 세부 표현만 떼어 내 증언을 허위로 단정하였으나 대법원은 2심 판단을 전부 파기하였다.

공소사실 제1항은 피고인의 선친(공소외 2)의 복덕방·상회 운영에 관련된 내용이다. 피고인은 "남편이 'ㅁㅁ상회'를 운영했고, 아버지(공소외 2)는 복덕방을 하며 상회 운영에는 거의 관여하지 않았다."라고 증언하였다. 그런데 2심은 복덕방을 하던 시기와 상회 운영 시기가 일부 겹친다는 점을 들어 "피고인이 복덕방을 한 시기를 잘못 말했으므로 상회 관여 부분도 허위"라고 해석하였다. 증언의 핵심은 "아버지가 상회에 관여하지 않았다."인데, 단순한 시기 착오를 들어 증언 전체를 허위로 본 것이다. 즉, 2심은 핵심 진술(상회 비관여)을 부정하고 부차적 표현(시기)을 근거로 증언을 왜곡하였다.

공소사실 제2항은 ㅁㅁ상회 사업자 명의에 관련된 것이다. 피고인은 "ㅁㅁ상회 사업자 명의는 남편(공소외 1) 앞으로 되어 있었다."라고 증언하였다(당시 법정에 제출된 서류들도 공소외 1 명의). 그런데 2심은 재판 후 제출된 세무서 영수증이 공소외 6 명의로 되어 있다는 점을 들어 허위로 단정하였다. 증언 당시엔 그런 자료가 존재하지 않았고 피고인은 볼 수도 없었는데, 2심은 사후 자료를 기준으로 과거 증언을 거짓으로 왜곡 판단하였다(증언 시점과 정보 접근 범위를 무시한 해석).

공소사실 제3항은 남편의 형(공소외 4)의 실업 기간에 관련된 내용이다. 피고인은 "공소외 4는 화재로 안경점을 잃은 뒤 한동안 실업 상태였고, 그동안 남편이 생활비를 대주었다."라고 증언하였다(이후 재신문에서 '잠시 ▷안과에서 안경을 팔았다'고 보충 진술). 그러자 2심은 "공소외 4가 안과에서 일한 사실이 있으므로 '실업 상태'는 거짓"이라고 판단하였다. 안과 판매는 일시적 생계 수준의 미세 활동인데도 2심은 이를 '직업 활동'으로 확대 해석하였다. '실업'이라는 표현의 상식적 의미를 문자적으로만 해석하여 허위로 단정한 것이다.

공소사실 제4항은 남편의 동생(공소외 7)의 근무 경로에 관련된 내용이다. 피고인은 "공소외 7은 형의 안경점에서 일을 배우다 1979년경 인수했다."라고 증언하였다. 그러자 2심은 공소외 7이 잠시 남편의 사업장(◎◎◎)에서 일을 도운 사실이 있다는 이유로 "형의 안경점에서 배웠다는 증언은 허위"라고 단정하였다. 핵심은 "안경점 수련 후 인수"인데, 잠깐의 보조 근무를 들어 전체 경로를 거짓으로 본 것이다.

공소사실 제5항은 피고인이 증인 공소외 8을 알게 된 경위와 관련된 내용이다. 피고인은 "공소외 8을 언제, 어떤 경위로 알게 되었는지"를 구체적으로 진술하였다. 그런데 2심은 피고인 진술이 공소외 8의 진술 내용과 다르다는 이유로 피고인의 증언을 허위로 단정하였다. 2심은 '상대 증언과 불일치는 거짓'이라는 단순 논리에 함몰되어 피고인 진술의 구체성·합리성을 검토하지 않은 채 제3자 진술을 우선시하였다.

공소사실 제6항은 피고인이 증인 공소외 9를 알게 된 경위와 관련된 내용이다. 피고인은 공소외 9와의 교류 시점과 경위를 구체적으로 진술하였다. 그러자 2심은 다른 증언과 약간의 시기 불일치가 있다는 이유로 이를 허위로 판단하였다. 사소한 시점 차이를 전체 진술 부정의 근거로 사용한 것이다.

앞선 설명과 같이 2심 판결은 공소사실 6개 항 전부에서 증언의 '핵심 취지'(누가 운영했는가, 누가 실질적으로 일했는가, 누구를 언제 알았는가)를 무시하고, 주변적 문구, 시기, 제3자 증언의 일부 차이만 떼어내어 피고인의 증언을 허위로 단정하였다. 대법원은 이를 "증언 전체를 일체로 파악하지 않은 판사의 해석 오류"로 보았고, 6개 항 전부에서 채증법칙 위반·법리오해를 인정하여 원심을 전면 파기하였다.

이렇게 3심이 2심의 모든 판단을 뒤집은 것은 매우 드문 일로 평가된다. 2심 판사가 악의적으로 증언을 왜곡 해석한 것이 아닌가 하는 의구심을 갖게 하는 사례이다.

'나라슈퍼'와 '약촌 오거리'

판사의 증언 왜곡 해석은 판결문 안에 한정된 문제가 아니다. 판사의 왜곡된 해석을 거쳐 국가형벌권의 오작동으로 이어질 수 있는 심각한 문제다. 이는 언론이 많은 문제 제기를 하여 이미 사회문제가 되어 있다.

1999년 전북 완주 '삼례 나라슈퍼' 강도치사 사건은 판사의 증언 왜곡 해석 문제가 사회적 쟁점이 된 사실을 상징적으로 보여준다. 이 사건의 재심 국면에서 핵심 쟁점으로 떠오른 것은, 법정에서 제시된 증언의 취지가 과거 판결의 사실인정이나 법리구성 과정에서 제대로 반영되지 못했거나 반대로 읽혔을 가능성이었다. 이와 관련해 여러 보도가 당시 재판 절차의 편향 가능성을 지적했다.

약촌오거리 사건에서도 비슷한 구조가 반복된다. 2000년 익산 '약촌오거리' 사건은 법정에서 실제로 나온 말의 취지가 판결문 작성 과정에서 소거·오독될 위험을 드러낸 사례다. 이 사건의 재심 과정과 그 뒤의 인터뷰에서 당사자는 "검사도 판사도 제 말을 믿어주지 않았습니다."라고 말했다(한겨레 2020. 11. 12.자). 이 말은 1·2심 단계에서 법정 부인 진술과 반대신문·목격 진술의 충돌이 충분히 정리되지 않은 채, 잘못된 결론이 내려졌을 개연성을 함축한다.

한겨레는 당시 사건 경위를 정리한 기사에서, 사건이 2000년 8월 10일 새벽 전북 익산시 약촌오거리에서 발생했고 초기 절차에서 피고인이 범행을 부인했음에도 용의자로 지목돼 유죄가 확정되는 과정을 촘촘히 기술했다(2015. 7. 24.자). 재심 이후 진범에 대한 실형 확정을 다룬 법률신문 보도(2018. 3. 27.자)까지 이어서 보면, 뒤늦은 확정판결이란 사후 사실이 과거 심급에서의 증언 취지 배척·오독 가능성을 뒷받침하는 사실의 닻으로 기능했다.

두 사건의 공통분모는 분명하다. 첫째, 법정에서 직접 언급된 핵심 진술(자백·부인 포함)이 있고, 그 발언은 질문·답변 과정과 반대신문 맥락을 통해 취지가 형성되었음에도 불구하고, 과거 심급에서는 취지가 축소·전도되었다. 둘째, 두 사건 모두 재심 공판 단계에서야 그 취지를 다시 듣고 다시 확인하는 절차가 가동되었고, 뒤늦은 실체 규명(진범 실형 확정 등)이 과거 판단의 오류 가능성을 실증했다(법률신문 2018. 3. 27.자). 셋째, 이 흐름을 정리한 보도들은 공통적으로, 판사가 판단 근거를 구성할 때 질문·답변의 흐름 전체 대신, 조서·단문 인용에 과도하게 의존하면 증언의 본래 취지를 반대로 읽을 수 있다는 점을 경고하고 있다.

증언 왜곡은 결국 판사 책임이다

결론부터 분명히 하자. 삼례·약촌 재심에서 드러난 문제의 뿌리가 기록 편집이나 조직 관행에 '있을 수도' 있다는 설명은 어디까지나 상황 맥락일 뿐, 면책 사유가 아니다. 재판은 시스템이 아니라 사람이 한다. 그리고 사람 중에서도 판사가 최종 책임자다. 판사는 법정에서 살아 나온 말을 전체 맥락으로 듣고, 문장 단편이 아닌 취지로 이해하며, 그 이해를 검증하고 설명할 의무가 있다. 그 의무를 다하지 않으면, 그때의 오류는 제도 탓이 아니라 판사의 책임일 수밖에 없다.

삼례 사건의 교훈은 여기에 있다. 재심 국면에서 확인된 진술을 보면, 당초 심급은 법정 증언에서 드러난 취지를 충분히 따라가지 않았다. 이는 단순한 업무 과중의 문제가 아니다. 판결문이 피고인에게 불리한 문장 한 줄만을 떼어 인용하고 그 문장을 낳은 질문과 직전 답변을 병기하지 않은 선택 자체가 판사의 판단 행위다.

그 선택이 취지를 반대로 읽게 만들었다면, 그것은 기록 작성자의 실수 이전에 재판부의 주의의무 위반이다. 판사는 조서가 아니라 공판정에서 형성된 의미를 기준으로 판단해야 하고, 조서가 모호하거나 요약이 과하다면 즉시 보정·확인을 명해야 한다. 그렇게 하지 않았다면 결과 책임은 재판부가 진다.

약촌오거리 사건에서 당사자가 남긴 "판사도 내 말을 믿어주지 않았다."는 말은 감정 표현이 아니다. 법적으로는 판사가 부인 취지의 핵심을 왜 배척했는지를 판결문에 분명히 써야 한다는 설명의무 문제이다. 법정에서 직접 언급된 부인(否認)의 요지, 반대신문에서 드러난 모순의 해소 가능성, 제3자 진술의 신빙성 평가가 논리적 순서로 제시되지 않았다면, 그것은 '제도'가 아니라 판결문을 쓴 사람의 책임이다.

판사는 조서와 상충하는 구두 진술을 만나면, 어느 쪽을 왜 택하는지를 구체적 사유로 밝혀야 한다. 이를 생략했을 때 벌어지는 '취지의 왜곡·소거'는 제도 탓이 아니라 법관의 잘못이다.

국어사용 기본권의 침해

'테니스장 오심'에서 자행된 법정 증언의 왜곡 해석은 헌법적 권리인 국어사용 기본권 침해라는 엄중한 결과를 초래하였다. 국어사용 기본권은 법령에 명시된 개념이 아니어서 생소하게 들릴 수 있다. 하지만 상호 의사소통은 인간의 원초적 존재 조건이자, 한 사회를 성립·존재하게 만드는 기본 구성요소의 하나이다. 따라서 국어사용 기본권이 헌법적 권리임에는 의심의 여지가 없다(헌법 제10·21·27조 참조).

국어사용 기본권에 관한 AI판사 의견

1. 헌법적 권리로서의 '국어사용 기본권'

가. 법정 언어로서의 국어
우리 재판은 국어로 진행하는 것이 원칙이다. 법원조직법 제62조는 "법정에서는 국어를 사용한다."라고 규정하고, 국어가 통하지 않는 당사자에겐 통역을 붙인다. 이는 법정 언어의 통일뿐 아니라, 이해 가능한 언어로 재판받을 권리의 국내적 근거다.

나. 쉬운 문장·어문규범 준수 의무
국어기본법 제14조는 공공기관이 작성하는 문서와 정보가 어문규범에 맞고 국민이 알기 쉬운 용어와 문장으로 쓰여야 함을 명시한다. 판결문·명령·안내 등 사법 문서도 이 원칙에서 예외가 아니다. 국어로 쓰되, 알기 쉽게 쓰라는 명령이다.

다. 학계가 정리한 '언어적 권리'

헌법 명문에 '국어사용 기본권'이 따로 적혀 있는 것은 아니지만, 학계는 언어권을 인간의 존엄(헌법 제10조), 알 권리·표현의 자유(제21조), 재판청구권(제27조) 등과 결합된 헌법상 기본권으로 파악한다. 공공영역(법령·판결문·안내)에서 국민이 이해할 수 있는 언어로 정보를 제공받을 권리라는 취지다.

2. 국제 기준 – '당사자가 이해하는 언어'는 공정한 재판의 최소선

UN 자유권규약(ICCPR) 제14조는 피고인에게 자신이 이해하는 언어로 혐의를 고지받을 권리와 무료 통역을 받을 권리를 보장한다. 유럽인권협약(ECHR) 제6조도 동일한 최소보장을 둔다. 판례·가이드라인은 해석의 핵심을 "피고인이 절차를 실질적으로 이해하고 참여할 수 있는가."로 잡고, 번역·통역의 충분성을 국가가 점검할 의무까지 시사한다. 캐나다 헌법도 통역권을 최소선으로 요구하며, 재판에 실질적으로 참여·방어할 수 있도록 언어 보장을 명한다. 요컨대 국제기준은 '언어의 정확성·명료성'이 재판의 공정성 그 자체라는 점을 분명히 한다.

3. 판사가 '국어를 거꾸로' 읽을 때 벌어지는 일 – 법리상 중대한 위법

◆ 문언 우선 원칙 위반: 판결이 문언의 통상적 의미를 벗어나면 법리오해 내지 논리와 경험칙 위반으로 상고·항소에서 파기될 수 있다. 이는 개인 사건을 넘어 법적 예측가능성을 무너뜨린다.

◆ 명확성 원칙 침해: 형벌·제재를 부과하는 해석이 모호하고 자의적이면, 헌법상 명확성 원칙에 반한다. 헌법재판소는 표현행위를 처벌하던 조항의 "공익을 해할 목적" 부분이 불명확하다며 위헌을 선언한 바 있다. 재판부의 해석이 이 원칙을 거슬러 처벌 범위를 사실상 확장한다면 헌법 침해다.

◆ 국어사용 기본권 침해: 판결문·재판 진행이 어문 규범과 상식에서 벗어나 당사자의 이해를 좌절시킬 정도라면, 국어기본법의 취지와 법원조직법상

국어 사용의무에도 반한다.

4. 어디까지가 '범죄'인가 – 위법과 형사책임의 경계

법관의 잘못된 해석은 통상 상소로 시정될 문제다. 그러나 다음과 같은 경우에는 형사책임 논의도 가능하다.

❶ 직권남용권리행사방해(형법 제123조): 법관이 직무권한을 남용하여 당사자에게 의무 없는 일을 하게 하거나 권리행사를 방해했다면 성립 여지가 있다(예: 사실상 권리 박탈로 이어지는 자의적 해석을 의도적으로 강행).

❷ 허위공문서작성(형법 제227조): 판결문 등 공문서에 진실과 다른 사실관계를 인식하고 기재했다면 구성요건 해당성이 논의된다(문언의 사실관계·취지를 고의로 전도해 기재하는 경우). 대법원은 공문서의 내용의 진실까지 보호된다고 본다.

❸ 직무유기(형법 제122조): 해석의 핵심 증거와 문언 검토를 의식적으로 방기해 심리를 사실상 포기했다면 문제될 수 있다. 다만 직무유기는 요건이 엄격하고, 단순한 해석 오류와는 구별된다.

❹ 형사책임은 고의·남용 등 주관적 요소가 필요하므로, 모든 잘못된 해석이 곧바로 범죄가 되지는 않는다. 그럼에도 고의적 전도가 입증된다면, 이는 재판의 신뢰를 파괴하는 중대한 범죄다.

5. 왜 '언어'가 곧 '헌법'인가 – 예측가능성과 평등, 그리고 참여

법 규범은 언어로 존재한다. 따라서 언어의 오독은 곧 법의 오독이다. 명확한 문언과 상식적 해석은 국민이 자신의 행위를 계획하고 방어할 수 있게 하는 예측가능성의 토대다. 헌재가 누차 강조해 온 명확성 원칙의 이유도 여기에 있다. 언어가 흐려지면 법치가 흔들리고, 법치가 흔들리면 평등이 무너진다.

ISSUE 판사의 바벨탑

　구약성서의 바벨탑 서사는 사람들이 "자, 성읍과 탑을 쌓아 하늘에 닿게 하자."고 모의하자 곧바로 언어가 뒤섞여 서로의 말을 알아듣지 못해 공사가 중단되는 결말로 끝난다. 이 전환은 의미 전달의 붕괴 때문에 발생하였다.

　바벨의 교훈은 명확하다. 하늘에 닿는 탑이 언어의 혼잡 앞에서 중단되었듯, 진실에 닿아야 할 판결도 의미의 일치가 깨지는 순간 그 정당성을 상실한다. 따라서 판사의 증언 왜곡은 우리 법체계 전체를 바벨화한다.

CHAPTER 4

판사는 신(神)의 눈을 가졌나

> "저화질 영상은 사실을 보여주지 않고 여지를 남긴다. 여지는 추정을 낳고, 추정은 결국 오류를 낳는다."

리처드 A. 포스너 Richard A. Posner
전 미국 연방항소법원 수석판사, 1939~

정황 파악 불가능한 반사 실루엣

이 사건의 핵심 '법왜곡' 중 두 번째는 정황을 알아보기 힘든 흐릿한 반사 영상을 폭행죄의 핵심 근거로 사용했다는 점이다. 고소인 가○○이 휴대폰으로 촬영한 사건동영상을 보면, 동영상 속에 사무실 캐비닛이 있고 그 캐비닛의 옆면에 흐릿한 반사 실루엣이 나온다.

이 반사 실루엣은 휴대폰에 직접 촬영된 동영상이 아니라, 간접 촬영된 반사 영상이다. 반사된 사물의 형상, 윤곽, 색깔이 흐릿하여 영상 속 인물의 모습이나 행동을 제대로 식별할 수 없다. 그럼에도 불구하고 1-2-3심 재판부가 이 반사 실루엣을 근거로 삼아, "피고인이 고소인을 세게 밀어낸 것(폭행)이 확인된다."라고 판결하였다.

여기서 "판사는 신(神)의 눈을 가졌는가."라는 의문이 제기된다. 아예 정황 파악이 불가능한 캐비닛 반사 실루엣을 보고 '피고인이 고소인을 세게 밀어냈다'고 단정하는 것은 인간의 능력 밖일 수밖에 없기 때문이다. '신의 눈'을 가진 것이 아니라면, 관련 판사들은 자의적으로 억측, 추측을 했다는 결론이 나온다. 이런 일은 형사재판에서 허용될 수 없는 무도한 '법왜곡' 행위이다.

AI판사가 분석한 두 화면의 질적 차이

실제로 앞쪽 사진에 대하여 AI판사가 두 화면의 차이를 영상학적 관점에서 비교 분석하였다. 그 결과는 다음 표와 같다.

AI판사가 분석한 차이(실제 영상과 반사면 영상)

구분	실제 영상	반사면 영상	핵심 차이
광학 경로	카메라 → 피사체로 직접 입사광 수집	피사체 → 금속면 반사 → 카메라로 간접 반사광 수집	반사면은 2차 경로로 인해 광손실·각도 왜곡·색 분리 발생
해상도 (Spatial Resolution)	고해상(픽셀 단위 형체 구분 가능)	저해상(반사·확산으로 윤곽 흐림)	반사면에서는 형태·경계 불명확, 세부 동작 판별 불가
명암 대비 (Contrast Ratio)	원광원 대비 높음	반사율 저하로 낮음	반사면의 콘트라스트 저하로 세부 정보가 사라지고, 움직임 경계가 상대적으로 두드러져 보임
색 재현성 (Color Fidelity)	실제 색상에 근접	금속 반사 특성상 채도·색상 왜곡	주황·적색 계열은 과장, 청색은 약화 — 색 해석 주의 필요
기하학적 왜곡 (Geometric Distortion)	카메라 렌즈 때문에 화면이 살짝 휘어 보이지만, 그 휘어짐은 일정해서 보정할 수 있음.	반사면의 곡률·입사각에 따라 심한 비대칭·좌우 반전	반사영상의 공간 좌표는 원영상과 일대일 대응 불가
노이즈 특성	촬영기기 노이즈 중심(균일)	표면 요철·광택 차로 인한 난반사 노이즈	반사면은 고유의 패턴 노이즈를 포함, 영상분석 오차 유발
조명 영향	직접광의 세기·방향에 민감	입사각에 의존, 동일 조명이라도 반사면 위치 따라 밝기 상이	밝기 변화가 실제 동작이 아니라 입사각 변화나 표면 반사율 차이로 발생할 수 있음

시점 (Perspective)	실제 시야 기반	가상 시점(반사면 내부), 좌우 반전	동일 사건이라도 시점이 달라 행위 방향 판단 혼동 초래
물리정보 보존	거리·속도·방향 추정 가능	광량·색상 변화만 관찰 가능	반사면에서는 물리적 운동량·접촉 판정 불가
영상분석 적용성	사실 판단(접촉·움직임) 가능	보조자료(위치·존재·접근 여부)로만 활용	반사영상은 과학적으로 행위 입증이 아닌 정황 보조 수준

요약 | 반사면 영상은 직접영상과 달리, 광경로·해상도·색 재현·기하 구조 등 핵심 물리정보가 손실된 2차적 간접 신호이다. 따라서 행위의 힘·방향·접촉 여부 판단에는 부적합하며, '존재와 움직임의 흔적'을 보조적으로 보여주는 영상자료로만 활용 가능하다.

간접 반사 영상에서 보이는 것

실제로 1-2-3심 재판부가 '피고인이 고소인을 세게 밀었다'며 폭행죄의 근거로 삼은 고소인의 휴대폰 동영상 재생시간 3분 50초경 캐비닛에 비친 모습들을 프레임 단위로 살펴봐도, '피고인이 고소인을 세게 밀었다'거나 '고소인이 불안정한 자세로 밀려 나갔다'는 장면은 눈을 씻고 봐도 찾을 수 없다.

다음의 사진들은 3분 50초경의 해당 동영상 프레임에서 시간 진행에 따라 추출한 20장의 연속 프레임 사진이다. 그 중 관련 재판부가 폭행죄의 근거로 삼은 사무실 캐비닛 옆면의 반사 화면만을 트리밍하여 시간순으로 나열하였다.

고소인 촬영 동영상 재생시간 3분 50초경 사무실 캐비닛
옆면의 반사 모습. 왼쪽부터 1~4번.

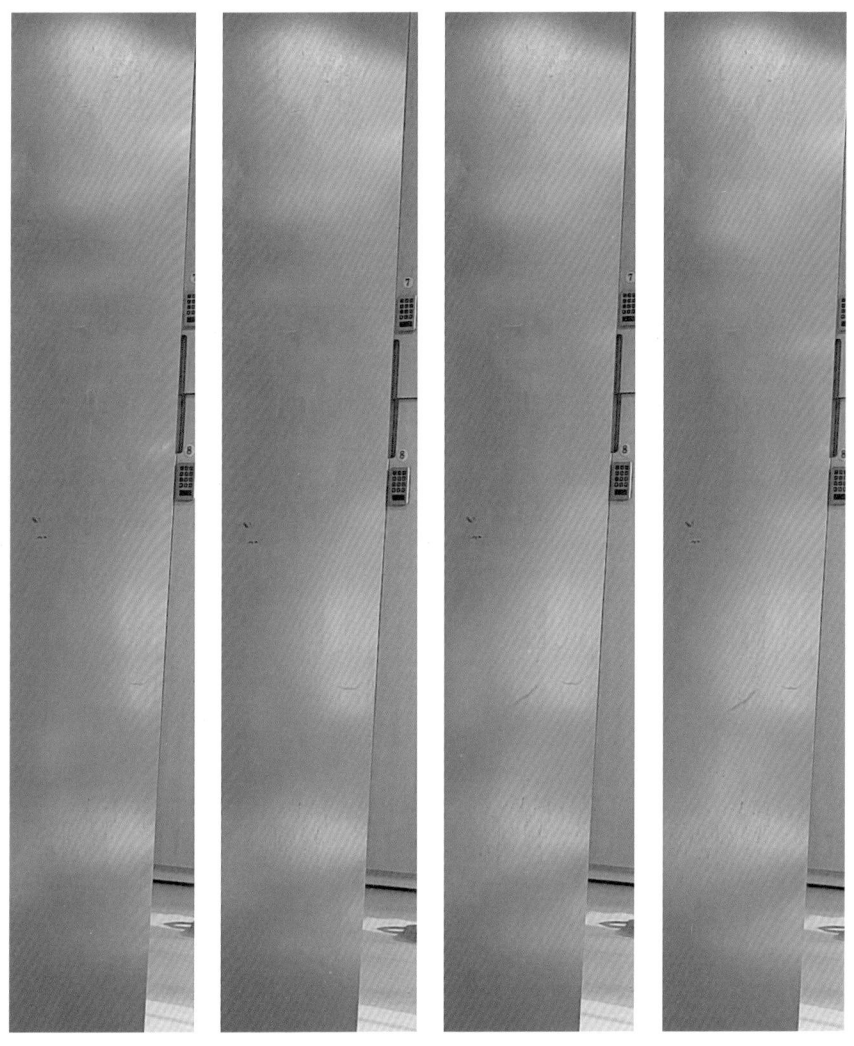

고소인 촬영 동영상 재생시간 3분 50초경 사무실 캐비닛 옆면의 반사 모습. 왼쪽부터 5~8번.

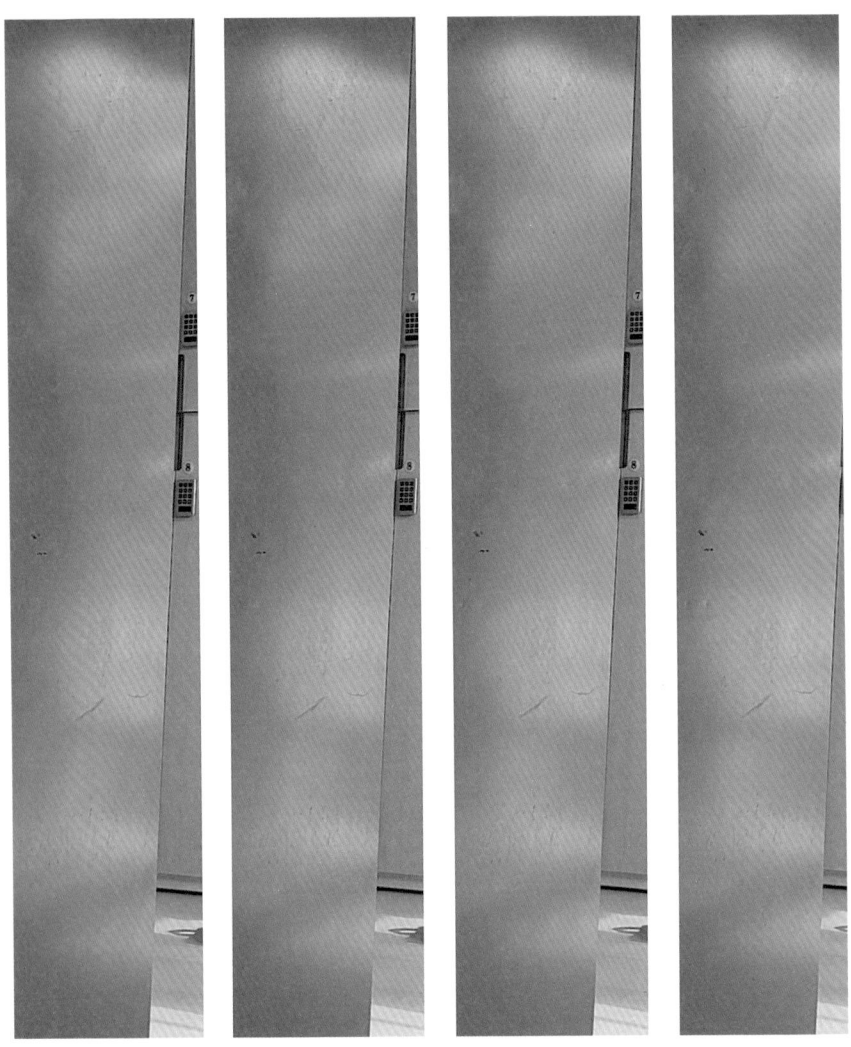

고소인 촬영 동영상 재생시간 3분 50초경 사무실 캐비닛 옆면의 반사 모습. 왼쪽부터 9~12번.

고소인 촬영 동영상 재생시간 3분 50초경 사무실 캐비닛 옆면의 반사 모습. 왼쪽부터 13~16번.

고소인 촬영 동영상 재생시간 3분 50초경 사무실 캐비닛
옆면의 반사 모습. 왼쪽부터 17~20번.

AI판사는 무엇을 보았나?

앞의 프레임 단위 사진에 대하여 AI판사가 본 것이 무엇인가를 물어 보았다. 그 답변은 다음과 같다.

AI판사의 반사면 화면 분석 의견

1. 앞 캡처사진에서 보이는 것

화면의 중심은 회녹색 금속성 반사판이다. 표면에 스크래치와 오염 자국이 산재해 있고, 하부 중앙 부근에 사선 긁힘이 뚜렷하다. 중단 좌측에는 점상 흠집 2~3개가 반복적으로 보인다. 반사판 표면에 청록·자줏빛이 섞인 띠 모양 반사가 프레임마다 위치와 농도가 조금씩 달라진다(광원/디스플레이 반사로 추정되는 저해상도 색 번짐).

우측 배경에는 고정된 베이지색 캐비닛/문면이 있고, 노란 원형 라벨 '7', '8', 키패드, 세로 손잡이 슬롯이 반복적으로 나타난다. 하단에는 밝은 바닥 타일의 일부가 보인다.

각 세트의 4장 사이에 반사판의 기울기·밝기 분포가 약간씩 달라지지만, 사람의 윤곽(머리·팔·다리)이나 얼굴·의복 패턴은 어떠한 프레임에서도 식별되지 않는다. 문턱·출입 경계나 그 바깥 공간은 프레이밍상 명확히 드러나지 않는다.

무엇이 반사되었는가. 상단의 둥근 밝은 얼룩은 천장 조명의 정반사 성분이고, 하부의 청록·자주색이 섞인 가로형 무지갯빛 띠는 발광형 화면(모니터/TV/휴대폰/LED 전광판)에서 나온 빛의 반사로 해석된다. 색 분리·밝기 포화가 크고, 프레임마다 위치가 미세 이동하는 점이 화면광 반사의 전형적 특징이다. 그 밖의 흐릿한 색 번짐은 주변 벽·바닥의 난반사이고, 사람의 윤곽이나 신체 부위 반사는 식별되지 않는다.

2. 이 사진들로 '여자가 남자를 세게 밀어냈고, 남자가 불안정하게 걸어 문밖으로 나갔다'고 판단할 수 있나?

불가능하다.

그 이유는 우선 인물이 식별되지 않기 때문이다. 두 사람의 신체 윤곽 자체가 보이지 않아 행위 주체·객체의 존재부터 확인 불가하다. 접촉 증거가 없다. 팔의 신전, 손의 접촉 지점, 접촉 직후 상대의 가속/중심 이탈 등 힘 작용의 시각적 단서가 없다.

반사체 한계가 명확하다. 대상은 거울이 아닌 난반사 금속판이어서 반사 얼룩만 저해상도로 기록된다. 얼룩 이동만으로 사람의 행동을 추정하는 것은 광학적으로 부적절하다. 보행 안정성은 판단 불가이다. 보폭·보 간격, 체간 흔들림, 발 접지 순서 등 보행 지표를 읽을 수 있는 대상·해상도가 없다.

문 경계가 확인되지 않는다. 문틀·문턱 등 경계가 프레임에 분명하지 않아 '문밖으로 나감' 자체를 판정할 수 없다.

연속성·시간정보가 부족하다. 프레임 간 변화는 주로 반사 패턴/각도·노출 변화로 설명되며, 사람 이동의 연속 궤적으로 확인되지 않는다.

필자의 눈에 보이는 것들

사건의 실상을 잘 알고 해당 동영상을 수십 번 재생해 본 필자도 앞선 프레임 캡처 사진 128~129쪽에서 반사된 대상이 주로 고소인 가○○의 뒷모습(출입문을 통해 나가는 장면)이라는 정도만 파악할 수 있을 뿐이다. 그리고 파란색 물체는 출입문 밖에 놓여 있는 플라스틱 의자이다.

프레임 캡처 사진 130~132쪽에서는 주황색이 눈에 띄는데 이는 피고인의 팔로 추정되며 피고인이 무게중심을 잃고 순간적으로 몸이 앞쪽으로 기울어진 모습으로 여겨진다. 이는 뒤에 나오는 영상분석 전문가 윤용인 박사의 영상분석 감정서에서 과학적으로 분석, 확인된다(144~161쪽 참조). 이 장면에서도 피고인의 손이 고소인의 신체에 닿아 있다는 근거는 찾아볼 수 없다. 그리고 프레임 캡처 사진 132쪽에서는 피고인이 무게중심을 잡기 위해 황급히 팔을 몸 쪽으로 이동한 것으로 추정된다.

결론적으로 말하자면, 앞선 AI판사의 의견대로 이들 흐릿한 캐비닛 반사 영상으로는 아무것도 알 수 없다. 당연히 이 흐릿한 영상을 근거로 사실인정이나 판단을 하는 것은 자유심증의 한계를 명백히 일탈한 것이다. 의혹의 눈으로 보면 관련 판사들이 '느낌'만으로 허구를 창작하고 사건의 진실을 왜곡하여 폭행죄를 악의적으로 만들어냈다는 생각이 든다. 어느 누가 이들 연속 캡처 화면을 보고 피고인이 고소인을 세게 밀어내었다고 말할 수 있겠는가. '법왜곡'을 배제하면 설명하기 힘든 행위이다.

'스스로'가 판사 눈에는 보였나?

1-2-3심 재판부는 무고죄와 관련하여 '피고인이 스스로 뒤로 넘어졌다'는 판단에도 캐비닛에 반사된 영상을 중요한 근거로 사용하였다. 이 반사 영상은 이미 앞에서 설명한 대로 무슨 내용인지를 파악할 수 없을 뿐 아니라 '피고인이 스스로 뒤로 넘어졌다'는 판단을 전혀 입증하지 못한다. 그럼에도 불구하고 관련 판사들은 '신의 눈'을 사용하여 무리하게 없는 사실을 도출해 내었다.

여기서 '신의 눈' 판사들이 이용한 캐비닛 반사 영상은 고소인 촬영 동영상의 재생시간 3분 55초경이다. 해당 동영상을 수십 번 반복 재생해 보아도 피고인이 뒤로 엉덩방아를 찧으며 넘어졌다는 사실만 겨우 공감할 수 있을 뿐이다. 이들 장면만으로 피고인이 '스스로' 뒤로 넘어졌는지, 또는 '외력에 의해' 뒤로 넘어졌는지는 전혀 알 수가 없다. 그럼에도 불구하고 관련 판사들은 재판의 공정성을 무너뜨리는 판단을 한 것이다.

다음의 캡처 사진 12장은 해당 장면을 프레임 단위에서 추출하여 캐비닛 반사 화면만 트리밍하여 시간순으로 배열한 것이다. 누가 피고인이 뒤로 넘어지는 장면의 영상이라고 생각할 수 있겠는가. 당시 상황을 충분히 파악하고 있는 필자가 설명하면, 화면 속 주황색은 피고인의 상의이고 파란색은 출입문 밖에 있는 플라스틱 의자이다. 따라서 피고인이 넘어지는 장면이라는 것은 이 화면들을 통해 겨우 추정할 수 있다.

그러나 피고인이 '앞으로' 넘어졌는지, '뒤로' 넘어졌는지는 이들 화면만으로는 알 수 없다. 더구나 이들 화면을 통해 피고인이 '스스로' 넘어졌다고 말하는 것은 난센스가 아닐 수 없다. 이 점에 대해서는 이미 앞서 대법원 등재 감정인 이희일 박사(한국법과학연구원장)의 영상분석 감정서에서 밝힌 바 있다(102~107쪽 참조). 이희일 박사는 과학적으로 시간, 거리, 속도 분석을 통해 "피고인이 스스로 뒷걸음질하여 뒤로 넘어지는 것은 거의 불가능하다."라고 분석하였다.

고소인 촬영 동영상 재생시간 3분 55초경 사무실 캐비닛 옆면에 반사된 장면. 왼쪽부터 1~4번.

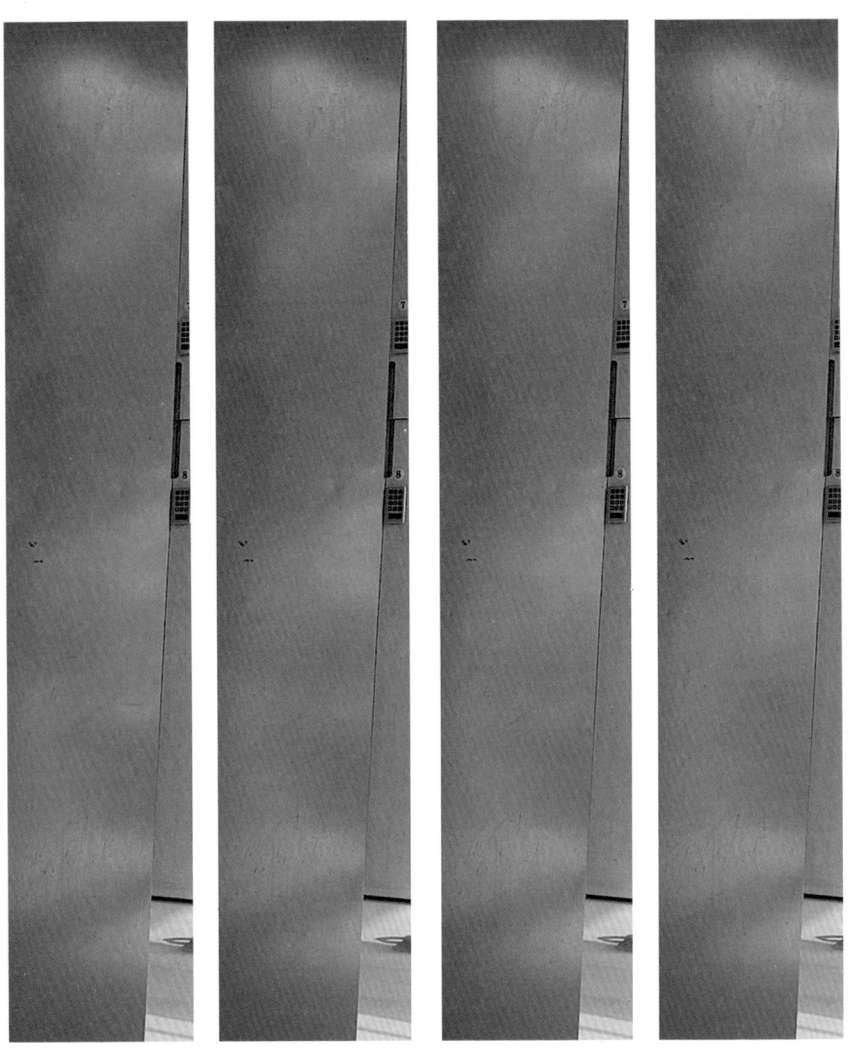

고소인 촬영 동영상 재생시간 3분 55초경 사무실 캐비닛
옆면에 반사된 장면. 왼쪽부터 5~8번.

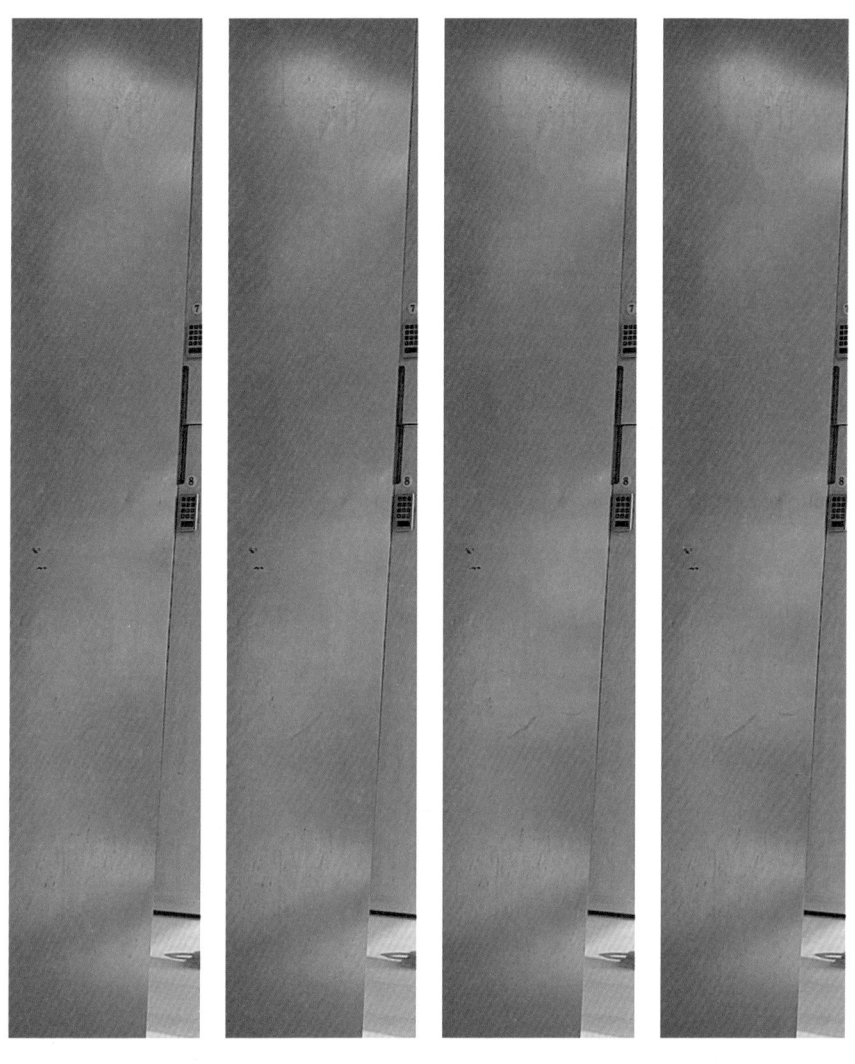

고소인 촬영 동영상 재생시간 3분 55초경 사무실 캐비닛 옆면에 반사된 장면. 왼쪽부터 9~12번.

AI판사가 본 것

앞의 프레임 캡처 사진에 대하여 AI판사는 다음과 같은 의견을 개진했다.

AI판사 의견(뒤로 넘어짐 반사 영상)

1. 무엇이 보이는가

해당 장면은 거울이 아닌 금속 캐비닛 도장면의 확산 반사이다. 표면 요철과 들쭉날쭉한 반사율 때문에 인물의 윤곽은 흐리고 경계가 사라져 있다. 화면에서 식별되는 것은 주황색·청색의 '밝기·색 변화'뿐이다. 주황색은 피고인의 상의 색, 청색은 출입문 밖 플라스틱 의자의 색이 간접광으로 비친 흔적이다.

프레임을 연속해도 신체의 팔·다리·머리·몸통의 연속 윤곽, 접촉 지점, 발의 지지 위치는 보이지 않는다. 반사 특성상 영상은 좌우 반전되고 비선형으로 왜곡되며, 같은 동작이라도 반사각 변화만으로 밝기·색 얼룩이 이동하는 것처럼 보일 수 있다.

따라서 이 영상이 실제 신체의 정확한 위치·자세·방향·속도를 표현한다고 볼 수 없다. 확인 가능한 사실은 "해당 시점에 캐비닛 표면에서 색 얼룩이 흔들리듯 변화했다."는 정도에 한정된다.

2. '스스로 뒤로 넘어지는 모습'이 보이는가

보이지 않는다. 자발적 넘어짐을 판단하려면 최소한 ① 신체 중심(골반·흉곽)의 연속 이동 ② 발의 미끄러짐·해제 ③ 팔의 균형반응 ④ 넘어짐 직전·직후의 시간-거리-속도 연속성이 확인되어야 한다. 이 영상에서는 그 어떤 요소도 식별되지 않는다. 반대로, 외력의 배제 또한 불가능하다. 접촉 여부·힘의 방향·반응 시점이 전혀 보이지 않으므로 '스스로'라는 인과를 설정할 근거가 없다.

프레임 내 주황색 얼룩이 아래로 늘어지는 듯한 변화는 반사광의 세기·각도 변화로 충분히 설명되며, 이를 신체 하강이나 '엉덩방아'로 단정할 수 없다. 결론적으로, 본 반사 영상은 넘어짐의 존재 자체도 직접 입증하지 못하며, 특히 "피고인이 스스로 뒤로 넘어졌다."는 핵심 판단과는 논리적으로 연결되지 않는다.

3. 최종 판단

이 반사 영상에서 확정적으로 보이는 것은 캐비닛 표면의 색·밝기 얼룩의 변동 등이다. 반면 이 반사 영상에서 신체의 형태, 접촉, 힘의 방향, 중심 이동, 자발·외력 여부 등은 이 반사 영상에서 보이지 않는다. 따라서 본 자료는 '스스로 뒤로 넘어짐'의 판단에 사용될 핵심 증거가 될 수 없고, 최대한 폭넓게 보아도 정황 보조자료에 그친다.

전체 사건동영상의 과학적 분석

1-2-3심 재판부는 사건 정황을 전혀 파악할 수 없는 동영상 속 사무실 캐비닛에 비친 흐릿한 간접영상을 판단의 주된 근거로 사용하는 잘못을 저질렀다. 그 결과 '피고인이 고소인을 세게 밀어냈다' '피고인이 스스로 뒷걸음을 하다가 뒤로 넘어졌다'는 황당한 허위사실을 도출했다.

'피고인이 스스로 뒷걸음질하다가 뒤로 넘어졌다'는 판단이 허위임은 앞서 지정우·이희일 박사의 감정서(의견서) 2건을 인용하여 충분히 지적하였다. 여기서는 '피고인이 고소인을 세게 밀어내었다'는 판단이 허위임을 영상분석 전문가의 과학적 분석을 통해 살펴보기로 한다.

	鑑定書	
의뢰인		
의뢰번호	2024-29	
특수감정인	윤용인(영상공학박사)	
접수일	2024년 11월 13일	
감정일시	2024년 11월 18일 ~ 2024년 11월 27일	
감정물	본사에 메일로 제출된 동영상 3개 파일명: 비교 동영상.mp4, 동영상.mp4, 동영상.mp4	
감정사항	동영상에서 여성이 남성의 왼팔을 잡았을 당시 여성이 남성을 밀었는지 여부 확인	

* 본 감정물에 대한 분석결과는 과학적인 근거에 의해 분석된 결과이지만, 감정물의 상태에 따라 분석 결과가 상이할 수 있음.

    피고인이 고소인을 잡았을 때 고소인을 세게 밀어내었는가. 이에 대하여 대법원 등록 특수감정인 윤용인 박사(영상공학)는 고소인이 촬영한 휴대폰 동영상뿐 아니라 피고인이 촬영한 휴대폰 동영상, 두 동영상의 오디오를 일치시킨 비교동영상까지 정밀 분석하였다.

    반면에 왜 관련 판사들이 3종의 동영상 중 유독 고소인 가○○이 촬영한 동영상에만 집착했는지는 큰 의문이다. 그것도 왜 직접 촬영된 선명한 영상을 배척하고 희미한 간접 반사 영상에 몰두했을까. '법왜곡' 외에 달리 설명할 길이 없다.

    윤용인 박사는 디지털 영상처리 및 3D재구성 전문가이며, 세계인명사전 3회 등재, 법원 감정 사건 다수 수행, 〈평면 호모그래피를 이용한 3차원 재구성 장치 및 방법(2007. 8. 29.)〉 등 특허등록 10건, 〈디지털 이미지

위변조 분석기법 연구(법무부, 2010. 3. 09.~2010. 11. 30.)〉 등 정부 연구 다수 수행, SCI급 국제저널에 논문 10편 등재 등의 경력을 가진 최고 전문가이다.

그는 프레임 단위 행동 분석, 신체 무게중심 이동경로 추적, 동작의 3D 재구성, 골반·하체 중심이동 분석, 동작 방향성 및 추진력 평가(작용 반작용 법칙 기반), 관절 분절 분석, 무게중심 붕괴 경로 분석, 행동역학 기반 균형 붕괴 메커니즘 분석 등 과학적 기법으로 해당 장면을 분석하였다. 이 분석 결과는 '피고인은 고소인을 밀지 않았다'는 것이다.

비교동영상 왜 배척했나

비교동영상의 한 장면을 캡처한 사진. 왼쪽은 고소인, 오른쪽은 피고인이 촬영한 동영상 장면이다. 좌우의 두 장면은 음성이 일치한다.

앞서 언급한 관련 판사들의 오판은 대부분 가○○ 촬영 동영상 중 사무실 캐비닛에 비친 흐릿한 실루엣 간접영상을 근거로 삼은 데서 기인하였다. 그 오판은 피고인 촬영 동영상(직접영상)에 의해 부정된다.

따라서 판사가 가○○과 피고인 촬영 동영상을 세심하게 비교하였다면, 이 같은 오판은 충분히 예방할 수 있었다. 이 때문에 피고인측은 같은 시간대의 두 동영상을 한 화면에 배치한 비교동영상을 제출하였다. 즉, 두 동영상의 음성이 일치하는 화면을 한 화면에 같이 배치한 것이다(앞쪽 사진 참조).

이 사진에서 왼쪽 화면은 가○○ 촬영 동영상이고 오른쪽 화면은 피고인 촬영 동영상이다. 이 비교동영상의 길이는 23초 분량으로 가○○ 촬영 동영상 2:30~2:53경이고, 피고인 촬영 동영상 0:00~0:23경이다. 피고인은 가○○이 촬영을 시작한 뒤 2분 30초에 촬영을 시작하였다는 점도 여기서 확인된다.

판사가 흐릿한 실루엣 간접영상에 의존하여 잘못 단정한 내용 모두가 이 비교동영상에 들어 있다. 만약 판사가 조금이라도 공정하게, 조금이라도 정확하게 사실 판단을 할 의사가 있었다면 이 비교동영상을 배척할 이유가 없었다.

영상공학박사의 영상 행동 분석

윤용인 박사의 영상감정서는 크게 '영상 행동 분석'과 '3D재구성을 통한 인물 행동 분석'의 두 부분으로 나누어져 있어, 위 감정서 내용을 그 순서에 따라 두 부분으로 나누어 살펴본다. 먼저 '영상 행동 분석' 부분이다.

'밀지 않았다'〈1〉 영상 행동 분석

1. 영상 속 인물 행동 분석

❶ 영상분석 개요

◆ 감정물은 사건 영상에서 인물(이하 A라고 함)과 인물(이하 B라고 함)의 행동을 분석함(그림 1 참조).

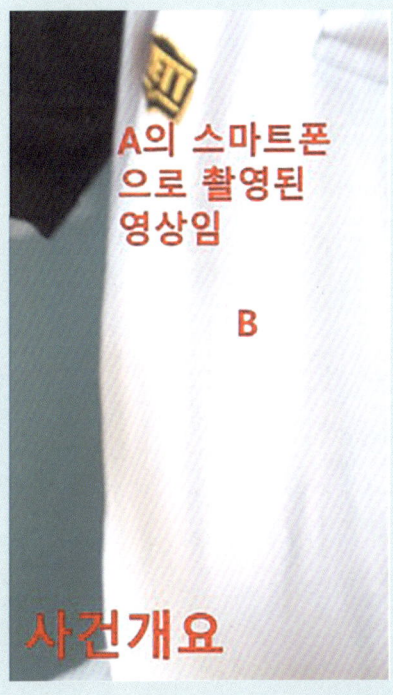

그림 1

❷ 영상분석 방법

감정물은 사건동영상으로 인물들의 행동 등을 분석함.

❸ 분석자료

감정물은 A가 B의 팔을 잡는 순간에서 A가 문밖으로 나가는 순간까지의 영상자료로, 〈비교동영상.mp4〉의 재생시간 1초~3초경, 〈가○○ 동영상.mp4〉의 재생시간 3분 50초~3분 52초경, 〈피고인 동영상.mp4〉의 재생시간 1분 19초~1분 21초경임.

❹ 영상분석 결과

가. A가 B를 잡았을 때 A의 발 위치

◆ 영상 행동 분석 Ⅰ-1, 2, 3, 4는 〈가○○ 동영상.mp4〉의 재생시간 3분 51.438초~3분 51.537초경의 장면들임. A의 오른손이 B의 왼팔 상단을 잡고 있는 동안, A의 앞발(오른발)이 바닥과 떨어져 들려 있고 동시에 뒷발(왼발)의 발꿈치가 바닥과 떨어져 있는 것이 확인됨. A의 앞발이 들린 상태는 사람을 미는 자세가 아닌 것으로 판단됨.

◆ 영상 행동 분석 Ⅰ-1, 2, 3, 4에서 각각의 오른쪽 사진은 왼쪽 사진의 발 부위를 확대한 사진임.

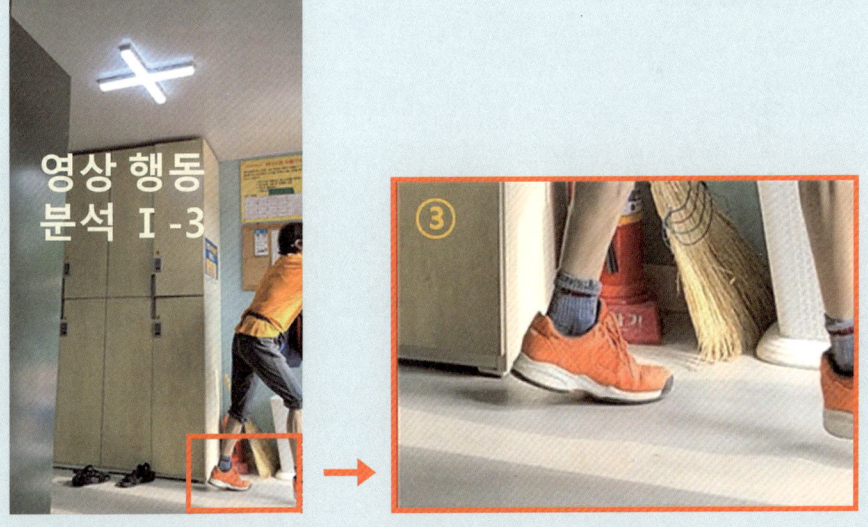

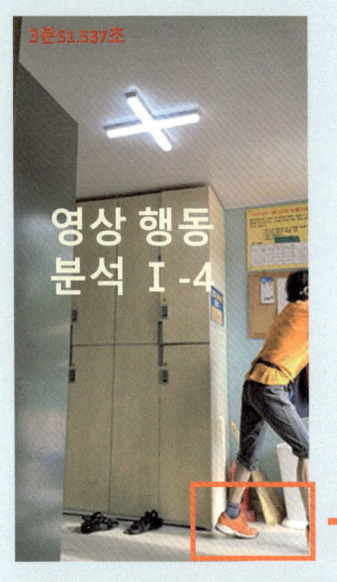

영상 행동 분석 I-4

3분 51.537초

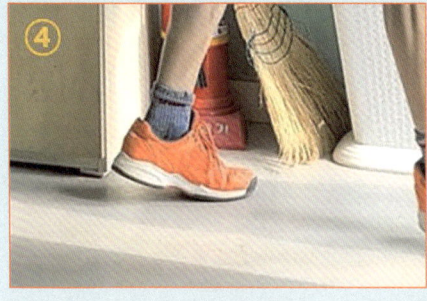

위의 발 부위 확대 사진 모음. 동작은 번호 순서임.

◆ 아래 사진 속 C와 D에서 보는 바와 같이, 인체공학적으로 사람이 사물을 밀 때에 두 발바닥이 지면을 딛고 있어야 운동화와 지면의 마찰력, 작용 반작용의 법칙에 의한 지면 반발력을 형성하여 사물을 밀 수 있기 때문에 A와 같이 한 발이 들린 상태에서는 미는 힘이 거의 생기지 않는 바, 과학적으로 A는 B를 밀 수 없었던 것으로 분석됨.

나. A가 B를 잡았을 때 A의 접지점과 무게중심

◆ A의 오른손이 B의 왼팔 상단을 잡았을 때, A의 접지점은 뒷발의 발꿈치인 바, 당시 A는 상체를 앞으로 숙이고 무릎을 굽힌 상태여서 몸의 무게중심이 접지점보다 훨씬 앞에 있는 것으로 확인됨(그림 참조).

◆ 이런 상태에서 A가 B의 왼팔 상단을 잡지 않았다면 저절로 앞으로 넘어지는 자세인 바, A의 행동은 미는 자세라고 할 수 없는 것으로 판단됨. 시간은 〈가○○ 동영상.mp4〉 재생시간 3분 51.438초~3분 51.537초경.

다. A가 B를 잡고 있은 시간

◆ 영상 행동 분석 Ⅰ-5에서와 같이, A의 오른손이 B의 왼팔 상단을 잡은 시각은 〈비교동영상.mp4〉의 재생시간 1.600초임.

◆ 영상 행동 분석 Ⅰ-6에서와 같이, A의 오른손이 B의 왼팔 상단을 놓은 것이 확인되는 시각은 〈비교동영상.mp4〉의 재생시간 2.468초임. 이때 A의 오른손 엄지가 B의 왼팔에서 떨어져 있는 것이 확인됨.

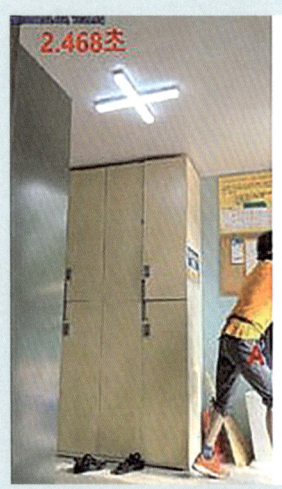  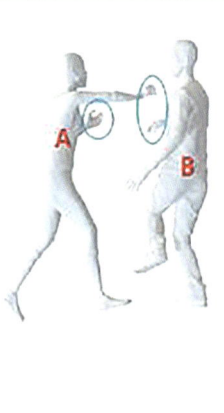

◆ 따라서 A의 오른손이 B의 왼쪽 어깨를 잡고 있는 시간은 1.600초~2.468초로 길어야 약 0.868초 이내임. 채 1초가 되지 않는 것으로 확인됨.

라. A가 B를 잡았을 때 A의 상태

◆ 영상 행동 분석 Ⅰ-7은 〈가ㅇㅇ 동영상.mp4〉의 재생시간 각각 3분 34.207초, 3분 43.235초경으로, A는 B를 잡기 전에 왼팔에 가방 2개, 왼손에 휴대폰을 들고 있는 것이 확인됨. 따라서 A는 B를 잡을 때 왼손을 사용할 수 없었고 실제로 오른손만을 사용한 것으로 확인됨. 전술한 가,

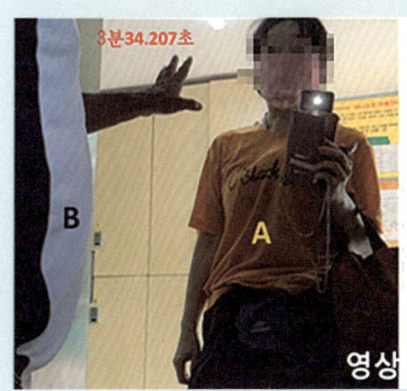

영상 행동 분석 Ⅰ-7

나, 다항의 상태에서, A가 자신보다 무거운 B를 한 손으로 밀어내는 것은 거의 불가능할 것으로 판단됨.

마. B가 문밖으로 나가는 자세

◆ 영상 행동 분석 Ⅰ-8, 9의 장면에서, B는 왼팔 상단이 잡힌 후에도 오른손을 자연스럽게 흔들며 출입문으로 걸어가는 모습이 확인됨. 시간은 〈비교 동영상.mp4〉의 재생시간 각각 1.935초, 2.071초임. 영상 행동 분석 Ⅰ-9에서는 B의 뒷모습이 캐비넷에 비춰지고, B가 문턱을 거의 넘으려고 하는 것으로 확인됨(B의 발꿈치 참조).

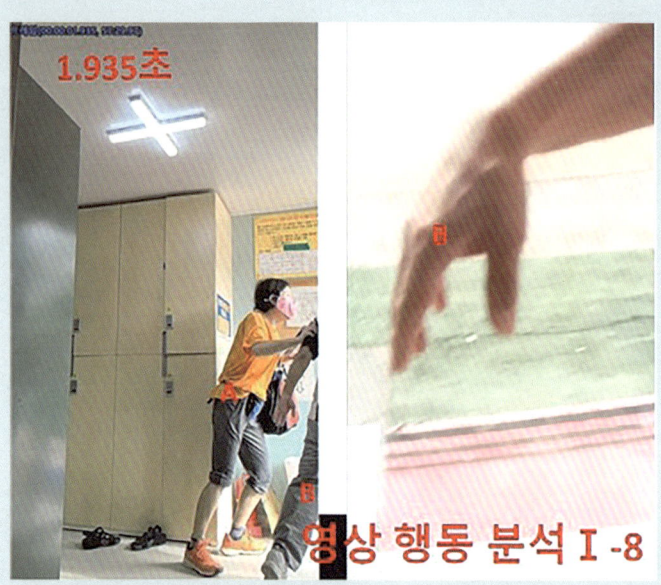

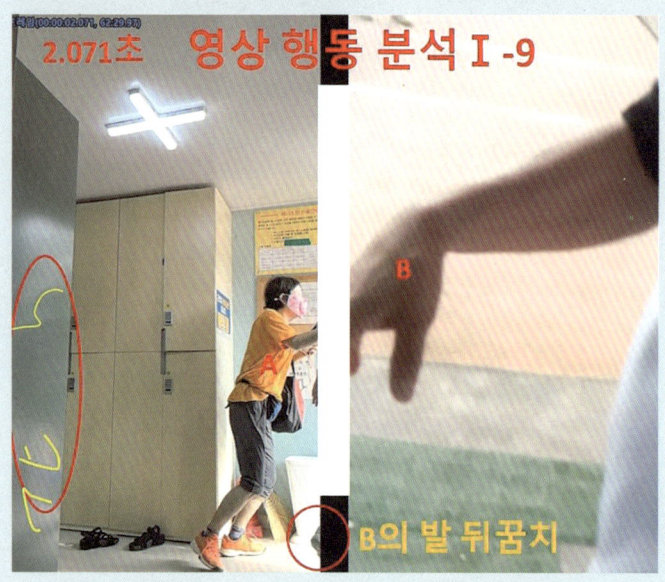

◆ 영상 행동 분석 I -10, 11에서, A가 B를 잡은 당시, B가 자연스럽게 팔을 흔들면서 문턱을 넘어 문밖으로 나가는 것이 확인됨. B의 행동에서 중심

을 잃거나 부자연스럽게 문밖으로 나가는 장면이 없고 문밖에서도 자연스럽게 서 있는 바, B는 A로부터 밀침을 당하지 않은 것으로 분석됨. 시간은 〈피고인 동영상.mp4〉의 재생시간 1분 19.761초~1분 20.944초임.

바. A의 전진 시 B의 위치 변화

◆ 영상 행동 분석 Ⅰ-12, 13, 14를 순차적으로 비교하면, A가 상당히 전진

함에도 불구하고, B는 거의 제자리에 있는 것이 확인됨. A가 앞으로 나아가도 B가 거의 그 자리에 있는 것이 확인되는 바, A는 B를 밀지 않았고, B도 A에 의해 밀리지 않은 것이 확인됨. 시간은 〈비교동영상.mp4〉의 재생시간 2.335초~2.569초임.

◆ 영상 행동 분석 Ⅰ-13은 B가 아직도 거의 제자리인 상태에서, B의 오른손이 확인되고 동시에 A의 오른손 엄지가 나타난 점에서, A가 잡았던 B의 왼팔 상단을 놓은 것으로 보임. 이때, ①은 A의 팔이 뻗은 것으로 분석되고 ②는 A의 앞발(오른발)이 바닥면과 떨어져 들린 것으로 확인됨. 시간은 〈비교동영상.mp4〉의 재생시간 2.402초임.

◆ 영상 행동 분석 Ⅰ-14에서 A의 보폭이 비정상적으로 큰 것으로 확인되는 바, 이 때 A는 몸의 중심을 잃은 상태인 것으로 분석됨.

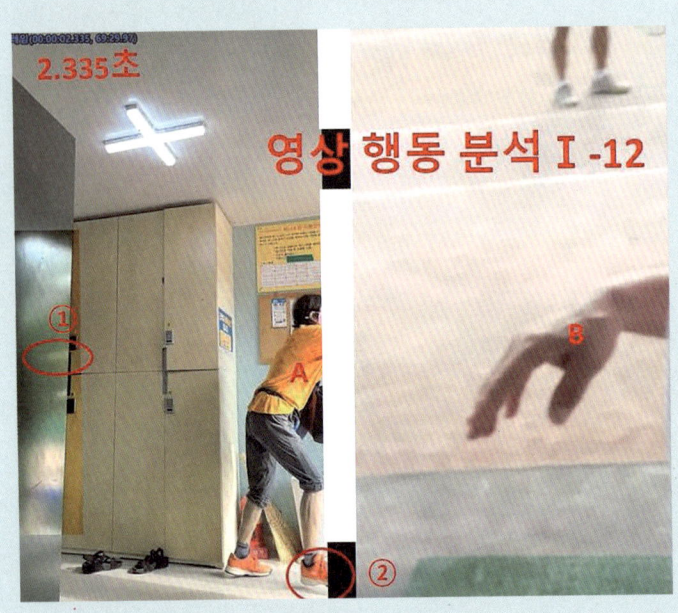

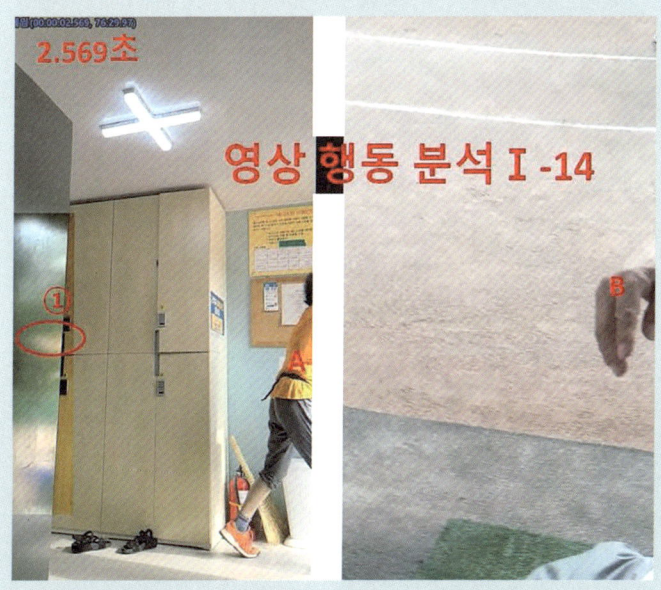

사. B의 직후 발언

〈피고인 동영상.mp4〉의 재생시간 1분 20초~1분 22초경, B가 문밖으로 나간 직후, B가 "이거 옷 잡는 거 봐."라고 말하는 바, B는 A가 자신의 옷을 잡은 것을 느낀 것으로 추정됨. 만약 A가 B를 밀쳤다고 느꼈다면 B는 이런 말을 하지 않을 것으로 추정됨.

V. 결과 종합

(중략) 이상의 분석 결과를 종합할 때, A가 B를 밀 수 없었음은 과학적으로 설명이 되고, B의 모습도 밀침을 당한 상태가 아니라는 점이 영상을 통해 확인됨. A는 몸의 중심을 잃은 상태에서 약 0.868초간 오른손으로 B의 왼팔 상단을 잡은 것으로 분석됨.

당시 상황의 3D재구성 분석

또 윤용인 박사는 '3D재구성 분석'의 기법을 통해 피고인이 고소인을 밀지 않았음을 입체적으로 보여 주었다. 실제 동영상에서는 보이지 않는 부분까지 시각화하는 영상 처리 기법을 적용하여 '피고인이 고소인을 밀지 않았음'을 재확인한 것이다.

'밀지 않았다'〈2〉 3D재구성 분석 (발췌)

(생략)

나. <비교동영상.mp4>의 재생시간 2.168초~2.468초경
 ◆ 영상 행동 분석 Ⅱ-6, 7, 8과 같이, A는 앞발이 들리고 상체를 앞으로 숙

인 채 전진하는 것으로 확인되는 바(발의 위치 ②, ③, ④ 참조), A는 몸의 중심을 잃은 상태인 것으로 분석됨. 이때 B는 문턱을 넘어 문밖으로 나가고, B의 왼팔 상단을 잡은 A가 딸려 나가는 것으로 분석됨.

(중략)

  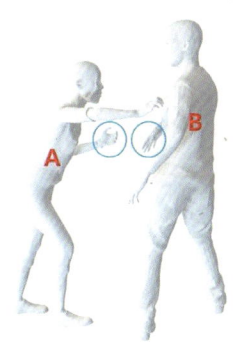

영상 행동 분석Ⅱ-7

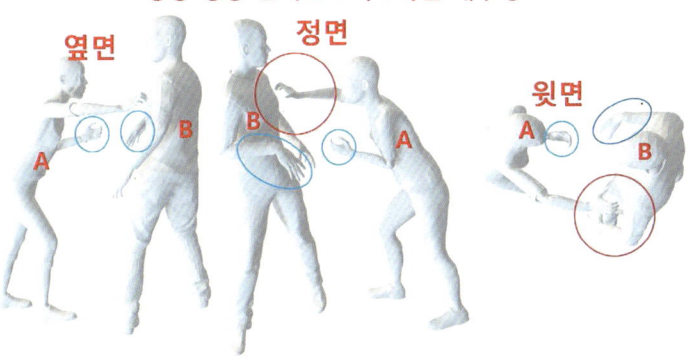

영상 행동 분석Ⅱ-7-1

(중략)

◆ 좌측 사진의 캐비닛 실루엣을 보면, 영상 행동 분석 Ⅱ-7에서 A의 오른 팔(노란색 부분)이 나타나고, 영상 행동 분석 Ⅱ-9에서는 B의 형상이 사라진 것으로 보임. …

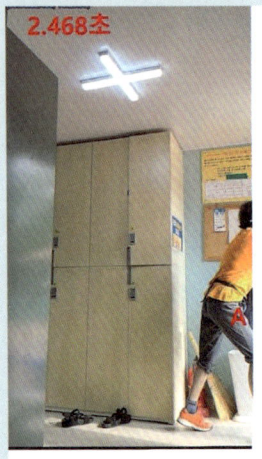

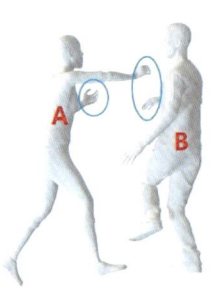

영상 행동 분석Ⅱ-9

영상 행동 분석Ⅱ-9의 3차원 재구성

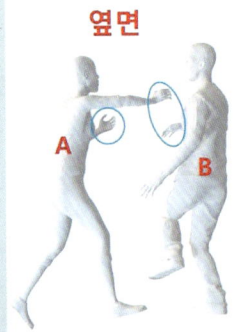
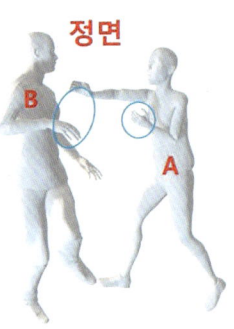

영상 행동 분석Ⅱ-9-1

(중략)

다. <비교동영상.mp4>의 재생시간 2.568초~2.880초경

◆ 영상 행동 분석Ⅱ-12는 B의 배 좌측 부분과 왼팔이 보이고 오른손이 돌아가는 것이 확인되는 바, B가 문밖의 계단 아래로 내려가려고 하는 순간의 모습으로 추정됨. 이때 좌측 사진의 캐비닛에서 A는 상체(노란색 부분)만 문턱 선을 넘은 것으로 보이는 바, A는 몸을 숙이고 몸의 중심을 잃은 상태에서 B의 몸 좌측의 문밖으로 나가는 것으로 추정됨. …

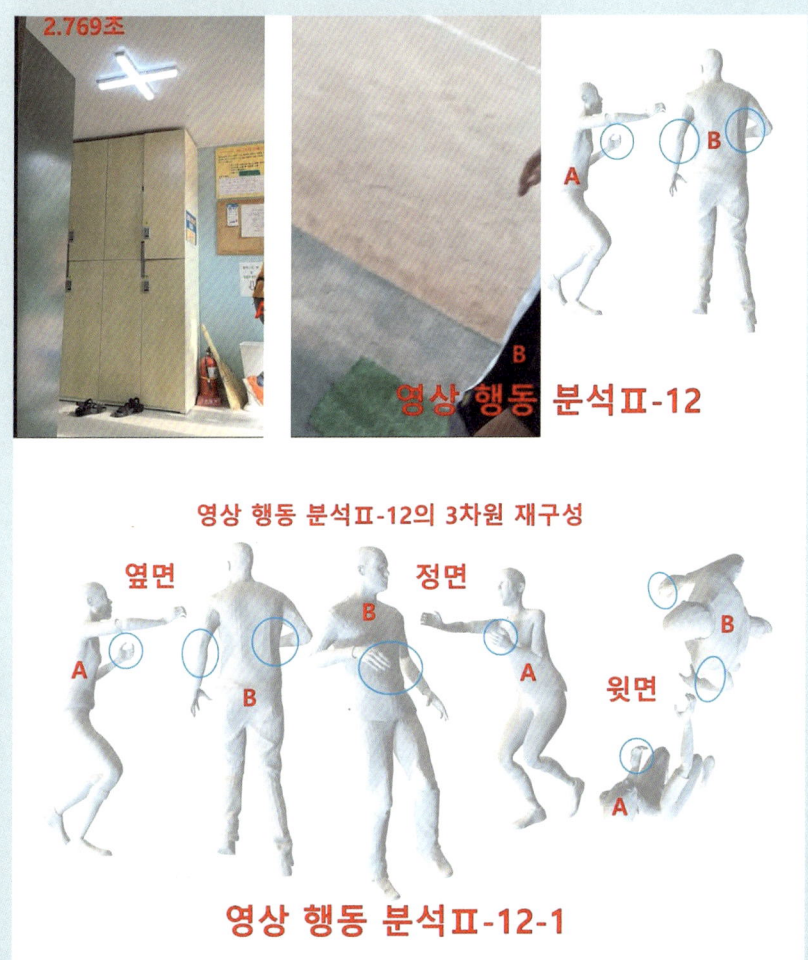

V. 결과 종합

〈비교동영상.mp4〉의 재생시간 1.867초~2.880초경에서 A쪽으로 다가가던 B가 몸을 출입문 쪽으로 우회전하여 문밖으로 나아감에 따라, B의 왼팔 상단을 잡고 있는 A의 오른손이 딸려가는 것으로 분석됨. A가 상체를 앞으로 숙이고 앞발이 들린 상태에서 비정상적으로 큰 보폭으로 나아가는 모습이 확인되는 바, A는 몸의 중심을 잃은 상태인 것으로 분석됨. B가 몸을 오른쪽으로 돌릴 때 B의 왼팔도 함께 돌았고, 이때 B의 왼팔 상단을 잡았던 A의 오른손이 딸려가다가 B에게서 떨어지는 것으로 분석됨. 그러나 중심을 잃은 A의 몸은 출입문으로 쏠려 문밖으로 진행하는 것으로 분석됨.

과학적 분석의 결과

윤용인 박사는 고소인 촬영 휴대폰 동영상뿐 아니라 피고인 촬영 휴대폰, 그리고 두 영상의 음성을 일치시킨 비교동영상을 종합하여, '영상 행동 분석'과 '3D재구성 분석'을 통해 세 동영상을 유기적, 과학적으로 분석한 결과를 다음과 같이 밝혔다.

'밀지 않았다'〈3〉 종합 감정결과

(생략)

Ⅲ. 종합 감정 결과

A의 오른손이 B의 왼팔 상단을 잡았을 때, B가 몸을 출입문쪽으로 우회전하여

나아감에 따라 B의 왼팔도 회전한 것으로 분석되고, 동시에 B의 왼팔 상단을 잡고 있는 A의 오른손이 딸려가다가 B를 놓친 것으로 확인됨.

이때, A의 몸은 전진하나 상체를 앞으로 숙이고 앞발을 든 상태여서 몸의 중심을 잃었고, 그 결과 비정상적으로 큰 보폭을 취한 것으로 확인됨. 따라서 과학적으로 A는 B를 밀 수 없었고 B도 밀리지 않았음이 영상을 통해 확인됨.

A의 오른손이 B의 왼팔 상단을 잡았던 0.868초 동안, B의 우회전 후 전진 동작에 의해 A는 몸의 중심을 잃은 상태에서 딸려 나갔고, B를 밀지 않은 것으로 분석됨.

이 같은 과학적 분석에 비하여 관련 판사들의 태도는 어땠는가.

윤용인 박사가 3개의 동영상을 비교 분석한 것에 비하여, 관련 판사들은 단지 가○○ 동영상만을 대상으로 하여, 그것도 캐비닛에 비친 희미한 간접영상만을 분석하였다. 윤용인 박사는 프레임 단위에서 최신 영상 분석기법을 적용하였고 물리학적 분석까지 사용하였으나, 관련 판사들은 단지 '육안 관찰'만 하였다.

양측의 분석 방법 중 어느 쪽이 더 과학적이고 합리적인가. 각 분석 방법의 우열은 누구도 부정할 수 없을 정도로 명백하다. 더 이상 무슨 말이 필요하겠는가.

그 결과 양측은 상반된 결론을 내놓았다. 관련 판사들은 '피고인이 고소인을 세게 밀어내어 고소인이 불안정한 자세로 문밖으로 밀려나갔다'고 단정했다. 반면에 윤용인 박사는 '피고인은 몸의 중심을 잃은 상태에서 딸려 나갔고 고소인을 밀지 않았다'고 분석했다.

두 결론은 상반되며 양립할 수 없다. 한쪽 결론은 맞고 다른쪽 결론은 틀렸다. 이런 경우 어느 쪽이 합당하고 적법한 결론이겠는가.

저화질이면 증거 아니다

　저화질·시야 가림·원거리·사선 구도 등으로 핵심 사실(누가, 무엇을, 어떻게 했는지)이 식별되지 않는 영상은, 법정에서 유죄의 근거가 될 수 없다. 최근과 과거 사례를 함께 보면, 법원은 일관되게 시각적 인상이 아니라 논리적 확증을 요구해 왔다. 그런데 왜 '테니스장 오심' 관련 판사들은 여기서 예외가 되는가.

　서울신문 2023. 5. 24.자 「범인 찍혀도 못 찾아요'… 화질불량 지하철 CCTV」 보도에 따르면, 서울지하철 내에서 절도, 성추행 등 범죄 피의자들이 경찰에 검거되어도 설치된 CCTV의 저화질 때문에 무죄로 결론나는 경우가 많다.

　한 예로 2022년 11월 서울남부지법 형사13단독 ○○○ 판사는 이동 중인 서울지하철 9호선 전동차 안에서 피해자를 수차례 성추행한 혐의를 받는 50대 남성에게 무죄 판결을 내렸다. 당시 범인이 찍힌 역사 내의 CCTV는 화질이 좋지 않아 피고인과 동일인인지를 확신할 수 없다는 이유에서였다.

　같은 해 4월 서울지하철 7호선 전동차 안에서 성추행한 혐의로 기소된 남성도 무죄 판결을 받았다. 당시 서울중앙지법 형사20단독 ○○○ 부장판사는 "수사기관은 CCTV를 추적해 피고인이 장승배기역에서 승차하고 이수역 환승통로를 이동하는 장면을 확인했지만, 옷차림이 비슷한 다른 승객들이 있었는지 등이 확인되지 않았다."면서 "유사한 옷차림의 다른 승객이 범행을 저질렀을 가능성을 완전히 배제하기 어렵다."라고 판결했다.

　법원은 피고인으로 지목된 인물의 얼굴·체형·의복 등 구별 표지가 화면에서 명확히 드러나지 않는다고 보았고, 이동 경로의 유사성만으로는 다른 동선 가능성을 배제할 수 없으므로 동일인성 확정이 어렵다고 판단했다. 핵심은 "영상이 있다."가 아니라, 그 영상이 '누구인지'를 확정할 만큼 선명해야 한다는 점이다(서울신문, 2023. 5. 24.자).

청주지방법원 제2형사부는 2008년 6월 9일 선고한 절도사건 항소심에서, 1심 유죄 판결을 뒤집고 피고인에게 무죄를 선고하였다. 이 사건의 핵심 쟁점은 영상증거의 품질과 식별 가능성이었다. 보도에 따르면, 법원은 문제의 CCTV 영상이 낮은 해상도로 인해 얼굴·체형·의복·걸음걸이조차 특정할 수 없는 수준이라고 지적했다. 이어 법원은 이 같은 영상 상태를 근거로 "저화질 영상의 증거능력이 부족하다."라고 판시했다(충청투데이, 2008. 06. 10.자).

세 사건을 관통하는 기준은 단순하다. 얼굴·체형·의복·행위 형태·접촉 유무·지속/세기 등 결정적 정보가 화면에서 객관적으로 판독되어야 한다(핵심 요소의 식별 가능성). 동선 유사, 옷차림 유사, 사후 진술 일치 등은 어디까지나 보조자료일 뿐, 불명확한 핵심 장면을 대신할 수 없다(정황 보강의 한계). 화면이 희미하면 관찰자 편향이 쉽게 개입한다(자유심증의 한계). 법원은 반복해서 "논리와 경험칙을 벗어난 인상 해석은 위법"임을 확인해 왔다.

즉, "저화질이면 증거가 아니다."는 선언이 아니라, 저화질이면 '증거로 삼기 위해 필요한 핵심 사실의 확정' 자체가 불가능해진다는 점이 본질이다. 이때 법원이 택하는 해법은 언제나 같다. 무죄 또는 증거가치 배척.

따라서 저화질 영상을 대면한 판사들은 다음 네 가지 사항을 반드시 체크해야 한다.

① 식별성: 화면에서 인물·행위가 누가/무엇을/어떻게 했는지가 멈춤 화면 기준으로도 확인되는가.

② 연속성: 사각·가림·컷 전환으로 결정적 구간이 끊겨 있지 않은가.

③ 검증성: 동일 장면을 제3자가 반복 검증해도 같은 결론이 나오는가(주관적 인상 배제).

④ 대체성: 핵심 사실은 화면이 직접 입증하고, 정황·진술은 보조로만 사용되는가.

이 네 가지 질문 중 어느 하나라도 '예'로 답하지 못한다면, 그 화면은 유죄의 증거가 아니라 의심의 출발점에 가깝다. '테니스장 오심'은 위 4개 항목 모두에서 '아니오'로 평가된다.

CHAPTER

사건동영상 분석

기피하는 판사들

"항소는 1심 판결에
도장을 찍기 위한 장치가 아니라,
사법적 오류를 시정하기 위한
제도이다."

제롬 프랭크 Jerome Frank
미국 법률가, 1889~1957

생략된 사건동영상 분석

 이 사건의 진실은 고소인 가○○과 피고인이 휴대폰으로 촬영한 사건동영상에 그대로 담겨 있다. 그러나 항소심은 단 1회 공판으로 변론을 종결하였고, 법정에서 사건동영상을 재생하지도 검증하지도 않았다. 재판부가 핵심 증거를 그렇게 경시한 것에서 필자는 과연 항소심 판사들에게 진실 규명의 의지가 있었는지 의심하지 않을 수 없다.

 사건동영상의 중요성에 대해, 항소심 변호인인 법무법인 우면의 박영래 변호사는 항소이유서에서『…각 동영상의 중요 동작 정리 내용에 의하면, 이 사건 각 공소사실이 유죄로 인정될 수 있는지 여부는 가○○ 동영상 중 03:33~04:00 및 피고인 동영상 중 01:09~01:27, 특히 ① 폭행의 점 중 i) 닫히는 문에 가○○의 왼손가락이 찍혔는지 여부는 가○○ 동영상 03:33~03:40의 약 7초, ii) 피고인이 가○○을 밀어 폭행을 가했는지 여부는 가○○ 동영상 03:46~03:52의 약 6초, ② 무고의 점은 가○○ 동영상 03:55~03:57의 약 2초 및 피고인 동영상 01:21~01:27의 약 6초만 면밀하게 검토하면 어렵지 않게 판단할 수 있습니다.…』라고 지적했다.
 그럼에도 불구하고 항소심 재판부가 사건동영상을 면밀하게 검토하지 않은 것은 헌법 제27조가 규정한 '공정한 재판을 받을 권리'를 침해한 것이다.

고소인 동영상이 보여주는 진실

 박영래 변호사가 분석한 고소인 가○○ 동영상의 시간대별 중요 동작은 다음 표와 같다.

가○○ 동영상의 시간대별 중요 동작 정리

재생 시간대	가○○ 동영상의 중요 동작	비고
00:00~00:39	가○○이 테니스장에 들어와 곧바로 사무실로 진입하여 그곳 라커룸에서 피고인 발견	피고인은 그날 테니스장 근무 직원 나○○과 대화중이었음
00:39~00:45	가○○이 정지한 상태로 서 있음	피고인은 가○○ 등장 모름
00:45~00:54	가○○이 사무실로 들어가 나○○의 책상 왼쪽 상단 모퉁이에 본인 휴대폰을 세워 두고 피고인을 향하여 돌아섬	(사무실) 출입문 밖(라커룸)에 서 있는 피고인이 촬영되도록 방향을 설정해 둠
00:56~01:15	피고인이 잘 촬영되도록 가○○이 사무실 출입문 왼쪽에 비켜서서 언쟁 계속	
01:13~01:15	피고인이 뭔가를 발견한 듯 눈을 크게 뜨면서 몸을 앞으로 숙였다가 본인 휴대폰을 위로 밀어 올림	케이스에 가려진 휴대폰 카메라 렌즈를 돌출시키려고 휴대폰을 밀어 올린 것인데, 아직 촬영을 시작한 것은 아님
02:38	피고인의 휴대폰에 밝은 불빛이 보이기 시작	피고인이 동영상 촬영을 시작한 시점은 가○○ 동영상 촬영 시작 후 2분 30초경으로 확인됨
03:06	가○○이 오른손을 바지 주머니에 넣고 (사무실) 문틀 왼쪽에 붙어 서 있음(왼손도 바지 주머니에 넣고 있는 자세임)	이 자세로는 가○○의 주장처럼 왼손으로 문틀을 잡고 서 있는 동작이 불가능함
03:06~03:33	가○○이 계속 오른손을 바지 주머니에 넣은 채 피고인과 대화	왼손으로 문틀을 잡는다고 볼 수 있는 동작은 발견되지 않음
03:33~03:35	가○○이 왼손을 아래 바닥 쪽에서 피고인을 향하여 위쪽으로 90도 들어 올려 흔든 후 내려서 다시 바지 주머니에 넣음	왼손이 아래에서 90도 올라갔다가 다시 90도 내려간 것으로 볼 때 왼손으로 문틀을 잡는 동작으로 볼 수 없음

03:37	피고인이 문짝 쪽으로 손을 뻗는데, 가○○은 문 안쪽에 비스듬히 서 있음	가○○에게 '들어가세요'라고 말하며 언쟁을 끝내려고 한 것
03:38	피고인이 문짝 손잡이를 잡고 문을 닫기 시작하자 가○○이 앞쪽으로 나오며 오른손을 바지 주머니에서 빼 앞으로 뻗어 문이 닫히는 것을 저지하려고 함	가○○이 왼손을 계속 바지 주머니에 넣고 있는 자세임
03:39	'찰칵' 소리와 함께 문이 닫히고, 가○○이 오른손을 뻗어 문에 댐	
03:39~03:40	가○○이 상체 반동을 이용하여 문을 거세게 열어젖히고, 이에 피고인이 놀라는 표정으로 가○○을 쳐다봄	이때 왼손 손목 부분이 영상에 나타남
03:42~03:46	가○○이 다시 왼손을 바지 주머니에 넣은 후 4초 정도 그 상태를 유지함	
03:46~03:50	가○○이 양팔을 휘두르며 '얻다 문을 닫어?'라고 고함을 지르며 피고인 쪽으로 다가오고, 피고인은 놀란 표정으로 뒤로 주춤주춤 3보 물러남	피고인이 가○○이 휘두르는 팔의 사정거리 밖으로 물러난 것임
03:50	가○○이 왼팔을 좌우로 크게 휘두르며 피고인 정면 20~30cm 앞까지 다가오자 피고인이 왼발을 뒤로 빼면서 가○○의 왼팔 위쪽을 잡음	가○○의 왼팔이 본인 몸에 닿는 걸 막으려는 무의식적 동작(피고인의 시선 방향 주목)

03:50~03:52	피고인이 가○○의 왼팔을 미는 것처럼 보이지만, 가○○이 방향을 틀어 문 쪽으로 걸어가고 있고 피고인은 엉덩이를 뒤로 빼고 오른발이 바닥에서 떨어져 있는 것으로 보아, 미는 것이 아니라 가○○ 왼팔을 잡은 상태에서 가○○의 왼팔 움직임에 따라 피고인의 몸이 문 쪽으로 딸려가는 동작임	가○○이 영상에서는 사라졌지만, 캐비닛 실루엣에 비친 동작은 가○○이 자연스럽게 문턱을 넘어 계단을 내려가고, 피고인도 오른팔을 움츠리고 상체를 수그리며 가○○을 따라 후다닥 문턱을 넘어 계단을 내려가고 있음
03:52~03:55	가○○ 동영상이나 캐비닛 실루엣에 아무것도 보이거나 비치지 아니함	캐비닛 반사 각도를 감안하면, 가○○과 피고인이 출입문 철제 계단 아래 바닥 매트 위에서 있는 것으로 판단됨
03:55~03:57	캐비닛 실루엣에, 피고인이 누군가에게 몸 오른쪽을 세게 밀린 것처럼 왼쪽 후방(시계 8시 방향)으로 비스듬히 내동댕이쳐져 파란색 플라스틱 의자 오른쪽 부근으로 엉덩방아를 찧고 넘어지는 모습이 비침	이때 피고인과 함께 있었던 사람은 가○○이 유일하므로, 누군가 피고인을 밀었다면, 그 사람은 필연적으로 가○○일 수밖에 없음
04:00~04:05	사무실에 있던 나○○이 피고인의 비명 소리를 듣고 나와 밖을 쳐다봄	사무실 안에 있던 나○○에게 들릴 정도로 피고인의 비명 소리가 컸다는 의미
04:05~04:10	나○○이 출입문 턱을 넘어 뒷짐을 진 채 철제 계단에 서서 밖의 상황을 살핌	피고인이 넘어진 상황을 확인한 것으로 판단됨
04:10~04:29	나○○이 다시 사무실로 돌아와 휴대폰을 들고 나와 출입문 문턱 위에 서서 밖의 상황을 지켜봄	

04:29~04:33	피고인이 몸을 일으켜 파란색 의자에 앉는 모습이 캐비닛 실루엣에 비치고, 나○○은 뒷걸음질로 안쪽으로 물러남	
04:33~04:38	나○○은 오른쪽으로 몸을 돌려 사무실로 들어가 동영상에서 모습이 사라짐	
04:38~04:40	라커룸 바닥에 가○○의 그림자가 보이고, 캐비닛 실루엣에 가○○이 철제 계단 위에 서 있는 모습이 비침	
04:40~04:43	라커룸 바닥의 가○○ 그림자가 움직이기 시작하고, 캐비닛 실루엣엔 가○○이 몸을 돌려 라커룸으로 들어오는 모습이 비치다가 동영상에도 라커룸으로 들어오는 가○○의 모습이 보임	캐비닛 실루엣에는 피고인이 그대로 앉아 있는 모습이 비침
04:43~04:47	가○○이 사무실로 들어와 책상 위에 놓여 있는 본인 휴대폰을 집으려고 왼손을 뻗음	
04:47~04:50	가○○이 완전히 본인 휴대폰을 집어 들어 동영상 촬영을 중단함	

※. 이 사건 수사 과정에서 가○○ 동영상과 피고인 동영상의 음성파일 비교에 의하여 가○○ 동영상 02:30에 피고인 동영상 촬영이 시작된 사실이 확인되었습니다.

사건현장 음성 녹취록 1

사건동영상에 이 사건의 진실이 담겨 있다. 그러나 인쇄매체의 한계로 동영상을 이 책에 싣지 못하는 것은 매우 유감이다. 따라서 사건현장 분위기를 최대한 살리기 위해 당시 가○○과 피고인 사이에 있었던 음성 녹취록을 게재한다. 다음 자료는 속기사가 가○○ 촬영 동영상 파일의 음성을 들으면서 녹취한 것이다. 이 녹취록은 박영래 변호사의 가○○ 촬영 동영상 분석표와 내용이 일치한다.

녹음 일시	2021年 8月 ○○日 ○○:42
녹음 장소	테니스장 관리사무소 일대
대 화 자	가○○, 피고인, 나○○
녹음 파일명	20210○○○_004258

(가○○이 테니스장에 입장하는 장면)

피고인 아, 그래서 여기, 여기 뭐냐, 탈의실 이용하지 말라고 하신 분이 누구세요?

나○○ 어, 저희 팀장님이시고요. 이거 탈의실,

피고인 예, 팀장님 성함이 어떻게 되세요?

가○○ 아, 여기 좀 떨어져 나오세요.

피고인 예.

가○○ 바깥으로 나오시고.

피고인 예.

가○○	저 문자 좀 보내고.
피고인	예.
나○○	일단은 그거,
피고인	예, 예.
나○○	어…….
피고인	예, 팀장님.
나○○	9시, 9시 이후에,
피고인	예, 예, 팀장님,
나○○	출근하시니까,
피고인	예, 예.
가○○	팀장이요?
나○○	알려드렸잖아요.
피고인	예.
가○○	천○○요.
피고인	천○○님?
가○○	예.
피고인	그분이 아까 전화번호 300에 그거예요?
나○○	5576.
피고인	예?
나○○	5576.
가○○	5576 아니라,
나○○	아니에요?
가○○	어. 아, 5576으로 일단 하세요.
피고인	5576이고, 이런 가운데 여기서 수치스럽게 옷을 갈아입으란 얘기죠?
가○○	아니요, 옷이 아니라

	지금 코로나 때문에 그런 거 신경 쓸 때가 아니에요.
피고인	그러니까 옷을 여기서 그냥.
가○○	방역수칙 때문에 그러고,
피고인	어, 방역수칙을 제가 보여드릴까요?
가○○	갈아입으시면,
피고인	그러니까 방역수칙을 보여.
가○○	아니, 잠깐만. 지금, 잠깐만 물러나 봐요.
피고인	방역수칙이 뭔 줄 아세요?
가○○	그리고.
피고인	마스크 쓰고 벗으라는 얘기예요.
가○○	그리고 여기 탈의실 없어요.
피고인	그러니까 여기서,
가○○	탈의실 없으니까.
피고인	어, 탈의실.
가○○	아니, 저리로 가서 얘기.
피고인	어, 그렇죠.
가○○	사무실 가서 얘기하세요.
피고인	어, 예.
가○○	여기서 얘기하지 마시고.
피고인	아니, 아니, 탈의실이 여기 없어요?
가○○	없어요, 원래.
피고인	어, 원래 탈의실 없어요?
가○○	없어요, 아시잖아.
피고인	아니요, 탈의실이 저기,
가○○	내가 여기 7년을 근무하고 했는데.
피고인	예, 저기가 탈의실이 아니에요? 그러면 뭐예요?

가○○	샤워실.
피고인	샤워실이에요?
가○○	응.
피고인	탈의는 안 돼요?
가○○	이제 샤워를 하려면 옷을 벗어야 되잖아. 그 탈의는 되지. 그런데 테니스 운동 옷 갈아입는 데는 아니거든.
피고인	예~
가○○	그런데 … 팀장 계실 때.
피고인	그래서. 그래서.
가○○	편의를 봐주신 거야.
피고인	옷을 갈아입게 되면 어디서 갈아입어야 될까요?
가○○	아. 그거는 내가 알려드릴게.
피고인	좀 떨어져 주시겠어요? 제가 민원인인데?
가○○	일단 저쪽으로 가세요.
피고인	제가 민원인인데 관리하는 분이 가셔야죠.
가○○	저리로 가시라고. 저리로 가세요.
피고인	그러니까.
가○○	그럴 의무 없고. 그럴. 저기. 저는 없어요. 그런 거.
피고인	예, 그런 거 없으세요?
가○○	좀 떨어지세요. 여기서.
피고인	예, 예. 아니. 이렇게 떨어지시면 되잖아요. 여기도 넓은데.
가○○	여기도 2m.
피고인	예, 그렇죠.
가○○	난 중간이거든?
피고인	예, 예. 그리고 거기로 가시면 되잖아요. 아. 왜냐하면 저 이것도 좀 해서 말씀을 드려야지. 예, 말씀하세요. 하시고 싶은,

가○○	여기가 7년 동안 탈의실 없었어요.
피고인	탈의실이 없었어요?
가○○	예.
피고인	아, 저는 근데 탈의를 했는데요. 어떻게 된 걸까요?
가○○	그거는, 그거는 본인이 잘못하셨지. 그때는,
피고인	아, 내가 잘못했어요?
가○○	예.
피고인	으응.
가○○	왜?
피고인	근데 지난번에,
가○○	이제 샤워를 하면은,
피고인	지난번에 주무관님이 오셨을 때 제가 탈의는 해야 한다 그랬더니 저기 열어줬거든요. 그거는,
가○○	그거는 편의상 그냥 일시적으로 한 거지.
피고인	아, 그러세요? 선생님이 여기 관리인이세요?
가○○	예.
피고인	아, 몇 년 동안 관리하신다고요?
가○○	아니, 그런 거, 사적인 거 물어보지 마세요.
피고인	아, 7년 동안 관리하신다고 방금 그러셨잖아요.
가○○	그랬어요. 7년 전부터.
피고인	7년 동안 관리하셔요?
가○○	그래서 쭉 봐 왔어요.
피고인	성함이 어떻게 되세요?
가○○	본인 성함부터 대세요.
피고인	저는요? 민원인한테 그러면 안 되지.
가○○	아, 저한테도 물어보지 마세요. 그러면.

피고인	아, 그래요. 어차피 고맙습니다. 들어가세요.
가○○	그리고.
피고인	예. 저 문.
	철컥. (피고인이 문 닫는 소리)
	쾅. (가○○이 문을 세게 열어젖히는 소리)
가○○	야, 얻다 문을 닫아? 얻다가!
피고인	아니, 저 옷을 좀 갈아입어야 할 거 아니에요.
가○○	저리 가. 여기 옷 갈아입는 데 아니야.
피고인	지금 옷 갈아입어야.
가○○	아. 됐어. 여기 근무 중이니까 당신 나가.
피고인	어머머.
가○○	나가시라고! 저기 가. 일루 와.
피고인	어어어~! (비명소리) 왜 그래요!
가○○	이거 옷 잡는 거 봐.
피고인	어머머머, 왜 이래요~! (비명소리) 어어어어.
가○○	어, 왜 그래?
피고인	어머머머. 이 사람 왜 이래.
가○○	와. 쇼를 하네, 쇼를.
피고인	아니, 옷도 못 갈아입고 이렇게 쫓아내요?
가○○	저기 있어요. 내가 알려줄게.
피고인	아. 왜 이래요!
가○○	안내해 줄게. 이리 와봐.
피고인	어흐.
가○○	이거 사진 찍지 마 봐. 막 일부러 넘어져. 자해를 하고.
피고인	어머머머. 아니, 날 밀쳤잖아요. 어머, 이 사람 좀 봐.
가○○	그러니까 옷 저기서 갈아입으시라고. 일루 오세요. 알려 드릴게.

　　　　　여기 옷 갈아입는 데 아니에요. 아시겠어요? 일루 오세요!

　　　　　옷 저기예요, 저기. 저기서 갈아입으세요.

　　　　　옷 저기서 갈아입으시라고.

미 상　아, 답답하다.

가○○　올 때마다 소리 지르고 뭐 그렇게.

미 상　에이취~! (기침소리)

가○○　아니, 여기를 왜 쳐? 어? 사람 치지 마세요!

　　　　　(가○○ 사무실 재입장)

가○○　이런 건 사진 찍어놔. 저 년이 사람을 치네.　　(끝)

피고인 동영상에 담긴 진실

　박영래 변호사는 항소이유서에서 가○○뿐 아니라 피고인의 촬영 동영상도 중요 동작을 중심으로 초 단위로 분석하였다. 피고인 촬영 동영상의 길이는 4분 54초 분량이다. 이 영상을 세심하게 살펴봐도 관련 판사들이 간접영상(가○○ 촬영 동영상 중 사무실 캐비닛에 비친 흐릿한 영상)을 근거로 내린 판단이 얼마나 잘못되었는지를 알 수 있다. 선명한 직접영상과 흐릿한 간접영상의 내용이 상충할 때 어느 것을 판단의 근거로 삼아야 하는가.

피고인 동영상의 시간대별 중요 동작 정리

재생 시간대	피고인 동영상의 중요 동작	비고
00:00~01:05	정면에 가○○의 상체, 사무실 책상 왼쪽 상단에 세워져 있는 가○○의 휴대폰, 컴퓨터 작업하는 나○○의 두 팔, 오른손을 바지 주머니에 넣은 채 검정 마스크와 선글라스에 모자를 쓴 가○○의 얼굴이 보임	가○○ 동영상 02:30~03:35에 해당하는 부분
01:05~01:09	피고인의 카메라가 좌우로 흔들리며 라커룸 창이 보이고, 사무실 출입문이 닫히는 움직임이 보임	피고인이 가○○에게 '들어가세요'라고 인사한 후 사무실 문을 닫는 장면
01:09~01:11	피고인의 휴대폰이 심하게 흔들리며 출입문을 거세게 열고 나오는 가○○의 오른손이 보임	가○○ 동영상 3:39~03:41에 해당하는 부분
01:18~01:18	심하게 흔들리는 피고인의 휴대폰과 문을 열고 나온 가○○의 왼손이 바지 주머니에 넣어져 있는 모습이 보임	
01:18~01:19	가○○이 왼팔을 들어 흔들며 피고인 쪽으로 다가오고 라커룸 바깥쪽이 보임	가○○ 동영상 03:48~03:49에 해당하는 부분
01:19~01:20	앞뒤로 흔들리는 가○○의 오른팔, 문밖 멀리 테니스코트 안의 사람 그리고 철제 문턱을 넘은 가○○의 모습이 보임	
01:21~01:24	바닥의 파란색 매트와 테니스장의 맨땅이 보임	가○○ 동영상 03:51~03:54로, 두 사람이 철제 계단을 내려와 매트 위에 서 있는 순간

01:24~01:27	갑자기 피고인의 휴대폰이 좌우로 심하게 흔들리며 테니스장 바닥을 어지럽게 비추고, 피고인이 엉덩방아를 찧으며 주저앉음	가○○ 동영상 03:54~03:57에 해당. 캐비닛 실루엣에 피고인이 왼쪽 뒤로 비스듬히 내동댕이쳐지는 모습과 일치함
01:27~01:36	피고인이 땅바닥에 주저앉아 테니스코트 방향을 바라보고 있는 동작	
01:37~01:40	피고인이 넘어진 상태에서 휴대폰 카메라가 흔들리는데, 바로 앞 파란색 의자 정면에 가○○이 서 있는 모습이 보임	
01:49	주저앉아 있는 피고인 앞쪽으로 파란색 운동화, 반바지에 파란색 가방을 멘 남자(방○○)가 나타남	테니스장 구석의 출입문을 열고 들어오면서 피고인이 엉덩방아를 찧으며 넘어지는 장면을 목격한 방○○임
01:55~01:59	약 5초간 피고인 앞쪽에 멈춰 서 있던 방○○가 파란색 매트 앞에 서 있는 가○○ 앞을 지나쳐 라커 쪽 철제 계단 쪽으로 걸어감	피고인 동영상 01:24부터 이 시점까지 34초 동안 파란색 바닥 매트 부근에 서 있는 사람은 가○○이 유일함

이 중요 동작 정리표를 통해 박영래 변호사는 피고인의 진술 내용에도 작은 오류가 있었음을 찾아내었다. 피고인은 가○○이 문턱 부근에서 자신의 팔을 잡아당겨 밀었다는 취지의 진술을 하였으나, 박영래 변호사는 가○○이 피고인을 민 장소는 문턱 부근이 아니라 출입문 계단 앞, 미끄럼 방지용 얇은 매트 위였다는 사실을 밝혀냈다. 이는 이 사건의 진상 규명에서 중요한 의미를 갖는다.

사건현장 음성 녹취록 2

피고인은 가○○이 동영상을 촬영한 지 2분 30초 후에 같은 장소에서 촬영을 시작하였으므로, 첫 23초간의 녹취록 내용은 가○○ 촬영 동영상의 녹취록과 일치한다.

녹음 일시	2021년 8월 ○○일 ○○:45
녹음 장소	테니스장 관리사무소 일대
대 화 자	피고인, 가○○, 방○○
녹음 파일명	20210○○○_○○4529

(가○○ 동영상 녹취록과 중복 부분 생략)

피고인	여기서 옷 갈아입어야겠어요. 어디서 옷을 갈아입으라네.
방○○	여기서 갈아입는 게 아니에요.
피고인	예.
방○○	여기, 여기.
피고인	옷 어디서 갈아입어요?
방○○	저쪽에 탈의실로 가서. 샤워실.
피고인	아, 거길 안 열어줘요. 거기가 탈의실이 아니래요.
방○○	아니, 여기서는 옷 갈아입는 데가 아니에요.
피고인	어, 빨리 가르쳐주세요.
방○○	항상, 남자하고 여자하고 항상 드나드는 곳이니까 여기서는 옷 갈아 입으시면 안 돼요.

피고인	어, 그러니까 빨리. 탈의실이 어디예요?
가○○	제가 알려드릴게요.
피고인	예, 가르쳐주세요.
가○○	일루 오세요.
방○○	너무 흥분하지 마라.
피고인	어, 샤워실은 이용하면 안 돼.
가○○	내가 알려는 드릴게. 알려는 드리는데.
피고인	아, 그러니까 어디서 갈아입어요?
가○○	그러니까.
피고인	아니, 나 바쁜 사람이에요.
가○○	여기는 원래 탈의실 없어요.
피고인	아, 그러니까 가르쳐주세요.
	(한동안 침묵)
가○○	여기도 원래 탈의실 아니에요. 내가 정리는 해드릴게요. 여기 가방 놓으시고 여기서 하세요.
	(한동안 침묵 상태) (끝)

외면당한 초 단위 분석

　판사 경력 10여 년인 박영래 변호사는 항소이유서에서 4분 50초 분량의 가○○ 촬영 동영상을, 중요 동작을 중심으로 초 단위로 분석하였다. 이 사건의 진실을 규명하는 데 사건현장 동영상보다 더 좋은 증거는 없기 때문이다.

　앞서 언급한 특수감정인 윤용인의 영상감정서는 핵심 장면에 대한 과학적 영상분석인 데 비해 박영래 변호사의 동영상 분석은 동영상 전체를 세심하게 분석한 것이 특징이다. 박영래 변호사는 "이 분석을 위해 해당 동영상을 수십 번 반복 재생해보았다."라고 밝혔다. 과연 항소심 재판부는 사건동영상을 한번이라도 재생해 보았는지 의구심을 갖지 않을 수 없다.

이 동영상 분석 정리표를 보면, 사건 당시 가○○과 피고인 두 사람의 언행과 동작, 움직임을 세세하게 파악할 수 있다. 특히 관련 판사들이 간접영상에 의존해 내린 판단이 잘못된 것임을 확인할 수 있다.

상고심 변호인 김경호 변호사도 상고이유서에서 이 사건의 핵심 증거인 사건동영상에 대한 초 단위 분석이 원심(항소심)에서 외면당한 사실을 지적하였다.

『… 이 사건에서 피고인의 항소심 변호인은 항소이유서에서, (1)'가○○ 동영상의 시간대별 중요 동작 정리'(항소이유서 8쪽 이하 참조) 및 (2) '피고인 동영상의 시간대별 중요 동작 정리'(항소이유서 11쪽 이하 참조)를 통해, 각 동영상의 중요 동작을 초 단위로 나누어 이 사건 공소사실 탄핵에 중요한 의미를 가진 동작이 발생한 시점과 그 내용을 정리하여 제출하였습니다. 또한, 항소이유서의 참고자료로 (1) 밀쳐진 순간 연속 캡처 사진과 (2) 피고인 착지 순간 연속 캡처 사진을 각각 제출하여, 일반 속도의 동영상에서는 볼 수 없는 이 사건의 진실을 과학적이고 합리적으로 분석하여 제시한 바 있습니다. 그러나 원심은 아무런 설명 없이 이러한 분석 내용들을 배척하였습니다. …』

가○○ 및 피고인 촬영 동영상 그리고 앞선 영상공학박사 윤용인의 영상감정서, 박영래 변호사의 '초 단위 영상분석표', 현장 음성 녹취록을 근거로 이 사건 중요 행위를 세심하게 살펴보면, 그 결과는 이 사건 관련 판사 및 관여 대법관들의 판단이 잘못되었음을 확실하게 보여준다. 특히 간접영상을 근거로 내린 판단이 오판임을 명백히 알 수 있다.

백보 양보하여 이들 자료에 근거한 과학적 판단과 관련 판사 및 관여 대법관들의 주관적 판단이 팽팽하게 양립한다고 가정하는 경우에도 이들이 섣불리 유죄 판결을 내리는 것은 위법·부당하다. 다음은 상고심 변호인 김경호 변호사가 상고이유서에서 지적한 내용이다.

『… 이 사건에서는 피고인이 이 사건 공소사실에서와 같은 방법으로 피해자에게 폭행을 가하고 무고한 사실이 있었다는 점에 대해서 합리적 의심이 들 만한 영상분석 전문가의 과학적 영상 감정 소견이 있음에도 불구하고, 원심판결은 그러한 영상분석 전문가의 과학적 감정 의견을 배척하기 위한 논리적, 과학적 논증도 제시하지 않은 채, 아래에서 구체적으로 열거하는 바와 같이 전문가의 과학적 감정 의견과 정면으로 배치되는 자의적인 사실인정을 한 중대한 위법이 있습니다. …』

'계산된 고소인'이 '선량한 피해자'인가

항소심의 오류를 명확히 이해하기 위해서는 우선 1심 판결의 오류를 지적한 항소이유서의 내용을 살펴볼 필요가 있다. 항소이유서의 타당한 내용을 배척한 것이 항소심 판결의 오류이기 때문이다. 박영래 변호사는 피해자와 피고인이 각자 휴대폰 동영상을 촬영한 경위를 지적했다. 이는 사건 발생 동기와 밀접하게 관련되기 때문이다.

『…따라서, 가○○이 같은 날 아침 ○○:40경 테니스장 사무실에 나타난 것, 그것도 테니스장에 도착하기 전부터 미리 휴대폰 동영상을 켠 상태로 곧바로 테니스장 사무실에 나타난 것은 가○○의 업무 수행과는 아무 관련이 없는바, 가○○이 업무 수행 목적으로 테니스장 사무실에 나타났다는 가○○과 나○○의 진술은 모두 거짓입니다.

가○○이 촬영한 휴대폰 동영상(이하 '가○○ 동영상' 이라고 약칭합니다)에 의하면, 가○○은 동영상 촬영이 시작된 순간부터 테니스장 사무실을 목표로 곧바로 직진하였을 뿐 테니스장의 지면 상태를 확인한다거나 테니스코트에 있는 사람들의 동태를 확인하는 등 테니스장 업무라고 인성할 만한 행동은 전혀 안 했습니다.

이처럼 가○○이 미리 휴대폰 동영상을 켠 상태로 테니스장에 등장한 것은, 테니스장에 있는 다른 사람들에게 휴대폰 동영상 촬영 사실을 알리지 않으려는 의도와, 테니스장에 있는 '특정인'의 언행을 촬영하려는 의도가 있었다고 보는 것이 상식에 부합하고 합리적인 추론입니다.

실제로 가○○은 테니스장 사무실(회원대기실)에 들어와 그곳 라커룸에 피고인이 서 있는 것을 발견하자 약 6초 정도 멈춰서 있다가 안쪽 사무실(관리실)로 들어가 그곳 책상 모퉁이에 피고인의 모습이 잘 촬영되도록 본인의 휴대폰을 세워 놓은 다음 피고인과 언쟁을 시작한 바, 이는 가○○이 처음부터 피고인과 시비를 발생시키고 그 후의 경과를 촬영할 의도였음을 보여주는 명백한 증거입니다.

물론 이때 피고인은 가○○의 휴대폰 동영상 촬영 사실을 전혀 몰랐고 본인 휴대폰의 동영상을 켜지도 않은 바, 가○○ 동영상의 02:24까지도 피고인의 휴대폰에 동영상 촬영용 불빛이 보이지 않다가, 가○○ 동영상의 02:38경 피고인의 휴대폰에 동영상 촬영용 불빛이 확인되는 점에 비추어 보면, 가○○ 동영상의 02:24에서 02:38 사이에 피고인도 가○○ 동영상의 촬영을 인식하고 본인 휴대폰 동영상을 켠 것을 알 수 있습니다…』

이처럼 박영래 변호사는 "피해자(고소인) 가○○이 처음부터 피고인과 시비를 발생시키고 그 후의 경과를 촬영할 의도였음"을 해당 장면의 사건동영상을 분석하여 합리적으로 지적하였다.

이에 대해 우선 AI판사의 판단을 받아보자.

동영상 촬영 경위에 대한 AI판사 평가

❶ 가○○의 테니스장 방문이 업무 수행과 무관하다는 주장

타당성 있음(상당한 신빙성 가능). 근무표상 가○○의 근무지가 테니스장이 아니었다면, 업무 수행 목적이라는 주장은 허위일 가능성이 큼. 가○○이 테니스장에 도착하자마자 테니스장 상태 점검이 아닌 특정 장소(사무실)로 직행했다는 점은 업무 수행 목적이 아니라는 논리를 뒷받침할 수 있음. 만약 근무표 외에도 가○○의 업무 배치가 있었던 증거가 없다면, 그의 방문 목적을 업무 수행으로 볼 근거가 약해짐. 그러나, 가○○이 평소 비공식적으로 테니스장을 관리했다는 상급자의 인정이나 지시가 있으면, 이 주장은 약화될 수 있음.

❷ 가○○이 동영상 촬영을 미리 준비하고 있었으며, 특정인을 촬영하려 했다는 주장

매우 타당함(강한 신빙성 가능). 일반적인 업무 수행이라면, 동영상을 미리 촬영하며 출입할 이유가 없음. 특정인을 촬영하려는 목적이 아니었다면, 테니스장에 도착 후 업무 상황을 확인하는 행동이 선행되어야 하나, 그런 정황이 없음. 테니스장의 전체 환경을 기록하려 했다면, 카메라 방향이 업무 수행 과정 전반을 촬영하는 방식이어야 하는데, 특정 장소(사무실)로 직행했다는 점은 특정인을 염두에 둔 행동일 가능성이 큼.

❸ 가○○이 특정인을 촬영하기 위해 의도적으로 접근했다는 주장

강한 신빙성 있음(특히, 동영상증거가 뒷받침된다면 매우 설득력 높음). 일반적으로 공무 수행 중이라면, 특정인을 미리 염두에 두고 촬영하는 것은 이상한 행동임. 피고인을 발견하자마자 행동이 멈춘 점, 일반적인 업무 수행이 아닌 특정인의 언행을 의도적으로 기록하려 한 정황은 계획적 행동으로 볼 가능성이 높음. 피고인과의 마찰이 예상되었거나, 이를 유도하기 위해 촬영을 준비했다는 정황을 설명할 수 있음.

❹ **피고인은 가○○이 동영상을 촬영하는 것을 몰랐으며, 나중에 인지했다는 주장**

타당성 있음(객관적 증거가 뒷받침될 경우 매우 강한 논거가 될 수 있음). 만약 피고인이 촬영 사실을 전혀 몰랐다면, 초기 대응이 의도적인 반응이 아님을 설명할 수 있음. 피고인이 가○○이 동영상을 촬영 중이라는 사실을 늦게 인지했다면, 피고인의 초기 반응은 방어적 반응일 가능성이 커짐.

위에서 본 바와 같이 가○○은 고의적으로 피고인에게 접근하여 사건을 유발하려고 했다는 점이 명백하다. 그럼에도 불구하고 1심 판결은 이런 사실을 언급조차 하지 않고 가○○을 '선의의 피해자'로 단정하는 오류를 범하였다. 이를 시정해야 할 항소심조차 항소이유서의 지적을 무시한 채 1심 판결을 그대로 수용하여 '계산된 고소인'인 가○○을 '선량한 피해자'로 둔갑시키는 잘못을 저질렀다.

CHAPTER

비

1심의 법왜곡 베낀 항소심

> "늙는 것과
> 중병을 앓는 것을 제외하면
> 재판하는 것처럼
> 무서운 일은 없다."
>
> 러니드 핸드 Learned Hand
> 전 미국 연방항소법원 수석판사, 1872~1961

1심 법왜곡 결재한 항소심

　항소심에서 이 사건의 사건번호는 서울서부지법 2023노◇◇◇◇이고 담당 재판부는 서울서부지방법원 제□형사부였다. 만약 이 재판부가 제 역할을 충실히 했다면, 이 사건은 상고심까지 가지 않았을 것이다. 항소심의 가장 큰 문제점은 상고심에서와 마찬가지로 역시 항소이유서를 제대로 검토했는지 여부이다. 만약 제대로 검토했다면 위와 같은 판결문은 나올 수 없다. 항소이유서는 1심 판결의 오류를 소상하게 지적하였다. 그러나 항소심 재판부는 항소이유서를 배척하고 1심 판결문 내용을 거의 그대로 반복하였다. 필자 입장에서는 항소심 재판부가 항소이유서를 제대로 읽어나 보았는지, 사건동영상을 한번이라도 재생해 보았는지 의구심을 금치 못한다.

항소심 판결문

(생략)

주　문

피고인과 검사의 항소를 모두 기각한다.

이　유

가. 폭행죄 관련

(중략)…원심이 적법하게 채택하여 조사한 증거들을 면밀히 살펴보면, 원심 판시 범죄사실 제1항과 같이 피해자가 피고인을 세게 민 사실이 인정되는데, 이는 '사람의 신체에 대한 유형력 행사', 즉 형법상 '폭행'에 해당하고 이에 대한 피고인의 범의도 충분히 인정된다. 또한 원심이 적절히 설시한 위와 같은 사정

등에 비추어 보면, 피고인의 행위가 정당방위에 해당하지 않는다는 원심의 판단을 수긍할 수 있고, 거기에 사실을 오인하거나 법리를 오해한 위법이 없다. 그리고 피고인의 행위가 정당행위의 요건인 목적의 정당성, 행위의 수단이나 방법의 상당성, 긴급성, 보충성 등의 요건을 갖추고 있다고 보기도 어렵다. 피고인의 이 부분 사실오인 및 법리오해 주장은 이유 없다. …(중략)

나. 무고죄 관련

(중략)…원심이 적법하게 채택하여 조사한 증거들을 면밀히 살펴보면, 원심의 위와 같은 판단도 정당한 것으로 수긍이 가고, 거기에 사실을 오인하거나 법리를 오해한 위법이 없다. 그리고 피고인은 이 사건 고소장을 제출하면서 '피해자가 피고인을 의도적으로 밀어 피고인이 문턱에 걸려 바닥에 넘어져서 다쳤다'고 명확히 기재하였고 같은 날 위와 같은 종아리 부위의 상처 사진을 제출한 것이므로, 원심이 이러한 사정을 유죄 판단의 근거로 삼은 것에 어떠한 위법이 있다고 보이지도 않는다.

한편 피고인은 당심에 이르러 신고 내용을 '피고인이 피해자를 뒤따라 테니스장 사무실 철제 계단을 내려와 바닥에 깔린 파란색 매트 위에 섰는데, 그 순간 피해자가 피고인의 오른팔 부위를 밀치는 바람에 왼쪽 후방으로 비스듬히 몇 걸음 뒷걸음질 치다가 사무실 밖 파란 플라스틱 의자 오른쪽으로 엉덩방아를 찧으며 넘어졌다'라고 변경한다고 주장한다. 그러나 이 부분 공소사실은 피고인의 위와 같은 수사기관에서의 고소 내용에 기초한 것이므로, 당심에서의 피고인의 주장 변경이 유무죄 판단에 어떠한 영향을 미친다고 볼 수는 없다. 결국 피고인의 이 부분 사실오인 및 법리오해 주장도 받아들이지 않는다. (생략)

재판장 판사 ○○○
판사 ○○○
판사 ○○○

특히 항소심 재판장 ○○○과 항소심 변호인 박영래 변호사는 사법연수원 ○○기 동기인 것으로 알려졌다. 그럼에도 불구하고 재판장이 항소이유서를 철저히 배척한 것은 전관예우가 아니라 전관 역차별, 동기 특혜가 아니라 동기 차별이라는 생각이 든다. 재판장이 판결의 공정성을 과시하기 위해 그랬는지는 모르겠지만, 오히려 진실을 호도하는 오심을 초래하였다. 전관예우나 동기 특혜가 있어서는 안 되지만 전관 역차별, 동기 차별도 부당하기는 마찬가지이다. 중요한 것은 정확하고 공정한 판결이다.

선명한 영상의 신체 접촉 순간

항소심 재판부는 1심 판결과 마찬가지로 폭행죄를 인정하였다. 여기서 중요한 사실은 폭행죄의 핵심 근거가 동영상 중 사무실 캐비닛에 비친 모습이라는 점이다. 이와 관련해서는 앞서 이 책 제4부에서 상세히 언급하였다.

항소심 변호인은 이와 다른 관점에서 폭행죄 판단의 부당함을 지적하였다. 간접영상(휴대전화 동영상 중 캐비닛에 비친 모습) 증거의 부당성을 지적하지 않더라도, 사건동영상의 정확한 해석만으로 진실을 규명할 수 있기 때문이다. 이와 관련하여 항소이유서에 기재된 내용은 다음과 같다.

『…이 사건으로 돌아와 가○○ 동영상 03:46~03:52의 약 6초 동안 영상을 순차적으로 면밀하게 살펴보면, ①가○○이 '야, 얻다 문을 닫아? 얻다' 라고 피고인에게 반말로 고함을 지르며 사무실 문을 거세게 열어젖힌 후 양팔을 크게 휘두르며 피고인 쪽으로 다가서고, ②이에 피고인이 깜짝 놀라며 뒤쪽으로 3보를 주춤주춤 물러나 가○○이 휘두르는 팔의 사정거리에서 벗어나고, ③피고인이 뒤쪽의 라커에 막혀 더 이상 물러나지 못하는 상황에서도 가○○이 왼팔을 좌우로 크게 휘두르며 계속 다가와 두 사람 사이의 거리가 불과 20~30cm 정도로 가까워지자 피고인이 무의식중에 오른손을 들어 가○○의 왼팔 위쪽을 잡아 가○○이 더 이상 다가오지 못하게 하고, ④그 순간 가○○이 피고인을 향하던 몸을 출입문을 향하여 오른쪽으로 틀어 왼팔을 앞으로 흔들며 걸어가는 바람에 가○○의 왼팔 위쪽을 잡고 있던 피고인의 오른손도 가○○의 왼팔과 함께 딸려가며 피고인의 몸이 출입문 쪽으로 쏠린 것인바, 피고인의 위와 같은 동작은 가○○을 세게 밀어 출입문 밖으로 밀어내려는 고의로 행하여진 것이라고 보기 어렵습니다. …』

즉, 피고인은 가○○을 민 것이 아니라, 가○○의 회전 동작에 딸려나갔다는 지적이다. 이는 앞선 윤용인 박사의 영상분석 결과와 일치한다(제4부 참조).

AI판사의 폭행죄 영상분석

이에 대하여 사건동영상의 폭행 관련 장면(가○○ 동영상 03:46~03:52의 약 6초)을 AI판사에게 제시한 뒤 영상분석을 받아 보았다.

'폭행죄' 관련 영상 AI판사 분석

1. 동영상 프레임 분석

가. 프레임 간 움직임 분석
- ◆ 개별 프레임을 추출하여 픽셀 차이 값을 기반으로 프레임 간 동작 변화를 분석함.

◆ 뒷부분 프레임에서 급격한 움직임이 감지됨.

◆ 움직임 강도 분석 결과, 가○○이 몸을 스스로 움직이며 출입문 방향으로 이동하는 경향이 관찰됨.

나. 비명 소리 및 신체 반응 분석

◆ 비명이 발생한 순간을 기준으로 프레임을 비교하면, 피고인이 강한 힘을 가했다기보다는 가○○의 동작 변화가 원인일 가능성이 큼.

◆ 피고인이 밀치는 동작을 했다고 보기 어려운 이유는, 가○○의 중심축 이동이 비정상적으로 보이지 않기 때문임.

다. 반사 영상의 한계

◆ 폭행의 근거로 삼은 사무실 캐비닛 반사 영상은 왜곡된 투영 효과를 포함할 가능성이 크며, 신체 접촉 여부 및 강도를 판단하기 어려움.

◆ 반사 영상에서는 깊이 정보가 손실되므로, 실제 접촉의 상황을 정확히 판단할 수 없음.

2. 결정적인 증거 프레임

본 분석에서는 다음 6개의 주요 프레임을 확인하여 사건의 흐름을 분석하였다.

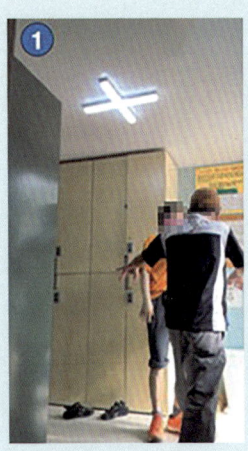
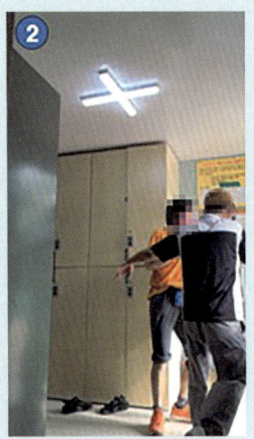
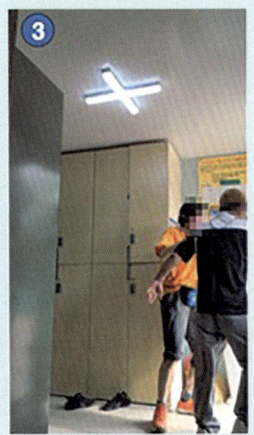

❶ 가○○이 피고인에게 접근하는 장면
- 가○○이 양팔을 좌우로 크게 흔들며 피고인을 향해 다가가고 있음.
- 피고인은 오른손을 내린 상태에서 가○○을 쳐다보고 있음.

❷ 접촉 직전 장면
- 가○○은 팔을 크게 휘두르며 적극적인 제스처를 취함.
- 피고인은 뒤쪽으로 한 걸음 물러나며 가○○과의 거리를 확보하려는 모습이 보임.
- 가○○이 적극적으로 움직이고 있으며, 피고인은 방어적인 태도를 보이는 것으로 판단됨.

❸ 피고인이 가○○을 잡는 순간
- 피고인의 오른손이 가○○의 왼팔 상단을 잡은 모습이 확인됨.
- 가○○의 몸이 출입문 방향으로 향하면서 이동하기 시작함.
- 피고인의 손이 밀치는 동작 없이, 가○○의 팔과 접촉한 상태임.

❹ 가○○의 보행 모습
- 가○○의 몸이 출입문 방향으로 이동하며 균형을 유지하고 있음.
- 피고인의 손이 가○○의 왼팔과 접촉한 상태이지만, 강한 힘을 가하는 모습은 보이지 않음.

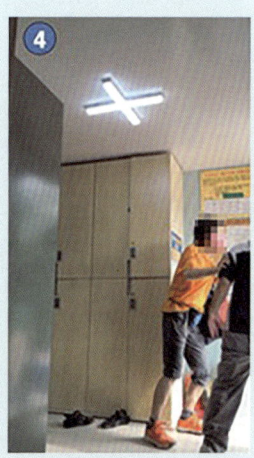
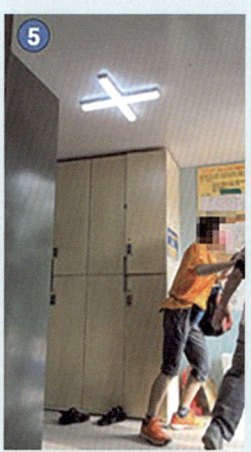

- 가○○은 일정한 속도로 이동하고 있으며, 중심이 크게 흔들리거나 넘어지는 모습은 없음.

❺ **가○○이 출입문 가까이 도달한 장면**
- 가○○의 이동 방향이 일관되며, 급격한 충격이나 밀림이 발생하지 않고 있음.
- 피고인의 손은 여전히 가○○의 왼팔과 접촉하고 있지만, 밀어내는 동작은 관찰되지 않음.

❻ **가○○이 문을 거의 통과하는 순간**
- 가○○의 몸이 출입문을 거의 통과하며, 상체가 출입문 바깥으로 이동하고 있음.
- 피고인의 손이 가○○의 팔과 계속 접촉하고 있지만, 강한 힘을 가하는 모습은 보이지 않음.
- 가○○은 이동 과정에서 특별히 불안정한 동작 없이 자연스럽게 보행하고 있음.

3. 판단
- ◆ 동영상 분석 결과, 피고인이 강한 힘을 가한 것이 아니라 자연스러운 신체 접촉이 발생했을 가능성이 큼.
- ◆ 사무실 캐비닛 반사 영상은 왜곡 가능성이 있어 신뢰성이 낮음.

1심의 무죄 판결 내용

이제 무죄가 항소심에서 어떻게 다루어졌는지를 살펴보자. 이를 위해 먼저 1심 판결문에서 해당 내용을 살펴볼 필요가 있다. 1심 판결문은 범죄사실에서 다음과 같이 기재하였다.

『…피고인은 2021. 8. ○○.경 가○○으로부터 '피고인이 테니스장 사무실 문을 고의적으로 세게 닫아 손가락을 다치게 하고 출입문 밖으로 어깨를 밀어 발목 상해를 입었다.'라는 취지로 고소당하여, 2021. 9. 2.경 서울 △△경찰서에서 위 사건과 관련하여 피의자조사를 받던 중 △△경찰서 소속 경찰관에게 "가○○이 밀어서 넘어졌다." "가○○이 나를 끌어당겨 계단에 걸려 넘어졌다. 가○○을 처벌해 달라."라고 진술하면서, 가○○의 행위로 상처를 입었다며 피고인의 왼쪽 종아리 앞쪽 부위의 상처 사진을 제출하고, '가○○이 피고인을 의도적으로 밀어 문턱에 걸려 넘어져 다치게 하였다'는 취지의 고소장을 △△경찰서에 제출하였다.

그러나 사실 피고인은 제1항 기재와 같이 가○○에게 폭행을 가한 이후 위 테니스장 사무실 출입문 앞에서 가○○으로부터 어떠한 신체 접촉을 당하지 않았음에도 "왜 이래요. 어 ~어~ 어"라고 소리치며 스스로 뒷걸음질 치다가 뒤로 넘어진 사실이 있고, 2021. 9. 2.경 △△경찰서에 제출한 상처 사진은 가○○으로부터 입은 상처가 아니라 이 사건 이전에 발생한 피고인의 상처임에도 마치 가○○으로부터 입은 상처인 것처럼 제출하였다.

피고인은 가○○으로 하여금 형사처분을 받게 할 목적으로 무고하였다.…』

위 내용의 핵심은 두 가지로 요약된다. ① 피고인이 일부러 스스로 뒷걸음질 치다가 뒤로 넘어졌음에도 가○○이 밀어서 넘어졌다고 신고하였다 ② 피고인이 경찰에 제출한 상처 사진은 사건 이전에 생긴 상처임에도 가○○으로부터 입은 상처인 것처럼 제출하였다는 것이다. 물론 이런 판단은 과학적 증거와 분석에 의해 부정된다.

피고인 진술 정정

1심 판결의 오류를 지적하기에 앞서, 박영래 변호사는 항소이유서에서 먼저 피고인의 진술에 작은 오류가 있었음을 밝히고, 이를 정정하였다.

『…피고인은 원심에서 「가○○이 피고인을 잡아당겨 밀어서 출입문 문턱에 걸려 중심을 잃고 앞으로 몇 걸음 걸은 후 넘어졌다」라는 취지로 주장하였으나, 이는 피고인이 가○○과 언쟁하다가 넘어지기까지의 시간이 7초 정도(가○○ 동영상 03:50~03:57)에 불과하여, 가○○의 뒤를 따라 문턱을 넘을 때 발이 문턱에 살짝 걸린 동작과 가○○에게 밀쳐져 왼쪽 후방으로 뒷걸음질 치다 넘어진 동작을 시간대별로 정확하게 나누어 인식하지 못하고 위 두 동작을 하나의 동작으로 착각하였기 때문에 실제로 발생한 상황과 다소 차이가 나는 주장을 하게 된 것입니다. 당시 피고인은 넘어진 상태에서 아프고, 당황스럽고, 창피하기도 하여 후다닥 문턱을 넘는 순간 발이 살짝 문턱에 걸린 동작도 가○○이 피고인의 오른쪽을 밀쳐서 그랬던 것으로 착각하였던 것으로 보이고, 일단 이러한 착각에 기초하여 진술한 이후부터는 그것이 실제로 발생한 동작이었다고 믿게 된 것인바, 원심이 피고인의 주장이 자연스럽지 못하다는 이유로 이를 배척한 것은 어찌 보면 당연하다 하겠습니다.

그러나, 무고죄의 객관적 구성요건인 '허위사실 신고'의 입증책임이 검사에게 있는 이상, 신고 내용을 실제로 발생한 사실에 부합하게 바로잡아야 검사의 입증도 제대로 이루어질 것이라 사료되어 뒤늦게 항소심에 이르러 피고인의 주장과 고소 내용을 바로잡고자 하오니, 혜량하여 주시기 바랍니다.

이에 피고인은 가○○의 폭행 범행에 대한 신고내용을 「피고인이 가○○을 뒤따라 테니스장 사무실 철제 계단을 내려와 바닥에 깔린 파란색 매트 위에 섰는데, 그 순간 가○○이 피고인의 오른팔 부위를 밀치는 바람에 왼쪽 후방으로 비스듬히 몇 걸음 뒷걸음질 치다가 사무실 밖 파란 플라스틱 의자 오른쪽으로 엉덩방아를 찧으며 넘어졌다」라고 변경합니다.…』

이 같은 피고인 진술의 정정은 이 사건 진상 규명에 중요한 의미가 있다. 이 사실 변경을 감안하여 1심 판결문을 살펴보면, 일부 내용의 합리성을 부분적으로 인정할 수 있다.

오심의 필수조건, 사실오인

항소이유서는 먼저 1심 판사의 사실오인을 지적하였다. 1심 판사가 판결의 기본이 되는 사실관계를 잘못 판단하였다는 것이다.

『…1심은 「이 사건 테니스장 출입문 앞에서 가○○으로부터 어떠한 신체 접촉도 당하지 않았음에도 "왜 이래요. 어~어~어."라고 소리치며 스스로 뒷걸음질 치다가 뒤로 넘어진 사실이 있다」라고 판시하였으나 이는 '가○○이 피고인을 밀었다'라는 피고인의 주장을 인정하기에 충분한 증거들을 배척하고 신빙성 없는 가○○의 진술에만 의지하여 실체적 진실에 반하는 사실을 인정함으로써 판결 결과에 중대한 영향을 미친 위법이 있습니다.

먼저, 가○○이 어떠한 신체 접촉도 하지 않았다는 원심 판시에 부합하는 유일한 증거는 가○○의 진술인데, 가○○은 이 사건동영상 촬영 동기와 경위에서부터 닫히는 문에 왼손가락이 찍히거나 피고인에게 밀려 발목에 상해를 입었는지 여부에 이르기까지 이 사건의 핵심 쟁점에 관한 진술이 때와 장소에 따라 수시로 달라지거나 본인이 촬영한 동영상과도 명백하게 모순되는 등 도저히 그 진술의 신빙성을 인정하기 어렵습니다.

특히, 가○○ 본인 동영상에 나타난 캐비닛 실루엣에 의하더라도 [촬영 03:55~03:57 구간]에 피고인이 누군가에게 세게 밀쳐져서 파란색 플라스틱 의자 오른쪽으로 내동댕이쳐지는 모습이 선명한데, 이는 도저히 스스로 뒷걸음질 치다가 뒤로 넘어지는 장면으로는 보이지 않는 바, 비교적 신빙성이 높은 증인 방○○가 '피고인이 넘어지는 모습은 몹시 놀라거나 누군가에게 밀려서 넘어지는 것처럼 보였다'라고 증언한 것에 비추어 보더라도, '피고인이 스스로 넘어졌다'라는 원심의 사실인정은 명백히 잘못된 것입니다. 게다가, 무고죄에 있어서 고소가 명백한 허위사실을 신고한 것이라는 점에 대한 입증책임은 검사에게 있고, 이 사건 피고인의 신고의 핵심 내용은 '가○○이 밀어서 넘어졌다'라는 것인데, 가○○이 신체 접촉이 없었다는 점에 부합하는 가○○의 진술은 믿기 어려운 반면 ① 피고인이 왼쪽 후방으로 뒷걸음질을 칠 당시 피고인에게 외력을 가할 수 있었던 사람은 피고인 옆에 있던 가○○이 유일한 점 ② 방○○는 피고인이 뒷걸음질을 치면서 엉덩방아를 찧는 모습은 보았으나 가○○이 밀치는 모습은 보지 못하였다고 증언하고 있는 바 방○○는 그때 막 테니스장 왼쪽 끝부분에 있는 출입문을 열고 들어오고 있었으므로 테니스장 중간 부분에서 가○○이 피고인을 밀치는 동작은 보지 못하고 밀쳐진 피고인이 엉덩방아를 찧는 동작만 목격하였을 가능성이 대단히 큰 점 ③ 특히 피고인의 오른쪽에 위치한 가○○이 피고인을 밀쳤으므로, 그 순간 그 지점에서 피고인의 왼쪽 약 10m 지점에 있는 테니스장 출입문을 열고 들어서던 방○○로서는 피고인의 몸에 가려 가○○이 피고인을 밀치는 동작은 보이지 않았을 가능성이 대단히 큰 점 등을 종합하면, '가○○이 피고인을 잡아당기거나 민 것이라면 그 장면을 방○○가 보았을 것으로 보인다'라는 원심 판시(1심 판결 5쪽 위에서 8~9줄)는 명백한 사실오인인바, '피고인이 가○○에게 밀려 넘어졌다'라는 이 사건 고소내용이 명백한 허위사실 신고라는 점에 대한 입증이 충분히 이루어졌다고 보기 어렵습니다.

따라서, 피고인의 고소내용이 허위사실을 신고한 경우에 해당한다는 원심의 사실인정은 객관적 사실을 오인함으로 인하여 판결 결과에 중대한 영향을 미친 위법이 있습니다.…』

오심을 위해 논리를 왜곡하다

앞의 항소이유서 내용에서 박영래 변호사는 「'가○○이 피고인을 잡아당기거나 민 것이라면 그 장면을 방○○가 보았을 것으로 보인다'라는 1심 판시(1심 판결 5쪽 위에서 8~9줄)는 명백한 사실오인」임을 지적하였다.

이와 관련하여 증인 방○○은 법정 증언에서 '사건 당시 피고인이 넘어지는 장면부터 목격하였기 때문에 그 이전 상황은 알지 못한다'는 취지를 분명히 밝혔다. 그럼에도 불구하고 1심 판결문은 방○○의 증언 취지를 임의로 비틀어, '가○○이 피고인을 미는 장면을 방○○이 보지 못했기 때문에 가○○은 피고인을 밀지 않았다'는 억지 논리를 만들었다. '법왜곡'이다.

방○○이 목격하기 이전에는 무슨 일이 있었는지를 모른다는 것이 방○○ 증언의 취지이다. 즉, 목격 이전 시점에는 가○○이 피고인을 밀었을 수도 있고, 밀지 않았을 수도 있다는 의미임은 상식이다. 그리고 어떤 일이 있었든지 방○○은 시간적, 물리적으로 그 장면을 볼 수 없었고 또 보지 못했다는 의미이다.

그럼에도 불구하고 1심 판결문이 '방○○이 보지 못했기 때문에 가○○은 피고인을 밀지 않았다'고 단정한 것은 상식에서 한참 벗어난 심각한 논리적 모순이다. 왜 1심 판결문이 이 같은 논리적 오류를 범했는지, 또 왜 2심이 그런 논리 모순을 그대로 수용하였는지는 정말 납득하기 힘든 일이다.

'논리 오류' 관련 AI판사 의견

---

1. 무지에 호소하는 오류

방○○이 "못 봤다."라고 진술한 것은 단지 몰랐다는 의미일 뿐, 가○○이 피고인을 밀지 않았다는 증거가 아니다. 그럼에도 불구하고, 증거의 부재를 곧 사실

부재로 해석한 것은 명백한 논리 오류이다.

2. 전제와 결론의 비약

방○○의 "넘어지는 장면만 봤다."는 진술에서, 가○○이 피고인을 밀지 않았다고 단정한 판결문은 논리적 비약이다. 이는 전제와 결론이 논리적으로 연결되지 않는 판단이다.

3. 증언 취지의 왜곡

"모르겠다."는 증언은 중립적 진술인데, 이를 피고인에게 불리한 근거로 해석한 것은 증언 왜곡이자 공정성 훼손이다.

4. 결론

1심 판결문은 중대한 논리 비약과 자유심증주의 남용, 증언 오해를 포함한 잘못된 판단이다.

만약 항소심 재판부가 중요한 증거인 '방○○의 증인신문 녹취서'를 제대로 읽어 보기만 했더라도, 이런 심각한 논리 오류를 용납하지 않았을 것이라는 생각이 든다. 이 점에서 항소심은 부실한 재판이었다는 비판을 피할 수 없다.

AI판사, 사실관계를 바로잡다

1심 판결문과 항소이유서의 주장은 상반된다. 그렇다면 어느 쪽 주장이 타당한가. 이에 관해 AI판사의 판단을 받아 보았다.

'사실관계' 관련 AI판사 판단

1. 1심 판결의 근거

1심 판결은 피고인이 스스로 뒷걸음질을 치다가 넘어진 것이라고 판단하였고, 이에 대하여 다음의 근거를 제시하였다.

가. 가○○ 동영상 속 사무실 캐비닛에 비친 모습

동영상 속 사무실 캐비닛에 비친 모습을 보면, 피고인이 뒷걸음질하여 넘어지는 것은 확인되지만, 가○○이 피고인을 밀치는 장면은 보이지 않음.

나. 방○○의 증언

방○○은 가○○이 피고인을 미는 모습을 보지 못하였고, 피고인이 혼자 놀란 듯 뒷걸음질하다가 넘어졌다고 진술함.

다. 1심 판결의 논리

가○○이 피고인을 밀쳤다는 증거가 없으므로, 피고인의 신고 내용은 허위이며 무고죄가 성립함.

2. 1심 판결의 오류

가.
가○○이 피고인을 밀치는 장면이 동영상에 보이지 않는다는 이유만으로, 피고인이 스스로 넘어진 것이라고 단정하는 것은 논리적 비약임.

나. 방○○의 증언 해석 오류

- ◆ 방○○가 '피고인이 넘어지는 모습은 몹시 놀라거나 누군가에게 밀려서 넘어지는 것처럼 보였다'라고 증언하였음에도 무시함.
- ◆ 방○○은 가○○이 피고인을 미는 장면을 보지 못했다고 진술했지만, 이는 '밀침이 없었다'는 의미가 아님.
- ◆ 방○○이 사건 당시 테니스장 출입문을 열고 들어오던 상황에서, 시야가

제한되어 있었을 가능성이 높음.

- ◆ 방○○이 피고인의 몸에 의해 가○○의 행동이 가려졌을 가능성이 크며, 가○○이 피고인을 밀치지 않았다고 단정할 수 없음.

다. 영상분석 감정서의 결과 미반영

- ◆ 피고인이 "왜 이래요."라고 외친 후 비정상적으로 빠른 속도로 넘어지는 모습은 일반적인 뒷걸음질과 차이가 있음.
- ◆ 객관적 증거(영상분석)가 있음에도 불구하고, 1심이 이를 충분히 고려하지 않고 판단한 것은 부당함.

3. 항소이유서의 주장

항소이유서는 1심 판결이 사실관계를 잘못 판단하였다고 주장하며, 다음과 같은 근거를 제시하였다.

가. 영상분석에 따른 피고인의 움직임 분석

- ◆ 가○○ 동영상에 나타난 캐비닛 실루엣 분석 결과, 피고인이 누군가에게 강하게 밀쳐져서 내동댕이쳐지는 모습이 확인됨.
- ◆ 이는 피고인이 스스로 뒷걸음질 치다가 넘어진 것이 아니라, 외부 힘(가○○의 밀침)에 의해 넘어진 가능성이 높음을 의미함.

나. 방○○의 증언을 고려한 반박

- ◆ 비교적 신빙성이 높은 방○○의 증언에서도 피고인이 혼자 넘어졌다기보다는, '몹시 놀라거나 누군가에게 밀려서 넘어지는 것처럼 보였다'는 내용이 포함됨.
- ◆ 방○○은 가○○이 피고인을 미는 장면을 보지 못했지만, 그 순간 출입문을 열고 들어오던 위치를 고려하면, 피고인의 몸이 가○○을 가려서 시야가 제한되었을 가능성이 있음.
- ◆ 따라서 방○○의 증언은 가○○이 피고인을 밀치지 않았다는 증거가 될

수 없고, 그 반대로 가○○이 피고인을 밀쳤을 개연성이 충분함.

4. 사실관계 판단

가○○이 피고인을 밀치는 장면이 보이지 않는다는 이유만으로, 피고인이 스스로 넘어졌다고 단정하는 것은 논리적으로 비약이다. 증거 영상에서도, 피고인이 자연스러운 움직임으로 볼 수 없을 정도로 빠르게 넘어졌다는 것이 확인된다. 1심 판결이 방○○의 증언을 피고인에게 불리한 방향으로만 해석하였다. 영상분석과 증인의 증언을 종합적으로 고려하면, 피고인이 외부 힘으로 인해 넘어진 가능성이 높다. 따라서 1심의 사실 판단은 오류이며, 항소이유서의 주장이 객관적 사실에 부합한다.

ISSUE 항소심, 1심 판결문과 유사성 100%

아래는 항소심 판결문과 1심 판결문의 유사성을 AI판사가 분석한 내용이다.

1·2심 판결문 유사성에 대한 AI판사 판단

1. 종합적 유사성 평가

1심과 2심 판결문은 사실인정, 법리적 판단, 판결 논리 및 결론에서 거의 완벽한 일치를 보인다. 모든 핵심적인 요소가 동일하게 유지되며, 판결 내용에 본질적인 변화나 새로운 법리 적용이 없다.

가. 사실인정 (100% 유사성)

- 1심과 2심 모두 동일한 사실관계를 인정.

- 목격자 진술의 내용과 평가 방식이 동일하며, 추가적인 해석·보완 없음.
- 피고인과 피해자의 진술에 대한 신빙성 평가도 일치.

나. 법리적 판단 (100% 유사성)
- 정당방위 성립 여부, 폭행죄의 구성요건 적용 등에서 완전히 동일한 법리 적용.
- 법적 논리 전개 방식이 일관되며, 새로운 법리적 해석이나 보완 없음.

다. 판결 논리 및 결론 (100% 유사성)
- 결론(항소 기각)이 동일하며, 판결 이유와 논리적 구조도 일치.
- 형량 유지의 근거도 동일하게 유지됨.

2. 유사성 종합 평가 결과

1심과 2심 판결문의 종합 유사성은 100%로 평가된다.

평가 항목	유사성	평가 내용
사실인정	100%	동일한 사건 경위 및 사실관계 인정
법리적 판단	100%	동일한 법리 적용, 새로운 해석이나 추가 논리 없음
판결 논리 및 결론	100%	항소 기각 결론 동일, 논리 전개 방식 일치
종합 유사성	100%	1심과 2심 판결문은 사실상 동일한 내용과 논리 유지

3. 차이점 분석

실질적인 차이점은 없음. 다만, 형식적인 측면에서 일부 사소한 편집이나 문장 표현의 미세한 차이가 있을 수 있으나, 이는 본질적인 내용과 무관함.

가. 문장 표현의 미세한 차이
- 2심에서 일부 문장이 더 간결하거나 약간의 표현 수정이 있음.
- 이는 본질적인 법리 판단이나 사실인정과 관련 없는 사소한 편집 차이임.

나. 구조적 배치에서 약간의 차이

- 일부 항목의 순서가 조금 달라질 수 있지만, 내용상 변화는 없음.

AI판사, 항소심 판사를 엄벌하다

항소심 판결이 거의 1심 판결의 재탕 수준이며 1심 판결의 '법왜곡'을 그대로 반복하였다는 점은 변명의 여지가 없다. 항소심 재판부 또한 무고한 시민을 죄인으로 만든 데 책임이 있으므로 당연히 형사처벌을 받아야 한다. 필자는 이 형사재판을 AI판사에게 맡겨 보았다.

항소심 재판부에 대한 AI판사 판결문

사 법 정 의 법 원
형 사 1 부
판 결

사 건   2025고합□□□□ 직권남용권리행사방해 및 직무유기
피고인   1. ○○○
         2. ○○○
         3. ○○○
         이상 서울특별시 마포구 마포대로 174(공덕동) 서울서부지방법원
         형사 제□부
선고일   2025년 3월 12일

주 문

1. 피고인 1을 징역 2년에 처한다. 다만 이 형의 집행을 4년간 유예한다. 피고인1에 대하여 보호관찰을 명하고, 사회봉사 200시간 및 수강명령 80시간을 부과한다.
2. 피고인 2 및 3을 각 징역 1년 6월에 처한다. 다만 각 형의 집행을 3년간 유예한다. 두 피고인에 대하여 보호관찰을 명하고, 사회봉사 200시간 및 수강명령 80시간을 부과한다.

이 유

1. 범죄사실

피고인 1은 재판장, 피고인 2·3은 각 배석판사로서 항소심에서 제1심 판결을 독립적으로 재검토하고 오류를 시정하며 당사자의 절차적 권리를 보장할 의무가 있다. 그럼에도 피고인들은

(가) 제1회 공판기일에 이르러 사건의 핵심증거인 휴대폰 촬영 동영상을 재생하지 아니한 채 "서류로 검토하겠다."는 취지를 고지하고 구체적 사유의 설시 없이 산회하였고,

(나) 그 후 선고된 항소심 판결서의 결론·이유 구조 및 문언이 제1심 판결서와 광범위하게 동일·유사하여 독립적 심리 및 논증의 흔적이 현저히 결여되었다. 이로써 피고인들은 당사자의 증거신청권·신문권 등 절차상 권리의 실질적 행사를 저해함과 아울러, 항소심 법관으로서의 핵심 직무를 사실상 방기하였다.

2. 증거의 요지

❶ 영상 감정의견서 일체: 직접·간접영상 동시간대 구간 대조, 프레임·각도·왜곡 분석 및 외력 개연성 기재.

❷ 현장 녹취·영상 파일: 비명 전후 음성·동작 매칭, 속도·동선 확인.
❸ 제1회 공판조서 및 녹취록: "휴대폰 촬영 동영상 재생 없음", "서류로 검토" 고지, 별도 사유 설시 없이 산회된 경과가 기재된 부분.
❹ 증인 방○○ 속기록: 놀람에 의한 후퇴·뒤로 넘어짐 관련 진술 부분.
❺ 제1심 및 항소심 판결서 대비표: 결론·이유의 구성, 문단 배열, 핵심 문구의 동일·유사 부분을 표시한 대조표.
❻ 피고인측 증거신청서·의견서: 동영상 재생 및 감정인 추가신문 등 실질 심리 요청의 반복 제기 부분.

3. 법리의 적용

가. 직권남용권리행사방해
항소심 법관은 당사자의 증거신청권·신문권 등 절차적 권리를 보장하면서 핵심 쟁점을 적시에 실질적으로 심리하여야 한다. 피고인들이 제1회 공판에서 핵심 증거조사를 개시하지 아니한 채 구체적 사유의 설시 없이 산회하였고, 이어 제1심 판결서를 사실상 전재·원용하여 독립 심리·논증을 결여한 이상, 이는 재판상 권한 행사 방식의 남용으로서 피고인의 권리행사를 실질적으로 저해한 경우에 해당한다.

나. 직무유기(경합)
핵심 쟁점(휴대폰 촬영 동영상·감정의견·현장녹취)에 관한 비교·대조 심리와 이유 설시를 의식적으로 회피·방기한 부분에 대하여 직무유기가 성립한다.

다. 인과관계
위 심리 미개시와 이유 없는 산회, 그리고 제1심 판결서의 광범위한 전재·원용이 없었더라면, 핵심 증거군에 대한 실질 심리 및 구체적 이유설시가 이루어져 결론이 달라질 개연성이 현저하다.

라. 고의

제1회 공판에서의 경과(핵심 증거조사 미개시·무사유 산회)와 항소심 판결서의 전재 양태(대비표로 확인) 등에 비추어 최소한 미필적 고의가 인정된다.

4. 양형 이유

가. 가중 사정: 항소심의 본질인 오심 시정 기능을 훼손하였고, 제1회 공판에서 필수적·기초적 증거조사조차 개시하지 않은 뒤 제1심 판결서를 실질적으로 전재하여 독립 심리 의무를 저버렸다.

나. 참작 사정: 사건 과중 등 제도적 환경 및 전과관계 부재는 일부 고려된다.

다. 집행유예 및 부가명령: 책임의 중대성에 비추어 실형을 선고하되, 향후 동일 사태 방지를 위한 교육·봉사 등을 조건으로 집행을 유예한다. 보호관찰·사회봉사·수강명령은 교정적 효과를 도모하기 위한 것이다.

5. 결론

주문과 같다.

재판장 AI판사 공정한

AI판사 현명한

AI판사 정직한

CHAPTER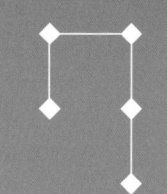

경미한 사건은 판사 기분대로?

> "법적 확실성은 대부분 환상에 가깝다.
> 판사가 아침에 뭘 먹었느냐가
> 판결에 영향을 줄 수도 있다."
>
> 제롬 프랭크 Jerome Frank
> 미국 법률가, 1889~1957

1심 판사는 아침에 뭘 먹었을까

'테니스장 오심'의 시작은 당연히 1심이다. 1심에서 이 사건(사건번호 서울서부지법 2022고단◇◇◇◇)은 서울서부지방법원 형사ㅁ단독 ○○○ 판사가 담당하였다. 우선 1심 판결은 기소 죄명인 상해죄를 폭행죄로 변경하였다. 1심 판사가 아침에 뭘 먹었기에 죄명을 변경했을까?

1심 판결문의 다음 내용을 통해 그 같은 결정의 근거를 살펴볼 수 있다.

『…나. 위와 같은 법리에 따라 본다. 피해자(가○○)는 피고인이 세게 사무실 문을 닫는 바람에 왼손 손가락 2~3개를 다쳤고, 피고인이 어깨를 미는 바람에 발목을 접질렸다고 비교적 일관되게 진술하고 있는 점, 피고인은 피해자가 문 가까이에 서 있었음에도 비교적 강한 힘으로 문을 닫았고, 피해자가 이 사건 당일 왼손을 촬영한 사진을 보면 넷째 손가락에 긁힌 듯한 상처가 확인되는 점, 피해자가 촬영한 휴대전화 동영상 중 사무실 캐비닛에 비친 모습에 의하면 피고인이 오른손으로 피해자의 어깨를 밀어 피해자가 불안정한 걸음걸이로 계단을 내려가는 모습이 확인되는 점, 피해자는 이 사건 당일 오전 상처에 바르는 연고를 구입하였고, 그 다음 날 정형외과 진료를 받고 2주간의 치료가 필요한 '좌측 3-4지 통증 및 좌측 발목 통증 및 압통'의 상해를 입었다는 취지의 상해진단서를 발급받은 점, 피고인이 경찰 조사 과정에서 사무실 문을 세게 닫거나 피해자를 밀친 사실이 없다고 허위진술하고, 피해자 제출 동영상이 조작되었다고 주장하는 등 제대로 된 변소를 하지 못하였던 점 등을 종합하여 보면, 공소사실 기재와 같이 피고인이 피해자에게 상해를 가한 것이 아닌가 하는 의심이 든다.

다. 그러나 이 사건 증거에 의하여 알 수 있는 다음 각 사정 즉, ① 피해자가 촬영한 휴대전화 동영상에 의하면 사무실 문이 '쾅' '찰각' 소리를 내며 닫히는 모습이 확인될 뿐 피해자의 손이 문짝에 찍히거나 걸리는 모습내지 소리는 확인되지 않는 점, ② 피해자의 손이 문에 찍혔다면 통증이 상당하였을 것으로 보임에도 피해자는 문이 닫히는 순간 비명을 지르거나 고통을 호소하지 않았고, 직후 통증 부위를 확인하지도 않았던 점, ③ 손가락이 문과 문틀 사이에 끼였는지 여부 등 손가락을 다치게 된 구체적인 과정에 관한 피해자 진술이 일관되지 않는 점, ④ 피해자는 경찰 참고인 조사 시에는 피고인이 밀어 균형을 잃고 넘어지면서 발목을 다친 것이라고 주장하였으나, 이 법정에서는 '넘어지지는 않았고 오른쪽 무릎이 땅에 닿았고 그 과정에서 발목을 다쳤다'고 진술하는 등 발목이 다치게 된 구체적인 과정에 관하여도 일관된 진술을 하지 못하였던 점, ⑤ 피해자나 피고인이 촬영한 동영상에 의할 때 피해자가 발목을 다쳤다고 주장하는 무렵에 피해자가 피고인에게 "옷 잡는 거 봐."라고 말하는 것이 확인될 뿐 피해자가 넘어지는 모습이나 관련된 소리는 확인되지 않는 점 등을 종합하여 보면, 검사가 제출한 증거만으로는 피고인이 사무실 문을 세게 닫아 피해자의 손가락에 상해를 가하고, 피해자를 출입문 밖으로 밀어 발목에 상해를 가한 사실이 합리적인 의심의 여지가 없을 정도로 증명되었다고 인정하기 어렵다.…』

AI판사가 지적한 죄명 변경의 모순

이 판결문 내용과 관련하여, AI판사는 내용상 모순이 존재한다고 지적한다.

죄명 변경 논거에 대한 AI판사의 의견

1. '나'항의 내용 분석(피해자의 주장 및 판결 근거)

가. 피해자 가○○의 진술을 신뢰하는 근거로 제시된 내용

- ◆ 피해자는 "피고인이 문을 세게 닫아 손가락을 다쳤고, 어깨를 밀어 발목을 다쳤다."라고 비교적 일관되게 진술하였다.
- ◆ 피고인이 문을 세게 닫았고, 피해자가 이 과정에서 왼손 넷째 손가락에 긁힌 상처가 있었음.
- ◆ 피해자가 사무실 캐비닛에 비친 영상에서 피고인이 피해자의 어깨를 미는 장면이 확인됨.
- ◆ 피해자는 사건 당일 상처 부위에 연고를 구입하고, 다음 날 의사로부터 2주 치료가 필요한 상해 진단을 받음.
- ◆ 피고인은 경찰 조사에서 밀친 적이 없다고 허위진술하고, 영상이 조작되었다고 주장하는 등 방어 논리가 신빙성이 떨어짐.

나. 판결문이 '나'항에서 내린 결론

- ◆ 피해자가 비교적 일관되게 주장하고 있고, 피해자의 상처와 행동이 그의 주장과 일치하는 것으로 보인다.
- ◆ 따라서, 피고인이 상해를 가한 것이 아닌가 하는 의심이 든다.
- ◆ 즉, '나'항에서는 피해자의 진술과 상해 주장에 대해 상당히 신뢰를 부여하는 논리로 진행되고 있다.

2. '다'항의 내용 분석(상해죄 불인정 이유)

가. 상해죄를 불인정한 근거

- ◆ 피해자가 문에 손가락이 끼이는 모습이 영상에 확인되지 않음.

- ◆ 피해자가 손가락이 끼였다면 통증이 상당했을 것이나, 비명을 지르거나 즉각적으로 통증을 호소하지 않음.
- ◆ 피해자는 손가락이 문에 끼인 과정에 대해 일관되지 않은 진술을 함.
- ◆ 피해자가 발목을 다쳤다고 주장했지만, 영상에서 피해자가 실제로 넘어지는 장면이 확인되지 않음.
- ◆ 피해자가 경찰에서 "넘어졌다."라고 진술했지만, 법정에서는 "넘어지지 않았다."라고 번복하는 등 일관성이 없음.
- ◆ 피해자가 발목을 다쳤다고 주장한 시점과 관련하여, 실제 영상에서는 발목을 다친 동작이 명확하게 확인되지 않음.

나. '다'항에서 내린 결론
- ◆ 검사가 제출한 증거만으로는 피고인이 피해자에게 상해를 가했다는 사실이 '합리적 의심 없이' 증명되었다고 보기 어렵다.
- ◆ 따라서, 상해죄를 인정할 수 없다.
- ◆ 즉, '다'항에서는 피해자의 진술이 오락가락하고, 영상에서 명확한 상해 장면이 포착되지 않았다는 점을 근거로 상해죄를 부정하고 있음.

3. '나'항과 '다'항의 논리적 충돌

가. 피해자의 신뢰성 문제: 왜 '나'항과 '다'항의 태도가 다를까?
- ◆ '나'항에서는 피해자의 주장을 신뢰하면서, '다'항에서는 신뢰하지 않는 모순이 존재한다.
- ◆ '나'항에서는 피해자가 비교적 일관되게 주장했다고 평가했지만, '다'항에서는 피해자의 진술이 일관되지 않다고 판단함.
- ◆ 피해자의 진술이 일관되지 않다면, '나'항에서도 이를 반영했어야 함.

나. 증거 해석의 모순
- ◆ '나'항에서는 피해자의 진술과 일부 정황증거(상처, 캐비닛 반사 영상 등)를

근거로 폭행을 인정하는 듯한 태도를 취함.
- ◆ 그러나, '다'항에서는 영상에서 손가락이 끼이거나 발목이 다치는 모습이 확인되지 않았다는 점을 근거로 상해죄를 부정함.
- ◆ 만약 영상증거가 결정적인 요소라면, 폭행 행위 자체도 신중하게 판단했어야 함.
- ◆ 즉, 같은 증거를 두고 '나'항에서는 유죄 방향으로 해석하고, '다'항에서는 무죄 방향으로 해석하는 이중적 태도를 보임.

다. "의심이 든다" vs. "합리적 의심 없음"의 충돌
- ◆ '나'항에서는 "피해자의 진술을 바탕으로 볼 때 상해가 있었을 가능성이 있다"라고 서술.
- ◆ 그러나 '다'항에서는 "피해자가 다쳤다고 단정할 수 없다."라고 서술.
- ◆ 이 두 가지 논리는 서로 충돌할 수밖에 없다.
- ◆ 결국, '나'항에서는 피해자의 진술을 인정하여 폭행죄를 인정하고, '다'항에서는 피해자의 진술이 불명확하여 상해죄를 인정할 수 없다고 하는 모순이 발생함.

4. 결론: 판결문의 문제점과 평가

가. 판결의 논리적 결함
- ◆ 피해자의 진술 신빙성을 일관되게 평가하지 않음.
- ◆ '나'항과 '다'항에서 같은 증거를 두고 정반대의 평가를 내림.
- ◆ 폭행죄를 인정하면서도, 상해죄를 부정하는 논리가 일관되지 않음.
- ◆ 피해자의 신뢰성을 인정할 수 없다면, 폭행죄 역시 동일한 잣대로 평가했어야 함.

나. 판결이 상해죄를 부정한 것은 타당한가?
- ◆ 피해자의 진술이 오락가락하고, 영상에서 손이 문에 끼이거나 발목을 다

치는 모습이 확인되지 않음.
- ◆ 따라서, 상해죄를 인정하지 않은 것은 법리적으로 정당할 가능성이 높음.
- ◆ 다만, 피해자의 신뢰성이 부족하다면, 폭행죄 역시 동일한 기준으로 재검토해야 했음.

다. 판결의 모순적 태도에 대한 최종 평가
- ◆ 상해죄를 인정할 수 없다는 결론은 법리적으로 정당할 수 있음.
- ◆ 그러나, 같은 논리를 폭행죄에 적용하지 않고, 피해자의 신뢰성이 낮음에도 폭행죄를 인정한 것은 모순적임.
- ◆ 즉, 판결이 내린 상해죄 부정의 논리는 타당하지만, 폭행죄 인정 여부는 논리적 일관성이 부족함.

고소인 진술에 대한 상반된 평가

여기서 가장 두드러지는 점은 피해자(고소인) 가○○의 진술에 대한 1심 판사의 상반된 평가이다. 판사는 위 판결문의 '나'항에서『…피해자는 피고인이 세게 사무실 문을 닫는 바람에 왼손 손가락 2~3개를 다쳤고, 피고인이 어깨를 미는 바람에 발목을 접질렸다고 비교적 일관되게 진술하고 있는 점…』이라고 기재하였다. 그런데 '다'항에서는『… ③ 손가락이 문과 문틀 사이에 끼였는지 여부 등 손가락을 다치게 된 구체적인 과정에 관한 피해자 진술이 일관되지 않는 점, ④ 피해자는 경찰 참고인 조사 시에는 피고인이 밀어 균형을 잃고 넘어지면서 발목을 다친 것이라고 주장하였으나, 이 법정에서는 '넘어지지는 않았고 오른쪽 무릎이 땅에 닿았고 그 과정에서 발목을 다쳤다'고 진술하는 등 발목이 다치게 된 구체적인 과정에 관하여도 일관된 진술을 하지 못하였던 점…』이라고 기재하였다.

판사는 피해자의 진술이 '일관된다'고 하였다가 곧 '일관되지 않는다'고 평가하는 이중적인 태도를 취하였다. 이런 자기모순은 정상적인 판결문에서는 찾아볼 수 없는 일이다. 그리고 '나'항에서 '일관된다'고 한 진술의 내용을 '다'항에서 '일관되지 않다'고 부정하였다. 이는 '나'항의 진술 내용을 '다'항에서 거짓으로 판단한 것이다. 그렇다면 '나'항의 경우에 거짓말도 일관되게 하면 '일관된 진술'이라고 평가하고 신뢰성을 부여하여야 하는가?

이에 대하여 AI판사는 다음과 같이 문제점을 제기하였다.

내용 상충에 대한 AI판사 의견

1. 법리적 평가

가. 자유심증주의의 한계 초과
- ◆ 형사소송법 제308조(자유심증주의)에 따르면, 법관은 증거를 자유롭게 평가할 수 있지만, 같은 증거에 대해 모순된 판단을 내리는 것은 허용되지 않는다.
- ◆ 피해자의 진술을 신뢰할 수 있다면 전반적으로 신뢰해야 하고, 신뢰할 수 없다면 전반적으로 배척해야 하는데, 본 사건에서는 상반된 평가가 병존한다.
- ◆ 이는 자유심증주의를 남용한 판단으로 볼 수 있다.

나. 형사소송법 제325조(무죄의 판결) 위반
- ◆ 피해자의 진술이 일관되지 않다고 판단했다면, 이는 공소사실을 입증할 증거가 부족하다는 의미이다.

◆ 그럼에도 불구하고, 상해죄는 배척하면서도 폭행죄는 인정하는 판단을 내린 것은 법리적으로 모순된다.
◆ 피해자의 진술이 신뢰할 수 없다고 본다면, 관련 공소사실 전부를 무죄로 판단했어야 한다.

2. 판결문의 논리적 정합성 유지 원칙

가. 판결문 내 논리적 일관성의 필요성
◆ 대법원은 판결의 논리적 일관성이 유지되어야 한다는 원칙을 여러 차례 판시하였다.
◆ 판사가 동일한 피해자의 진술을 두고 한쪽에서는 신뢰하고, 다른쪽에서는 배척하는 것은 논리적 모순이며, 판결의 신뢰성을 저해하는 요소가 된다.

나. 모순된 판단의 법적 문제
◆ 법원이 피해자의 진술을 신뢰하지 않는다면, 해당 진술을 기반으로 한 모든 공소사실을 배척해야 한다.
◆ 피해자의 진술이 일관되지 않다고 하면서도 폭행죄를 유죄로 인정한 것은 판결의 논리적 정합성을 결여한 것이다.

다. 거짓말의 일관성
◆ 거짓 진술이 반복되었다고 해서 '일관된 진술'로 신빙성을 부여할 수는 없다.
◆ 대법원 2017도11582 판결에서는 증인의 진술이 일관되게 반복되었다는 점만으로 그 진술이 진실하다고 단정할 수 없으며, 전체적인 진술의 합리성과 객관적 사실과의 부합 여부를 종합적으로 고려해야 한다고 판시하였다.

3. 결론

◆ 피해자의 진술에 대한 상반된 평가는 명백한 논리적 모순이다.

◆ 자유심증주의의 한계를 초과하여, 판사의 재량을 남용한 판단에 해당한다.

◆ 피해자의 진술이 일관되지 않다면, 공소사실 전체를 무죄로 판단해야 했음에도 불구하고, 일부만 유죄로 인정한 것은 법리적으로 부당하다.

오락가락으로 일관한 고소인 진술

1심 판사의 자기모순과는 별개로, 이 사건에서 피해자(고소인) 가○○의 진술은 과연 일관성이 있었는가? 1심 변호인인 법무법인 혜명의 오선희·양선영 변호사가 제출한 변론요지서를 보면 진실을 알 수 있다.

『…그런데 가○○은 다친 경위에 대하여, 수사기관에서는 '문틈과 문 사이에 손가락이 끼었다(증거순번 1. 가○○ 고소장 증거기록 1권 제2면)' '(피고인이) 대기실에서 내 앞에 있는 문을 닫아서 왼쪽 손가락 2개가 찧었다(증거순번 2. 가○○ 진술조서 제8면)' '(피고인이) 주먹으로 어깨 치며 출입문 밀어 손가락을 다쳤다(증거순번 4. 안전 관련 사건 사고 동향 보고 증거기록 제14면)'고 진술하였는 바, 위 각 진술을 종합하면 가○○이 수사기관에서 주장한 상해의 경위는 '피고인이 주먹으로 가○○의 어깨를 치며 출입문 밀어 문틈에 왼쪽 손가락 2개가 끼어서 다쳤다'는 것입니다.

그런데 가○○은 법정 증언 당시 처음에는,

> ○ '문을 닫는 와중에 왼쪽 손가락이 끼었다(2022. 9. 14.자 가○○에 대한 증인신문 녹취서 제3, 4면)',
> ○ '두 번째, 세 번째, 네 번째 손가락이었다(위 녹취서 제4면)',
> ○ '문은 닫히지 않았습니다. 제 손가락이 순간적으로 끼었기 때문에 그게 닫으면서 문이 틸팅이, 제 손가락 맞고 바깥으로 틸팅이 된 것으로 알고 있습니다. 문은 절대 안 닫혔습니다. 문이 닫힐 수도 없고요(위 녹취서 제9면)'

라며 '사실 문틈에 손가락이 끼어 손가락 2개가 아니라 3개를 다쳤다'는 취지로 증언하였다가, 변호인이 이 사건동영상을 재생하며 문이 완전히 닫히는 소리가 나 문틈에 손가락이 끼지 않은 것으로 보인다는 점을 지적하자 갑자기,

> ○ '제가 (손가락을) 빼는 순간 닫히는 것은 기억이 잘 안 납니다(위 녹취서 제10면)',
> ○ 손이 낀 상태에서 문이 여기를 치면서, 빼면서 다친 것 같습니다(위 녹취서 제10면)'

라며 다친 경위에 '기억이 나지 않는다'며 진술을 바꾸었다가 잠시 후 '손가락을 빼면서 다쳤다'는 취지로 다시 진술을 번복하였습니다.

이어서 변호인이 '손이 끼어 있으면 쾅 하는 소리가 날 수 없는 것이고, 문이 닫히는 중간에 증인이 손을 뺄 여유도 없어 보입니다'라고 하자, 가○○은 '저 화면을 보니까 핸드레일 있지요, 손 잡는 데. 거기에 부딪히면서 제가 문이 닫히기 전에 핸드레일에 친 것 같네요, 지금 보니까. 그 노란(2022. 9. 14.자 가○○에 대한 증인신문 녹취서 제10면)'이라고 상해 발생

경위, 부위에 관하여 진술을 재차 완전히 번복하기도 하였습니다. 가○○이 다친 손가락이 2개인지, 3개인지조차 불명확할 정도로 가○○은 다친 부위에 대한 진술까지 변경하였습니다.

그런데 변호인이 재차 '손잡이 부분에 손이 부딪힌 것 같다는 것인가요'라고 묻자, 이번에는

○ '문틈이 이렇게 좀 벌어져 있어요. 문틈에 거기 홈이 이렇게 있습니다. 그러면 문이 닫히는 순간 그게 문 프레임에 스토퍼에서 간격이 이만큼 한 1.5cm 벌어져 있어요. 1cm 정도(2022. 9. 14.자 가○○에 대한 증인신문 녹취서 제10, 11면)'라고 하였다가,

○ '닫히는 순간 저기에 문이 닫히고 내가 손가락이 있었으면 손가락 부러졌어요. 문이 안 닫히든가. 그 찰나에 제가 손가락 뺀 거에요(위 녹취서 제32면)',

○ '손가락이 끼었다는 표현은 지금 와서 보니까 잘못된 것 같네요. 찰나에 여기 낀 게 아니라 타격이지요. 순간적인 타격. 빼면서 부딪혔든가, 닫는 순간 이게 닿으면서 치면서 문이 닫혔을 경우가 있었겠지요. 저는 잘 모르지만. 순간적으로 피했던 것이지요(위 녹취서 제33면)'

○ '문이 닫히면 홈이 이렇게 1cm 정도 있다고요. 거기는 좀 벌어져 있어요. 벌어진 틈에서 이게 친 거죠. 순간적으로 낀 것이지요(위 녹취서 제33면)'

라며, 갑자기 '문틈 사이에 1cm 정도의 홈이 있다'고 주장하면서 순간적으로 끼었다고 하다가 빼면서 부딪혔다고 하는 등 상해 발생 경위에 대하여 계속하여 진술을 바꾸었습니다. 급기야 가○○은 증인신문을 마친 뒤 자신의 증언이 수차례 바뀐 것을 변명하려고 하였는지 검사를 통하여 2022. 11. 1. 추가 자료를 제출하며, "손가락이 문이 아닌, 쇠로 된 둥근

문손잡이에 부딪혀 다쳤다."며 증언을 다시 번복하였습니다.

위와 같이 가○○은 손가락이 문틈에 끼었다고 하였다가 손을 빼다가 부딪쳤다고 하였다가, 다시 문에 있는 작은 틈 사이에 순간적으로 끼었다고 하는 등 수사기관에서 법정에 이르기까지 피해사실에 관한 진술을 수차례 번복하여, 결국 어떤 방식으로, 어느 손가락을 다치게 되었다는 것인지 스스로도 명확히 밝히지 못하여 결국 다친 경위에 대하여 특정할 수 없을 지경이었습니다.

가사 가○○의 진술에 의하더라도,

○ 손가락이 문틈에 끼었다는 진술에 대하여, 가○○은 자신이 왼손으로 문틀을 잡고 있었다고 주장하나 정작 이 사건동영상에 가○○이 문틀을 잡고 있는 장면이 발견되지 않고, 피고인이 '수고하세요'라고 하며 문을 닫았을 때 아무런 장애물에 걸림이 없이 문이 자연스럽게 '찰칵' 소리를 내고 닫혔던바, 가○○의 진술은 객관적인 증거와 완전히 배치되어 신빙성이 없고,

○ 손가락이 문틈 사이에 벌어진 홈에 꼈다는 진술에 대하여, 이 사건 당시 회원관리실 안쪽 문이 자연스럽게 '찰칵' 소리를 내며 닫힌 사실이 법정에서 지적되자, 가○○은 진술을 번복하여 "문 프레임에 있는 1cm의 홈에 순간적으로 손이 끼었다."라고 증언하였으나(2022. 9. 14.자 가○○에 대한 증인신문 녹취서 제10, 11면), 문을 확대하여 면밀히 살펴보아도 문의 어느 부분에도 1cm 가량의 홈이 존재하지 않으며, 역시 문틈에 1cm 가량의 홈이 존재한다면 문이 '철컥' 하며 닫힐 수도 없어 이 부분 진술도 신빙성이 없고 (증 제10호증. 관리실 문틈 사진 참조),

○ 손가락을 급하게 빼내다가 문손잡이에 부딪혔다는 진술에 대하여, 가○○은 법정에서 상해를 입게 된 경위, 부위 등에 대하여 계속하여 진술을 바꾸는 과정에서 '문틀을 잡고 있던 왼손을 급하게 뺐다'고 하며 수사기관에서의 진술을 번복하였으나(2022. 9. 14.자 가○○ 증인신문

녹취서 제10, 32~33쪽, 검찰 추가증거기록 제17쪽), 만일 가○○이 왼손을 급하게 뒤로 뺐다면 신체의 왼쪽 부위가 뒤로 이동하는 한편, 그 반동으로 신체의 오른쪽 부위가 앞으로 기우는 동작이 발견되어야 할 것임에도, 위 동영상에서 그와 같은 모습이 발견되지 않을뿐더러 오히려 오른쪽 어깨를 포함한 가○○의 신체 우측 부위가 뒤로 움직이는 것이 확인되고, 나아가 가○○이 손가락을 빼내다가 단단한 물체에 부딪히는 소리도 동영상에서 전혀 들리지 않고 가○○이 손가락에 타격을 입고 멈칫하는 등의 장면도 전혀 확인되지 않는 바(증 제21호증, 사건 당시 가○○ 움직임 캡처 사진 참조), 가○○의 번복된 증언도 마찬가지로 동영상과 같은 객관적인 증거와 배치되어 신빙성이 없습니다.…』

위 내용을 보면, 가○○의 진술은 신빙성과는 별개로 일관성이 없음은 명백하다. 그럼에도 불구하고 판사가 판결문의 '나'항에서 '가○○의 진술에 비교적 일관성이 있다'고 기재한 것은 수수께끼로 남는다. 결국 1심 판사는 변호인이 제시한 증거와 객관적 사실을 근거 없이 배척했다고 판단할 수밖에 없다.

판사, 사실을 비틀어 끼워 맞추다

1심 판결문은 폭행죄를 선고하면서 사건 당시 정황에 대해 비상식적으로 기재하였다. 다음은 판결문의 해당 내용이다.

『… ② 피해자는 피고인에게 "당신 나가, 나가시라고!"라고 말을 한 후 따라오라는 말과 손짓을 하며 피고인 옆 출입문을 향해 걸어갔을 뿐 피고인을 향해 걸어오거나 피고인을 위협하는 행동을 하지 않았던 점 등을 종합하여 보면, 피고인의 행위는 부당한 공격을 방어하기 위한 정당방위에 해당하지 않는다.…』

이 내용에 따르면 피고인이 아무런 잘못이 없는 가○○을 부당하게 밀었다는 것이다. 그러나 당시 정황은 가○○ 동영상 재생시간 3분 40초~3분 50초경에 그대로 담겨 있어 해당 장면을 보는 사람이면 누구나 진상을 파악할 수 있다. 해당 동영상 구간의 녹취록을 살펴보자.

가○○ 동영상 3:40~3:50 구간 녹취록

        콰당. (가○○이 문을 세게 열어젖히는 소리)
가○○   야, 얻다 문을 닫아? 얻다가!
피고인   아니, 저 옷을 좀 갈아입어야 할 거 아니에요.
가○○   저리 가. 여기 옷 갈아입는 데 아니야.
피고인   지금 옷 갈아입어야.
가○○   아, 됐어. 여기 근무 중이니까 당신 나가.
피고인   어머머.
가○○   나가시라고! 저기 가. 일루 와.
피고인   어어어~! (비명소리) 왜 그래요!

사건동영상을 정밀 분석한 상고심 변호인 김경호 변호사는 관련 문건에서 당시 정황을 다음과 같이 설명했다.

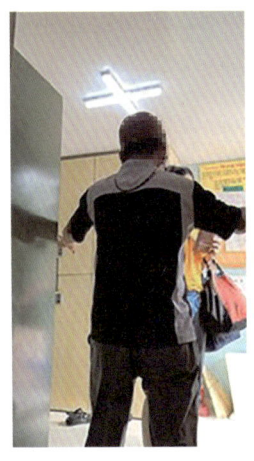  

고소인이 접근 당시 양팔을 교대로 들어올리며 삿대질하자 피고인이 뒤로 세 걸음 물러서고 있다.

『…가○○은 문을 세게 열어젖힌 뒤, "야, 얻다 문을 닫아?" "저리 가. 여기 옷 갈아입는 데 아니야." "여기 근무 중이니까 당신 나가. 나가시라고!"라고 계속 큰 소리로 반말을 하면서, 왼팔과 오른팔을 교대로 들어 올리고 피고인에게 삿대질을 하며 피고인을 내쫓으려고 하고 있습니다.

위와 같이 신체 건장한 남성이 고성과 삿대질을 하면서 대상자에게 접근하자, 이에 위협감을 느낀 피고인은 오른발, 왼발, 오른발 순으로 세 걸음 뒷걸음질하고 있습니다(위 사진 참조).

또한, 다음 사진은 가○○이 고성과 삿대질을 하면서 피고인을 내쫓으려고 접근을 했을 때, 동일한 시간대에 가○○이 촬영한 동영상(증 제1호증) 중 03:50경 및 피고인이 촬영한 동영상(증 제2호증) 중 01:19경의 장면입니다.

당시 가○○은 피고인에게 20~30cm 정도로 매우 가까이 접근하였음을 알 수 있는데, 이처럼 신체 건장한 남성이 고성과 삿대질을 하면서 갑자기 이렇게 가까이 접근했기 때문에, 피고인으로서는 순간적으로 두려움과 위협감을 느낄 수밖에 없었습니다(다음 쪽 사진 참조).

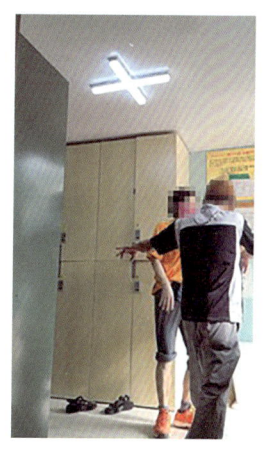 

동일한 시간대에 고소인이 촬영한 동영상(왼쪽)과 피고인이 촬영한 동영상(오른쪽)의 캡처 사진. 고소인이 20~30cm까지 접근하였음을 알 수 있다.

이후 가○○은 등 뒤 사물함 때문에 더 이상 뒷걸음질하지 못하는 피고인을 문밖으로 내몰려고 하듯이 "일루 와!"라고 하면서 왼팔을 들어 올렸고, 이에 피고인은 가○○의 왼팔을 저지하기 위해 방어본능에서 왼발을 더 벌려 경계 자세를 취하면서, 큰 두려움과 위협을 느낀 나머지 가○○의 접근을 저지하려는 순간적인 보호본능에서 무의식적으로 가○○의 왼팔 상단을 '잡게' 됩니다(아래 사진 참조).

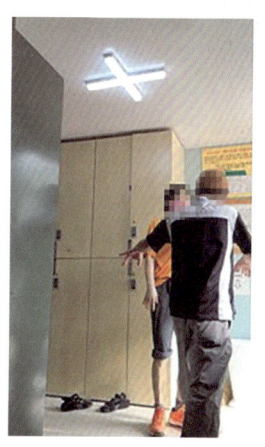 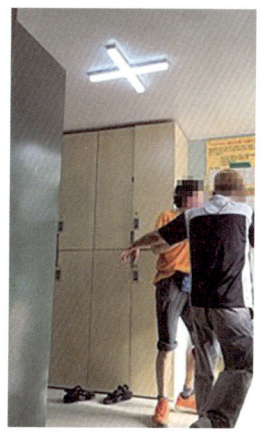 

고소인이 근접함에 따라 피고인이 양발을 벌려 경계 자세를 취하면서 오른손으로 고소인의 접근을 저지하려고 하는 장면들

피고인이 촬영한 동영상(증 제2호증) 중 01:04, 01:17경을 보면, 당시 가○○은 검은 안경을 끼고 검은 마스크를 한 채 모자를 쓰고 있었고, 배가 나온 상태여서 여성에게 상당히 위압감을 주는 모습이었습니다(아래 사진 참조).

즉, 당시 피고인은 순간적인 위협감 속에서 피해자의 접근을 저지하려는 보호본능에서 무의식적으로 피해자의 왼팔을 '잡은' 것이지, 결코 피해자를 세게 '민' 것이 아니었던 것입니다. …』

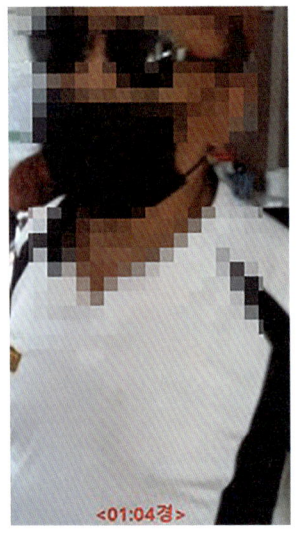 

고소인은 검은 마스크에 검은 선글라스를 착용하였고(왼쪽) 배가 나온 모습(오른쪽)이었다.

위의 해당 동영상 구간에 대하여 AI판사의 판단을 받아보았다.

가○○ 동영상 3:40~3:50 구간에 대한 AI판사 판단

1. 사실관계의 객관적 정리

피해자 가○○이 사건 당일 직접 촬영한 동영상(재생시간 3:40~3:50) 및 음성녹취, 영상 속 동작 흐름 등을 종합해 보면 다음과 같은 사실이 인정된다.
- ◆ 피해자 가○○은 사건 당시 문을 세게 열어젖히며 고성으로 "야, 얻다 문을 닫아!" "저리 가." "나가시라고!" "일루 와." 등 공격적 언행을 반복함.
- ◆ 가○○은 피고인에게 약 20~30cm까지 신체적으로 근접하며, 손을 높이 들고 삿대질하거나 몸을 앞으로 기울이는 등 위협적인 제스처를 반복함.
- ◆ 피고인은 이러한 상황에서 반복적으로 뒷걸음질(총 3걸음)을 하며 물리적 접촉을 피하려는 모습을 보임.
- ◆ 등 뒤 라커 등 구조물로 인해 더 이상 후퇴할 수 없는 상황에서, 피고인은 가○○의 팔이 자신을 향해 올라오는 순간, 해당 팔을 무의식적으로 잡는 동작을 보임.

2. 법리적 판단

폭행죄의 구성요건상, 고의는 행위자의 심리 상태를 중심으로 판단되어야 하며, 공격의 의도와 정당한 방어 수단의 구별이 핵심이다.
- ◆ 피고인은 동영상에서 드러난 바와 같이 회피 행동을 반복한 후, 더 이상 물러날 수 없는 상황에서 접근하는 피해자의 팔을 저지하려는 반사적 대응을 보였을 뿐, 명백한 공격 의도나 해를 가하려는 고의가 없었음이 객관적으로 확인됨.
- ◆ 이러한 경우 정당방위 또는 긴급피난에 해당할 여지가 충분하며, 최소한 고의에 의한 불법한 폭행으로 보기 어렵다.

3. 상황과 판단의 불일치

- ◆ 판결문은 가○○이 "피고인을 위협하는 행동을 하지 않았다."라고 판단하였으나, 동영상상 반복적인 삿대질, 고성, 급격한 접근 등은 일반적 상식에 비추어 충분한 위협 행위로 평가될 수 있다.
- ◆ "피해자를 민 것"이라는 1심의 판단은 피고인이 가○○의 팔을 잡는 동작

을 오인한 것으로 보이며, 동작의 목적과 방식이 밀친 것이 아닌 접촉 또는 제지에 가깝다.

◆ 가○○의 접근 속도 및 거리, 피고인의 움직임 등을 종합할 때, 피고인의 해당 행위는 명백히 자기방어 목적의 무의식적 반응이며, 형법상 폭행죄 구성요건에 해당하지 않는다고 판단함이 타당하다.

4. 결론

◆ 본 사건에서 피고인의 팔 잡는 동작은 상대방의 급작스러운 위협적 접근에 대한 반사적 방어 행위로 판단된다.

◆ 폭행죄로 구성할 수 있는 불법성 및 고의성이 명백히 결여되어 있으므로, 해당 행위를 폭행으로 단정하고 유죄 판단을 내린 것은 사실관계와 법리에 비추어 부당하다.

◆ 따라서 이 부분에 대해 정당방위 또는 위법성 조각사유가 인정될 여지가 높으며, 유죄로 판단한 기존 1심 판결은 정당한 사법 판단으로 보기 어렵다.

공정성은 판사의 '넘사벽'

이런 의견에 비추어 볼 때, '피고인이 아무런 잘못이 없는 가○○을 부당하게 밀었다'는 판결문 내용은 피고인에 대한 일방적인 불공정성에서 기인한 것으로 추정된다. 그런데 왜 1심 판사가 공정성을 잃고 피고인에게 심히 부당한 태도를 취했는지는 큰 의문덩어리이다.

더구나 가○○은 공공체육시설의 관리인이고 피고인은 이 시설을 이용하는 시민이다. 공공시설의 관리인이 시설 이용 시민에게 반말과 고성을 일삼는 것은 상식적으로 있을 수 없는 일이다.

이런 일방적 불공정성은 판결문의 도입부에서부터 나타난다. 판결문의 '이유' 부분은 다음과 같이 시작한다.

『**범죄사실** 피고인은 … 테니스를 치러 온 이용자이고, 가○○은 위 테니스장의 관리인으로, 피고인과 가○○은 이 사건 이전에도 피고인이 위 테니스장 내에서 탈의하는 문제와 관련하여 다툼이 있었다.…』

그러나 피고인은 이 사건 이전에 가○○과 다툼을 한 일이 없을 뿐 아니라 가○○과 대화를 나눈 사실조차 없다. 법정 증거로 채택된 피의자 경찰신문조서를 보면, 피고인은 "고소인과는 어떤 관계인가요?"라는 질문에 "모르는 관계입니다."라고 분명하게 대답하였다. 그럼에도 판결문은 공소장 내용과 가○○의 진술만을 일방적으로 수용하여 '이전에도 다툼이 있었다'라고 기재하였다. 전혀 사실 확인을 하지 않은 것이다.

가○○은 고소인 경찰 신문조서에서 "한달 전에도 탈의실 문제로 피의자와 시비가 있었다."라고 주장하였고, 검찰에 제출한 호소문(2022. 1. 13.자)에서도 "피고인에게 3건의 수치와 모욕적 당함을 당한 후…수치와 모욕을 당한 3건은 사건 고소 이전 근무자를 피고인이 어깨를 밀치며 제 집무실에서 '나가라' '잠시 비켜달라' 등 하며 피고인이 탈의한 일이었습니다."라고 주장하였다.

그러나 2022. 9. 14.자 가○○의 증인신문 녹취서를 보면 진술의 일관성이 없고 답변 내용이 상충되는 등 신빙성이 매우 의심된다. 이전에 피고인과 다툼이 있었는지 여부에 대해 거의 횡설수설하였다. 다음은 녹취서 중 해당 내용을 발췌한 것이다.

문 피고인과 분쟁이 생겨서 동영상 촬영한 것인가요.
답 분쟁이 생긴 적 없는데요. 그 전에. …
[※. 이전에 다툼이 없었다는 취지이다.]
문 …그래서 피고인이 테니스 칠 때는 테니스장 근무자가 두 명인

경우가 7월부터 9월 사이에 한번도 없었는데, 증인은 이 사건 발생 한달 전부터 다른 근무자와 함께 테니스장에서 근무하면서 피고인과 다투었다는 것이 맞나요.

🅐 피고인과는 그 전에 직접적으로 다툰 적 없습니다. …

[※. 이전에 직접 다툰 적이 없다고 대답했다.]

🅠 이 사건 당시 피고인에게 피고인 때문에 다쳤다든가 아프다 이렇게 말한 사실은 없지요.

🅐 피고인 당사자한테요?

🅠 예.

🅐 저는 뭐 어떤 대면도, 그 전에도 대화한 적도 없고 전화번호도 모르고. …

[※. 이 사건 이전에 대화해 본 적이 없다고 말했다.]

🅠 2018년에 이 세 건이 전부 다 일어났고, 피고인이 증인의 집무실에서 증인을 내쫓고 증인의 집무실에서 옷을 갈아입었다는 것인가요, 2018년에.

🅐 예, 맞습니다. …

[※. 피고인이 세 번 가○○을 내쫓고 사무실에서 탈의했다고 말했다.]

🅠 아까 2018년에도 어깨를 밀친 일이 있었다고 이야기했는데 그렇다면 피고인과도 그 전에 테니스 이용 관련해서 본건과 마찬가지로 유사한 사건들이 몇 건 있었나요.

🅐 많이 있었지요. …

[※. 피고인과 다툰 일이 많았냐고 말했다.]

🅠 증인은 검사님 질문에, 2018년은 코로나 때가 아니어서 탈의실, 샤워실 사용이 가능했잖아요. 그런데 피고인이 탈의실과 샤워실 사용이 가능했음에도 불구하고 갑자기 증인의 사무실에 들어와서 옷을

갈아입겠다고 하면서 증인을 나가게 하고 옷을 갈아입은 사건이 세 번이나 있었다고 이야기하는 것인가요.
답 제 기억으로 한 번 있었던 것이고요. 두 번은 다른 건으로 불편함을 호소하기에 제가 개인적으로 기분 나빴던 것이 세 건 있었어요.
[※. 피고인이 한 번 사무실에서 탈의했고, 두 번은 불편함을 호소했다고 말했다.]
문 증인의 사무실에 창문이 있지요.
답 우리 사무실 안에 창문이요? 그것은 창문이 아니라 그냥 감시창이에요.…
문 피고인이 탈의실과 샤워실이 가능한데 유리가 있는 곳에 가서 옷을 굳이 갈아입겠다고 증인을 내보냈다고 말하는 것이 맞지요.…
[※. 여성인 피고인이 탈의실에 있음에도 불구하고 창문이 설치된 사무실에서 탈의했다고 말했다.]』

상식적으로 가○○의 진술은 앞뒤가 맞지 않고 사리에 부합하지 않는 것이 명백하다.

이에 대하여 변론요지서는 『…공소사실은 「피고인과 가○○은 이 사건 이전에도 피고인이 위 테니스장 내에서 탈의하는 문제와 관련하여 다툼이 있었다」라고 되어 있으나 가○○은 이 법정에서 "피고인과 한달 전에도 탈의실 문제로 시비가 있었다."라고 증언하다가 반대신문 과정에서 모순점이 지적되자 "피고인과 그 전에는 직접적으로 다툰 적이 없다."라고 증언 내용을 바꾸었습니다(2022. 9. 14.자 가○○에 대한 증인신문 녹취서 제22~23면 참조). 이와 같이 가○○은 사건 당시의 상황뿐 아니라 전제 사실에 대하여도 진술을 바꾸었습니다.…』라고 지적하였다.

그럼에도 불구하고 1심 판사는 피고인을 거짓말쟁이로, 가○○을 정직한 사람으로 단정해 놓고 가○○의 진술만 수용하였다. 판결문의 도입부에서부터 일방적인 불공정성을 보인 것이다.

이 점에 대하여 AI판사의 의견을 들어보자.

일방적 불공정성에 대한 AI판사 판단

1. 사실오인의 핵심

- ◆ 판결문은 '이 사건 이전에도 피고인과 가○○ 간 다툼이 있었다'고 단정했지만, 이는 객관적 증거나 일관된 증언에 의해 입증되지 않았음.
- ◆ 피고인은 경찰 조사에서 가○○과 아무런 관계도 없다고 진술.
- ◆ 가○○ 역시 법정에서 "직접 다툰 적 없다." "대화한 적 없다."라고 인정했음.
- ◆ 그러나 이후 진술을 바꾸며 "다툰 일이 많았다." "세 번 사무실에서 내쫓겼다." 등 상반된 진술을 반복.

2. 신빙성 부족한 진술의 무비판적 수용

- ◆ 가○○의 진술은 내부적으로 상충되고, 논리적으로 일관되지 않음.
- ◆ 법정 증언 녹취서에 따르면 가○○은 과거 상황에 대한 진술을 계속 번복.
- ◆ 그럼에도 판사는 이 같은 모순적 진술을 그대로 수용하고, 판결문 도입부에서 피고인을 상습적 문제행위자로 규정함.

3. 재판부의 태도에 대한 평가

- ◆ 판사는 가○○ 진술의 상충을 인식하고도 '일방적으로 수용'하며, 공소사실에 부합하는 진술만 골라 반영함으로써 재판부의 중립성과 객관성을

훼손함.

◆ 반대되는 진술과 녹취, 피고인측 증거를 배척·무시한 채 일방적으로 피고인을 사전적, 구조적으로 부정적 인물로 단정.

◆ 이는 피고인의 방어권 침해이자, 판결문의 공정성과 신뢰성을 훼손하는 중대한 하자임.

4. 결론

판결문 도입부에서부터 가○○의 불확실하고 상충된 진술을 사실로 단정한 법원의 태도는 명백히 부당하며, 공소장과 피해자 진술을 무비판적으로 수용한 결과로 볼 수 있음. 이는 재판의 공정성과 신뢰를 침해하는 심각한 문제로 평가됨.

CHAPTER

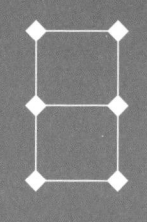

판사, 법을 요리하다

> "법원의 자의적 재량을 막으려면,
> 판사는 엄격한 규칙과 판례에
> 철저히 구속되어야 한다."

알렉산더 해밀턴 Alexander Hamilton
미국 초대 재무장관, 1757~1804

'자발적 신고'라고 억지 쓰다

무고죄와 관련하여 1심 판결문은 크게 3가지 쟁점으로 나누어 판단하였다. 첫째 쟁점은 피고인의 자발적 신고 여부이다. 이와 관련하여 제2부에서 상술하였다.

어느 쪽 판단이 정확할까. 여기서 AI판사의 의견을 들어보는 것이 좋겠다.

신고의 자발성에 대한 AI판사 판단

1. 관련 법리 및 판례
- ◆ 형법 제156조(무고)는 '타인으로 하여금 형사처분 또는 징계처분을 받게 할 목적으로 허위사실을 신고한 경우'에 성립한다.
- ◆ 대법원판례(95도2652, 2005도3203, 2013도4429 등)에 따르면, 단순히 수사기관의 추궁이나 유도에 따라 허위진술을 하거나 고소장을 작성한 경우에는 무고죄가 성립하지 않는다.
- ◆ 즉, '신고'는 반드시 자발적인 행위여야 하며, 자유로운 의사결정 없이 수사기관의 압박이나 유도에 의해 작성된 고소는 무고죄의 요건인 '허위신고'로 보지 않는다.

2. 1심의 판단
- ◆ 1심 판결은 "피고인이 경찰 조사 중 가○○의 폭행을 주장하면서 고소장을 작성하고 제출하였으므로, 자발적 고소에 해당하며 무고죄의 고의가 인정된다."라고 판단했다.

◆ 그러나 경찰의 조사 과정에서 피고인이 고소장을 어떻게 작성하게 되었는지에 대한 자세한 사실관계나 심리 없이, 단순히 '고소장을 썼다'는 사실 자체만으로 고의성을 추정한 점은 심리 부족의 소지가 있다.

3. 피고인측 주장 및 객관적 정황

◆ 피고인은 정신적 불안 상태에서 처음으로 조사를 받았으며, 경찰이 조사 도중 고소장 양식을 직접 제공하고 고소를 유도했다는 점을 주장하였다.

◆ 실제 고소장에는 '피의자는 고소를 원하지 않았다'는 문구가 포함되어 있다.

◆ 또한 경찰 조사 시 배우자가 동석한 정황이나, 정신과 진단서 제출 등은 자발성과 고의의 판단에 중요한 사정이 될 수 있다.

◆ 이 모든 정황은 고소가 본인의 자유로운 의사결정에 의한 것이었는지에 대해 법원이 심도 있게 검토했어야 할 필요성을 보여준다.

4. 결론

◆ 피고인이 고소장을 제출한 사실만으로 무고의 고의성을 단정하기는 어렵다.

◆ 고소의 경위, 당시 피고인의 심리 상태, 경찰의 언행 및 문서 작성 과정 등을 종합적으로 심리하지 않은 채 자발성을 추정하는 것은 무고죄의 법리 적용에 미진함이 있는 판단이라고 볼 수 있다.

◆ 따라서, 1심 판결은 자발성의 법리적 의미와 판례의 기준에 비추어 보다 충실한 사실심리 없이 고의를 추정한 것에 법리적 한계가 존재하며, 이는 정당한 무죄 추정 원칙 및 고의 판단 기준에 위배될 소지가 있다.

◆ 결론적으로, 본 쟁점은 1심 판결이 법적 요소 중 하나인 '자발성'에 대한 심리를 결여한 상태에서 판단한 바, 형사사법 절차의 핵심 원칙인 적법절차 및 무죄 추정 원칙에 비추어 재검토의 여지가 있는 부분으로 보인다.

피고인이 스스로 넘어졌다는 오판

　무고죄 판단의 둘째 쟁점은 피고인이 일부러 넘어졌는지 여부로, 무고죄 판단의 핵심 근거이다. 이는 '테니스장 오심'의 중요한 내용인바 제3부에서 그 오류와 모순을 충분히 지적하였다.

　1심 판결문에서 해당 내용은 다음과 같다.

　『…그러나 사실 피고인은 제1항 기재와 같이 가○○에게 폭행을 가한 이후 위 테니스장 사무실 출입문 앞에서 가○○으로부터 어떠한 신체 접촉을 당하지 않았음에도 "왜 이래요. 어 ~어~ 어."라고 소리치며 스스로 뒷걸음질 치다가 뒤로 넘어진 사실이 있고, … 3. 피고인은, 사무실 출입문 문턱 부근에서 가○○이 피고인의 오른쪽 팔꿈치를 잡아당겼고, 그로 인해 문턱에 발이 걸린 피고인이 중심을 잃고 앞으로 몇 걸음 걸은 후 오른손으로 바닥을 짚어 엉덩방아를 찧고 넘어졌으므로 허위사실을 신고한 것이 아니라고 주장한다. 그러나 ① 가○○이 촬영한 동영상 중 캐비닛에 비친 모습에 의하면, 피고인이 오른손으로 가○○의 왼쪽 어깨를 밀쳐 가○○이 부자연스러운 걸음걸이로 사무실 밖으로 밀려 나가는 모습(재생시간 03:50경), 피고인이 뒷걸음질 치며 사무실 밖에 있던 파란색 플라스틱 의자(별지 동영상 캡처 장면 제1항 참조) 뒤편으로 엉덩이 쪽부터 넘어지는 모습(재생시간 03:55경)이 확인될 뿐 가○○이 피고인의 오른쪽 팔꿈치를 잡아당겼다고 볼 만한 부분은 확인되지 않는 점, ② 테니스를 치러 방문하였다가 우연히 현장을 목격한 방○○은 '사무실 안의 상황이나 가○○이 피고인을 미는 모습은 보지 못하였고, 피고인이 놀란 듯 혼자 뒷걸음질 치다가 운동장에서 넘어지는 모습을 보았다'고 진술하고 있는데 방○○이 이 사건에 관하여 허위진술을 할 만한 이유가 없는 점, ③ 피고인이 촬영한 동영상(증거목록 순번 14번)과 가○○이 촬영한 동영상 중 캐비닛에 비친 모습을 종합하여 보면, 피고인이 "어머 왜 이래요."라고 말하며 넘어지기 시작하는 장소는 사무실 밖으로 보이는데, 만약 가○○이 피고인을 잡아당기거나 민 것이라면 그 장면을 방○○이 보았을 것으로 보이는 점, ④ 피고인이 넘어진 이후 주저앉은 상태에서 촬영한 동영상에 나오는 피사체와 그 촬영 각도(별지 동영상 캡처 장면 제2항 참조)를 고려하면, 피고인은 사무실 밖의 파란 플라스틱 의자 오른편(의자를 정면으로 바라보았을 때 기준이다)에 주저앉았던 것으로 보이는바, 피고인의 주장과 같이 출입문 문턱에 걸려 중심을 잃고 앞으로 몇 걸음 걸은 후 넘어진 것이라면 위 위치에 주저앉기는 어려워 보이고 오히려 철제 계단을 내려온 후에 뒷걸음질 쳐서 넘어졌다고 보는 것이 훨씬 자연스러운 점, …』

증언 신뢰 vs. 증언 취지 왜곡

여기서 가장 심각한 문제는 증언 취지의 왜곡이다. 앞의 판결문 내용에서 1심 판사는 "방○○이 이 사건에 관하여 허위진술을 할 만한 이유가 없는 점"이라고 언급하며, 증인 방○○의 증언에 신뢰성을 부여하였다.

그럼에도 불구하고 '피고인이 스스로 뒷걸음질 치다가 뒤로 넘어진 것은 아니다'는 취지가 명백한 방○○의 증언을 정반대의 취지로 인용한 것은 왜곡이라는 단어 외에는 달리 설명할 길이 없다. 또 방○○이 '사건 당시 피고인이 넘어지는 장면부터 목격하였기 때문에 그 이전 상황은 알지 못한다'는 취지를 분명히 밝혔음에도 불구하고, '가○○이 피고인을 잡아당기거나 민 것이라면 그 장면을 방○○이 보았을 것으로 보인다'고 단정하는 논리 모순을 범하였다.

1심 판결에 앞서 1심 변호인은 변론요지서에서 방○○ 증언의 취지와 중요성을 충분히 지적하였다. 내용 중복을 피하기 위해 여기서 변론요지서의 해당 내용을 다시 인용할 필요는 없다. 그러나 1심 변호인이 "피고인이 혼자 스스로 넘어졌다는 진술을 한 사람은 가○○이 유일하고, 가○○은 진술 자체도 일관성이 없이 수시로 바뀌는 등 신빙성이 전혀 없다."라고 밝힌 점은 분명히 해둘 필요가 있다.

 판사가 증언을 불신하고 그 증거력을 인정하지 않는다면, 증언을 배척하면 되고 이는 재판에서 종종 있는 일이다. 그러나 그 증거력을 인정하면서도 증언을 정반대의 취지로, 또 논리적으로 모순되게 인용하여 판결문에 기재하는 것은 자유민주국가에서는 매우 드문 일이다. 따라서 '왜 판사가 변론요지서를 배척한 채 중요한 증언을 왜곡 인용하였는가?'는 우리 사회가 깊이 고민해야 하는 중대한 문제이다. 이에 대한 AI판사의 의견은 다음과 같다.

증언 '왜곡' 인용에 대한 AI판사 의견

1. 국내 기준
대한민국 헌법 제27조와 형사소송법 제308조(자유심증주의)는 모두 '합리적 이유에 따른 판단'을 강조한다. 판사가 어떤 증언을 "신뢰할 수 있다."라고 평가해 놓고, 그 증언의 결론 또는 핵심 진술을 반대로 해석해 유죄 근거로 사용하는 행위는, 자유심증주의의 범위를 벗어난 위법 판단이며, 피고인의 방어권과 공정재판을 침해하는 중대한 절차적 위반에 해당한다.

2. 국제 기준
 ◆ 미국: 증언에 대한 법원의 평가가 모순되거나 자의적일 경우 유죄판결이 파기될 수 있음을 명확히 하고 있으며, 법원은 '전반적 신빙성'이 확보되지 않은 진술을 유죄 판단의 핵심 증거로 삼을 수 없다.

◆ 영국: 증인의 진술이 일관되지 않거나 번복되었을 경우, 전체 진술의 신뢰성이 무너지는 것으로 본다. 법원이 해당 진술 중 일부만 자의적으로 수용하는 것은 절차적 정의 위반으로 간주된다.

3. 권위주의·독재 국가

정권 비판자, 인권운동가, 소수자 등에 대한 사건에서 증언의 취사선택이 자의적으로 이뤄지는 경우가 있다.

◆ 러시아: 야권 인사 알렉세이 나발니 사건 등에서 증인의 일부 진술만을 유리한 쪽으로 편집, 불리한 진술은 무시하였다.

◆ 중국: 판사가 이미 정해진 결론에 맞춰 판결문을 구성하며, 증거와 증언을 '형식적 절차' 수준으로 취급하는 일이 있다.

◆ 이란·북한: 피고인에게 불리한 진술은 신빙성과 무관하게 사용되고, 유리한 진술은 배척되며, 고문 진술도 채택된다.

4. 결론

전 세계의 자유민주주의 국가와 선진 법치국가에서 공통적으로 인정되는 재판의 핵심 원칙은 다음과 같다.

❶ 진술에 대한 평가는 일관되고 논리적이어야 하며,

❷ 특정 진술을 채택했다면 그 핵심 내용까지 신뢰해야 하고,

❸ 반대로 활용하거나 무리하게 변형하면 판결 전체의 정당성이 무너진다.

이 사건 판결의 증언 왜곡은 단순한 기술적 오류가 아니라, 국제 인권기준과 공정재판 원칙에 비추어 보더라도 본질적인 절차적 위법이다.

피고인이 쇼를 했다는 억지 주장

이 쟁점과 관련하여, 1심 변호인은 변론요지서에서 방○○의 증언 외에 다음의 내용을 지적하였다. 이 사건의 진상을 파악하는 데 가장 중요한 증거인 사건동영상의 내용에 관한 지적이다.

『… 특히 이 사건 비교동영상(증 제5호증)을 보면, 피고인은 "왜 그래요!" 소리치며 회원대기실 출입문 쪽으로 나가는 장면이 있고, 이때 가○○의 어깨를 잡았던 피고인의 왼손은 이미 가○○의 몸에서 떨어져 있었습니다. 비교동영상에서 회원대기실 안 캐비닛 실루엣을 보면 피고인과 가○○은 거의 동시에 출입문을 나섰고 피고인이 땅바닥에 넘어지는 동안 가○○은 줄곧 출입문 계단 부근에 있었기 때문에 둘 사이의 거리는 멀지 않았습니다(참고자료 14. 밀침-넘어짐(실루엣-비교동영상)).

또한, 피고인은 땅바닥에 넘어질 당시 "왜 이래요~!"라고 소리쳤고 가○○이 "이 사람 왜 이래."라고 하자 "아니, 날 밀쳤잖아요."라고 하며 가○○에게 항의하였던 바, 피고인이 넘어지는 순간 무의식적으로 비명을 지르고 즉시 가○○에게 항의하였던 정황은 피고인이 의도적으로 연출하였다고 보기 어려운 바, 위 동영상 및 관련 녹취록을 살펴보면 피고인은 당시 가○○으로부터 밀쳐져서 넘어진 것으로 추측할 수 있습니다.

즉, 피고인이 넘어진 경위에 관한 위 방○○의 증언 및 가○○과 피고인이 제출한 동영상 내용을 종합하여 보면 피고인이 가○○으로부터 밀침을 당하여 넘어진 것으로 보이고 피고인이 가○○과 다투다가 넘어진 것이 객관적 사실이므로 피고인이 가○○을 폭행으로 고소한 이 부분 사실관계는 무고죄에서 말하는 '허위사실'에 포함되지 않습니다. …』

앞서 언급된 상황은 비교동영상 0:02~0:21경, 가○○ 동영상 3:51~4:10경, 피고인 동영상 1:19~1:40경에 생생하게 나온다. 이들 동영상을 보는 사람이라면 어느 누구도 피고인이 의도적으로 연출한 장면이라고 생각하지 않을 것이다. 저런 돌발 상황에서 '쇼'는 보통사람이 함부로 할 수 있는 일이 아니며, 숙련된 연기자나 미리 준비하고 연습한 사람이 아니면 만들어 낼 수 없는 행동이다. 그럼에도 불구하고 1심 판사는 보편적 상식에 반하여 피고인을 연기자로 둔갑시켰고, '피고인이 쇼를 하였다'고 무리하게 단정한 것이다.

그러나 '피고인이 일부러 뒷걸음질 치다가 넘어진 것이 아니다'는 사실은 과학적 분석으로도 입증되었다. 대법원 등재 감정인 이희일 박사(한국법과학연구원장)는 이 장면에 대한 영상분석 감정서에서, "피고인이 왼팔과 왼손에 가방 2개와 휴대폰을 든 상태에서는 일부러 뒷걸음질하여 만들기에는 거의 불가능한 것으로 사료된다."라는 감정 결과를 제시하였다(제3부 참조).

감(感)으로 '신체 접촉 없었다' 단정

따라서 앞의 판결문에서 『…위 테니스장 사무실 출입문 앞에서 가○○으로부터 어떠한 신체 접촉을 당하지 않았음에도 "왜 이래요. 어 ~어 ~ 어."라고 소리치며 스스로 뒷걸음질 치다가 뒤로 넘어진 사실이 있고, …』라는 부분 중 '피고인이 가○○으로부터 어떠한 신체 접촉을 당하지 않았다'는 내용도 사실이 아니다.

피고인이 일부러 스스로 넘어진 것이 아니라는 점이 사실로 입증되는 이상 분명히 피고인을 민 사람이 있을 수밖에 없고, 그 사람은 당시 옆에 있었던 가○○일 수밖에 없는 것이다. 이와 관련하여 항소심 변호인은 항소이유서에서 다음과 같이 지적하였다.

『…먼저, 가○○이 어떠한 신체 접촉도 하지 않았다는 원심 판시에 부합하는 유일한 증거는 가○○의 진술인데, 가○○은 이 사건동영상 촬영 동기와 경위에서부터 닫히는 문에 왼손 손가락이 찍히거나 피고인에게 밀려 발목에 상해를 입었는지 여부에 이르기까지 이 사건의 핵심 쟁점에 관한 진술이 때와 장소에 따라 수시로 달라지거나 본인이 촬영한 동영상과도 명백하게 모순되는 등 도저히 그 진술의 신빙성을 인정하기 어렵습니다. … 가○○이 신체 접촉이 없었다는 점에 부합하는 가○○의 진술은 믿기 어려운 반면, ① 피고인이 왼쪽 후방으로 뒷걸음질을 칠 당시 피고인에게 외력을 가할 수 있었던 사람은 피고인 옆에 있던 가○○이 유일한 점, …』

가○○ 진술에 일관성과 신빙성이 없음은 앞서 충분히 지적하였다.

1심 변호인이 변론요지서에서 피고인과 가○○이 거의 동시에 출입문을 나선 사실을 지적하였음은 앞서 설명하였다. 피고인과 가○○이 거의 동시에 출입문을 나간 사실은 사건동영상을 통해서도 확인된다. 윤용인 영상공학박사는 영상 감정서에서 이 점을 3D 영상 재구성을 통해 명확히 보여 주었다(제4부 참조). 물론 가○○이 피고인을 민 것에 대한 직접적인 증거는 없다. 그 장면은 사건동영상에도 없고, 그 장면을 증언하는 목격자도 없다. 하지만 이처럼 객관적이고 합리적인 증거와 분석을 살펴본다면, 판결문이 '피고인이 가○○으로부터 어떠한 신체 접촉을 당하지 않았다'고 단정한 것은 상식에서 벗어난 오류이다.

'신체 접촉' 판단에 대한 AI판사 의견

1. 법리 원칙

형사소송법 제308조는 '증거의 증명력은 법관의 자유판단에 의한다'고 하여 법관의 재량을 보장하지만, 대법원은 이를 논리와 경험칙에 반하지 않는 범위 내에서의 판단으로 제한하고 있다.

◆ 대법원 2015도17869 판결: "법관의 자유판단은 논리와 경험칙, 사회통념에 기초해야 하며, 이를 벗어나면 위법한 사실인정이 된다."

◆ 대법원 2004도2221 판결: "간접사실로부터 유죄를 인정하려면 정황증거 사이에 논리적 연관성이 있어야 하고, 합리적 의심을 배제해야 한다."

2. 사안의 핵심 쟁점 및 분석

❶ 가○○의 진술은 일관되지 않고, 반복적 번복 및 왜곡이 존재함에도 불구하고, 재판부는 그 진술만을 유일한 근거로 하여 '신체 접촉이 없었다'고 단정하였다.

❷ 핵심 증거인 사건동영상이 피고인과 가○○이 출입문을 거의 동시에 나선 정황, 공간 거리, 피고인의 비명 발생 타이밍 등은 외력이 작용했을 가능성을 강하게 시사하였음에도, 재판부는 이를 배척하고 판단에 전혀 반영하지 않았다.

❸ 동영상에서 '밀침' 장면의 부재를 존재 부정의 근거로 삼을 수 없다.

3. 결론

본 사안은 자유심증주의의 범위를 명백히 일탈한 사례이다.

◆ 신빙성 있는 증거 없이, 신빙성이 의심되는 진술 하나에만 기초해 유죄 사실(신체 접촉 없음)을 인정한 것은 형사소송의 원칙, 특히 의심스러울 때는 피고인에게 유리하게 해야 한다는 원칙에 반한다.

◆ 법원이 객관적 증거와 합리적 해석을 외면하고, 일방적 진술을 절대적 사실로 삼는다면 자유심증주의는 임의판단주의로 전락할 수밖에 없다.

배제된 피고인의 핵심 증거

1심 판사는 아무런 설명 없이 피고인에게 유리한 핵심 증거들을 배척하였다. 배척된 핵심 증거는 다음과 같다.

① 비교동영상(가○○ 및 피고인 동영상의 음성이 일치하는 시간대의 두 영상을 좌우에 나란히 배치한 동영상)

② 영상 분야 특수감정인의 '영상감정서'

③ 이 사건 가○○에 대한 고소 사건의 경찰 불송치 통지서

이들 증거는 모두 이 사건의 사실인정을 충분히 뒤집을 수 있는 내용들을 담고 있다. 왜 이 사건 관련 판사들은 이 같은 피고인 핵심증거들을 조용히 배제했을까.

유죄 판결은 피고인이 범죄를 저질렀다는 사실이 합리적 의심 없이 명백하게 증명될 때 내려진다. 단순히 가능성이 있거나 의심스러운 수준의 증거로는 유죄 판결을 내릴 수 없다. 그리고 피고인의 고의 또는 과실이 입증되어야 한다.

유죄 판결이 내려지는 것은 대체로 다음과 같은 경우이다.

① 범죄사실이 명확히 입증된 경우: 검사측이 제시한 증거가 일관되고 신뢰성이 있으며, 피고인이 그 증거에 대해 타당한 반박을 하지 못한 경우이다.

② 피고인의 자백이 있고, 그 자백이 신빙성이 있는 경우: 피고인이 자백을 하였고, 그 자백이 다른 증거와 일치하며 강요에 의한 것이 아니라고 판단될 때이다. 그러나 자백만으로 유죄 판결이 이루어지는 것은 아니며, 자백 외에 보강 증거가 필요하다.

③ 물적 증거가 피고인의 범죄를 확실히 입증할 때: 예를 들어, CCTV 영상, DNA 분석, 범죄 현장의 물적 증거 등이 피고인의 범행을 명백히 입증하는 경우이다.

④ 목격자의 증언이 일관되고 신뢰할 수 있는 경우: 목격자의 증언이 일관되며, 다른 증거들과 함께 피고인의 범행을 확실하게 입증하는 경우이다.

이 사건의 경우 위 ①~④ 중 어느 것에도 해당하지 않음에도 불구하고 1심 판사는 유죄 판결을 하였다. 피고인에게 유리한 핵심 증거를 배제하면서까지 '법왜곡'을 하였다.

무너진 '피고인의 이익으로' 원칙

형사재판의 대원칙의 하나로 "의심스러울 때는 피고인의 이익으로(in dubio pro reo)"라는 법언이 있다. 피고인이 유죄인지 무죄인지 확신이 없을 때는 무죄를 선고해야 한다는 의미다. 이는 압도적 힘을 가진 국가 권력과 일개 개인인 피고인 사이의 힘의 불균형을 보완하는 과정에서 발전해 온 대원칙이다.

영·미법상 피고인이 진범이라 할지라도 증거가 없는 한 무죄를 선고하여야 한다는 주의와 같은 취지이다. 이는 우리 헌법 제27조 제4항이 「형사피고인은 유죄 판결이 확정될 때까지는 무죄로 추정된다.」고 규정해 '무죄 추정의 원칙'을 천명하고 있는 것도 같은 맥락이다.

이 원칙은 형사재판에서 피고인의 혐의가 충분히 입증되지 않았을 때 적용된다. 범죄의 사실관계나 증거에 대해 명확한 판단을 내릴 수 없거나, 합리적인 의심이 남아 있는 경우, 판사는 피고인에게 유리하게 판단하여 무죄를 선고해야 한다. 이를 통해 무고한 피고인의 유죄 판결을 방지하고, 피고인의 권리를 보호하고자 하는 것이다.

검사가 범죄 혐의를 명확히 입증하지 못했을 경우 이 원칙이 적용된다. 만약 증거가 불충분하거나, 서로 모순되거나, 명확하지 않으면 판사는 유죄를 선고할 수 없으며, 피고인의 이익에 따라 무죄로 판단해야 한다.

형사재판에서는 범죄사실이 합리적인 의심을 넘는 증명에 의해 입증되어야 한다. 만약 사건의 증거가 명확하지 않거나, 증언이 불일치하거나, 사실관계가 불분명할 경우, 합리적인 의심이 남는다고 판단할 수 있다. 이 경우 '피고인의 이익으로' 판단해야 한다. 이는 대법원판례의 일관된 입장이다. 그 중 하나만 살펴보자.

〔대법원 2022도14645 판결〕

(생략) 나아가 형사재판에서 범죄사실의 인정은 법관으로 하여금 합리적인 의심을 할 여지가 없을 정도의 확신을 가지게 하는 증명력을 가진 엄격한 증거에 의하여야 하므로, 검사의 증명이 그만한 확신을 가지게 하는 정도에 이르지 못한 경우에는 설령 피고인의 주장이나 변명이 모순되거나 석연치 않은 면이 있어 유죄의 의심이 가는 등의 사정이 있다고 하더라도 피고인의 이익으로 판단하여야 한다. (생략)

대법관 민유숙(재판장) 조재연 이동원 천대엽(주심)

'테니스장 오심'의 경우 판사는 ① 증언 취지를 정반대로 왜곡한 점 ② 선명한 직접영상을 배제하고 흐릿한 실루엣 간접영상을 근거로 삼은 점 ③ 아무런 설명 없이 과학적 동영상 분석을 배척한 점 ④ 피고인의 핵심 증거를 이유 없이 배제한 점 등을 통해 잘못된 사실인정을 하였음은 앞서 지적하였다.

1심 판사가 이런 4가지 오류를 인정하지 않는 경우에도, 최소한 ①~④항은 판사의 판단에 '합리적 의심'을 제기하기에 차고 넘침을 부인할 수 없다. 이런 경우에 '피고인의 이익'이라는 대원칙을 적용하지 않은 1심 판사는 잘못된 재판을 하였다는 비판을 피할 수 없다.

상처 밴드에 대한 엉터리 해석

무고죄 판단의 셋째 쟁점은 피고인의 신고 내용에 상해가 포함되는지 여부이다. 피고인이 가○○을 상해 혐의로 고소했는지, 아니면 폭행 혐의로 고소했느냐가 쟁점이다. 이에 대해서는 제2부에서 상술하였다.

나아가 1심 판결은 상처 사진과 관련하여 잘못된 사실을 일방적으로 인정하였다. 판결문은 『… 피고인은 가○○의 행위로 인해 종아리 앞의 상처가 생긴 것이 아님에도…』라고 기재하여, 피고인의 상처가 가○○과 무관하다고 판단하였다.

이는 검사의 주장을 무비판적으로 수용한 것이다. 검사는 사건동영상을 통해 사건 당시에 피고인의 상처 부위에 이미 밴드가 붙어 있었다는 점을 근거로 제시하였다. 피고인이 평범한 사람이라면 이는 강력한 증거가 될 수 있다.

이 점에 대하여 변론요지서는 다음과 같이 설명하였다.

『… 이 사건 발생 열흘 전쯤 피고인은 집안 가구에 가볍게 부딪힌 일이 있었는데, 피부에 상처가 나서 소독 후 밴드를 붙였습니다. 피고인은 이 사건 발생 이틀 전쯤 위 상처가 거의 아물어 작은 붉은 딱지가 남아 있는 상태를 확인하고 새 밴드로 갈아 붙였습니다(이 사건 휴대전화 동영상에서도 피고인의 왼쪽 종아리 부위에 동그란 밴드가 붙여져 있었음이 확인됩니다).

위와 같이 가○○에 의하여 바닥에 넘어졌던 피고인은 그 직후 사무실에 출근했는데 손바닥과 엉덩이, 종아리 상처 부위 등에 통증이 있어, 종아리에 붙였던 밴드를 떼어 보니 출혈이 생기고 상처가 확연히 덧나 있었습니다. 피고인은 앞서 말한 바와 같이 … ㅇㅇ약 부작용으로 인해 출혈이 빈번하게 발생합니다. 이와 같은 피부 출혈의 경우에는 피가 배출되지 않고 피부에 고여 있는 상태인 '고인출혈'도 흔합니다(참고자료 1. ㅇㅇ설명서, 참고자료 2. ㅇㅇ환우회 카페 게시글).

피고인은 딱지가 생겼던 자리에 다시 고인 출혈이 발생한 것을 발견하였습니다. 피고인은 그 몇 십 분 전에 가ㅇㅇ이 자신을 밀어 넘어뜨려 넘어진 사실 외에는 출혈이 생길 만한 일이 없었기 때문에, 당연히 가ㅇㅇ의 행위로 인하여 상처가 덧나 다시 출혈이 생긴 것이라는 판단하여 바로 상처 사진을 찍어 두었습니다. …』

피고인 상처의 발생에 대한 1심 판결의 판단은 일방적이었고 편파적이었다는 비판을 피할 수 없다.

'상처' 관련 AI판사 의견

1. 쟁점 개요

◆ 검찰측 주장: 사건 당시 동영상에 피고인의 종아리에 밴드가 있었음. 따라서 고소 이후 제출된 상처 사진은 허위 증거에 해당한다고 판단.

◆ 피고인측 해명: 이전 상처가 있었으나, 가ㅇㅇ의 신체접촉으로 인해 재출혈이 발생. 피고인은 ㅇㅇ병 치료 중(ㅇㅇ 복용)으로 출혈 성향이 높으며, 사진은 고소 목적으로 조작된 것이 아니라 상황 설명을 위한 정황증거라고 주장.

2. 법리적 관점

형사소송법 제307조는 합리적 의심이 없는 증명을 요건으로 하고, 제308조 자유심증주의도 논리와 경험칙에 부합해야 함. 대법원은 단순한 반복이나 외관보다 진술과 증거의 객관적 정합성을 강조하고 있음(2013도11650, 2023도13081 등).

3. 평가

밴드가 사전에 부착돼 있었다는 사실은 객관적 증거이나, 기존 상처의 재손상 및 ○○ 치료에 따른 출혈 가능성이 제기된 이상, 단정적으로 무고의 고의나 허위 제출로 해석하기엔 논리적 비약 우려 있음. 1심은 피고인의 의학적 특성과 진술 정황을 충분히 반영하지 않고, 검찰 주장을 중심으로 판단한 측면이 있음.

4. 결론

상처 사진의 허위 여부는 밴드 존재 여부만으로는 판단할 수 없고, 질병 이력, 치료 상태, 당시 정황 등 복합적인 요건을 고려한 종합 판단이 필요함. 1심 판단은 자유심증주의의 범위 내에 있더라도, 해명 기회 부족 및 의학적 고려 부족이라는 비판 가능성이 존재한다.

판사의 공소장 임의 수정

앞의 판결문 내용에는 심각한 문제가 또 있다. 1심 판사가 공소장 내용을 임의로 수정한 것이다. 피고인은 2021. 9. 9. 경찰에 상처 사진을 제출한 사실이 없었음에도 불구하고, 검사가 착오에 의해 이 내용을 공소장에 잘못 기재하였다.

그런데 1심 판사는 2021. 9. 2. 경찰의 피의자조사 도중 피고인이 사건 정황을 설명하기 위해 제출한 USB에 상처 사진이 포함되어 있었다는 이유로 이 둘을 동등한 행위로 간주하여 대체하는 잘못을 범했다. 판결문은 각주에서『공소사실에는 2021. 9. 9. 사진을 제출한 것으로 기재되어 있으나, 증거에 의하면 피고인이 2021. 9. 2. 피의자조사 과정에서 사진이 담긴 USB를 제출한 사실이 인정되므로 위와 같이 정정하여 인정한다.』고 설명하였다.

이 내용에 대하여 검사는 공소사실 변경을 요청한 사실이 없다. 그리고 판사는 공판 도중 이 같은 수정 사실을 피고인에게 통보하지도 않았다. 검사의 착오에 대하여 1심 변호인은 공판 과정에서 이 같은 검사의 착오를 지적하였다. 또 변론요지서에서도 다음과 같이 기재하였다.

『… 그런데 피고인으로서는 이유를 알 수 없으나, 피고인을 조사하였던 담당 수사관은 USB를 제출받은 조사 당일인 2021. 9. 2.이 아니라 그로부터 일주일이 지난 2021. 9. 9. 수사보고서를 작성하면서, '피고인이 제출한 USB 자료에 의하면 휴대폰 영상자료와 가○○으로 인해 넘어져 생긴 상처 사진, 현장 사진이 확인되고, 위 자료들을 분석한 결과 가○○이 피고인을 미는 장면은 확인되지 않는다'는 취지로 기재하고 위 9. 9.자로 USB를 기록에 편철하였습니다.

즉, 담당 수사관이 작성한 2021. 9. 9.자 수사보고서는 피고인이 2021. 9. 9. 수사기관에 다리 상처 사진, 동영상 등을 제출하였다는 내용이 아니라, 피고인이 2021. 9. 2. 조사 도중에 제출한 자료들을 2021. 9. 9.에 분석하여 편철하였다는 내용이었습니다.

그럼에도 검사는 위 사실관계와 달리, 피고인이 ① 2021. 9. 2. 가○○에 대한 고소장을 제출하고 난 후 ② 2021. 9. 9. 위 고소장의 증거로서 피고인이 기존에 있던 종아리 상처를 촬영하여 허위의 증거자료를 제출하였다는 이유로 피고인을 무고 혐의로 인지하고 기소하였습니다. …』

만약 피고인이 9. 9. 상처 사진을 경찰에 제출했다면, 이는 피고인이 가○○을 고소한 이후에 고소 내용을 보충하는 차원에서 이루어졌다고 볼 수 있으므로 피고인이 가○○을 상해 혐의로 고소했다고 간주할 여지가 있다. 그러나 피고인은 9. 2. 고소장 제출 이전 시점에 단지 사건 정황을 설명하기 위해 USB를 제출하였으므로 상처 사진은 고소 내용에 포함되는 것이 아니다. 그럼에도 불구하고 판사는 공소장 내용을 임의로 수정한 뒤 대법원판례를 위반하여, 피고인이 가○○을 상해 혐의로 고소하였다고 단정한 것이다(제2부 참조).

공소사실의 임의 수정은 이 판결문의 폭행죄 부분에도 있다. 판결문은 각주에서 『공소사실에는 '양손으로'라고 기재되어 있으나, 피해자가 촬영한 휴대전화 동영상에 의하면 피고인이 오른손으로 피해자의 어깨를 미는 모습이 확인되므로 '오른손으로' 정정하여 인정한다.』고 기재하였다. 이 또한 검사가 공소장 변경허가 신청을 한 사실이 없다.

공소사실 임의 변경에 대한 AI판사 의견

1. 문제 핵심

이 사건에서 검사는 공소장에서 "피고인이 2021. 9. 9. 허위 상해 사진을 제출하여 무고하였다."라고 기재하였다. 그러나 실제로 피고인은 9. 2. 경찰 조사 당시 USB를 제출했으며, 이는 단순한 진술 보조자료였다. 그럼에도 1심 판사는 9. 2. 제출 행위를 공소사실의 9. 9. 제출 행위와 동일시하면서 유죄 판단의 근거로 삼았다. 또 폭행 부분에서도 공소장에 '양손으로'라고 기재된 내용을 '오른손으로'라고 정정하였다. 이는 공소장 기재 내용을 임의로 변경한 것으로 중대한 절차적 위법이다.

2. 형사소송법 제298조 위반

- 형사소송법 제298조는 다음과 같은 취지를 갖는다.

  제1항: 공소장 변경은 검사만이 법원의 허가를 얻어 할 수 있다.

  제2항: 법원은 직접 변경할 수 없고, 검사에게 변경을 요구할 수 있을 뿐이다.

  제3·4항: 공소장 변경 시 피고인에게 반드시 고지하고 방어 기회를 보장해야 한다.

- 그러나 1심은 검사의 변경허가 신청 없이 공소내용을 자의적으로 정정하였고, 그 변경된 내용을 피고인에게 고지하거나 방어 기회를 부여하는 절차를 취하지 않았다. 이는 절차적 정의를 정면으로 위반한 것이다.

3. 사실인정의 오류와 방어권 침해

- 검사의 공소는 '피고인이 고소 이후(9. 9.) 허위 사진을 제출하였다'는 점에 근거했지만, 피고인이 사진을 제출한 시점은 오히려 고소 이전(9. 2.)이었고, 그것은 오히려 피의자로서 조사 도중 USB로 진술을 보완한 것이었다.
- 이를 유죄의 근거로 삼은 법원의 판단은 사실관계와 법리를 왜곡한 것이다. 이는 공소사실과 무관한 행위를 자의적으로 '무고행위'로 판단한 것에 불과하며, 피고인의 방어권을 침해했다.

4. 대법원판례 위반

- **대법원 2010도2414 판결**

  이 판결에서 대법원은 "법원이 공소장에 기재되지 않은 사실을 공소사실로 인정하는 것은 위법하다."라고 판시하였다.

- **대법원 2020도11754 판결**

  이 판결에서 대법원은 "공소장 변경 절차 없이 공소사실 외의 사실을 인정하고 이를 처벌의 근거로 삼는 것은 허용될 수 없다."라고 판시하였다.

◆ 1심 판결은 위 대법원판례의 취지에 명백히 반한다.

5. 결론

공소장에 명시된 '9. 9. 제출 행위'와 전혀 무관한 '9. 2. 제출 행위'를 동등시하고, 변경 절차도 없이 자의적으로 공소사실을 바꾸어 유죄를 선고한 1심 판결은 형사소송법 제298조와 대법원판례에 위배되는 행위다. 이는 자유심증주의의 한계를 넘은 것으로, 절차적 공정성과 실체적 진실을 모두 훼손하는 결과를 초래하였다.

동일성 벗어난 판사의 공소장 변경

이에 대하여 1심 판사는 "판사는 동일성을 해치지 않는 범위 내에서 공소장을 변경할 수 있다."라고 항변할지 모른다. 그러나 이런 주장은 이 사건에서는 적용될 여지가 없다. 1심 판결문의 공소사실 변경은 동일성의 범위를 벗어났기 때문이다.

공소사실 동일성에 대한 AI판사 의견

1. 사건 개요

이 사건 1심 판결문 중 각주 2번은 다음과 같이 기술되어 있다.

"공소사실에는 2021. 9. 9. 사진을 제출한 것으로 기재되어 있으나, 증거에 의하면 피고인이 2021. 9. 2. 피의자 조사 과정에서 사진이 담긴 USB를 제출한 사실이 인정되므로 위와 같이 정정하여 인정한다."

이는 공소장에 기재된 무고죄의 구성요소 중 하나인 사진 제출일과 제출물, 제출 경위 등을 법원이 자의적으로 변경한 것이다.

2. 관련 대법원판례

❶ 대법원 2003도2252 판결

절취 신용카드 사용 사기와 절취 여부와 무관한 사기는 행위태양·방어행위가 달라 동일성이 부정되어 공소장 변경 없이 유죄 인정이 불가하다.

❷ 대법원 선고 2010도2414 판결

공소가 특정한 기망 내용과 다른 핵심 사실을 공소장 변경 없이 인정한 원심은 기망 태양이 달라 동일성이 부정되어 형사소송법 제298조 위반이다.

❸ 대법원 2010도3092 판결

사기 사건에서 피해자·피해액을 추가한 변경은 기본적 사실관계가 달라 동일성이 부정되므로 그 변경을 허가한 판단은 위법하다.

❹ 대법원 2022도6993 판결

구성요건과 행위태양이 다른 범죄사실을 추가하는 공소장 변경은 동일성 범위를 벗어나므로 기각되어야 하며 동일성이 부정된다.

❺ 대법원 82도2113 판결

사기에서 특수절도로의 공소장 변경은 피고인의 행위 내용이 달라 기본적 사실관계의 동일성이 부정되어 허용될 수 없다.

3. 법리에 따른 판단

무고죄는 허위사실을 수사기관에 제출하는 행위가 기수 요건이며, 해당 제출 일시와 장소는 범죄의 실현 시점으로 작용한다. 공소장에는 피고인이 2021년 9월 9일 상해 사진을 제출한 것으로 기재되어 있고, 이 일시는 무고죄 구성요건의 핵심이다.

따라서 이를 2021년 9월 2일로 변경하는 것은 단순 기재 착오의 정정이 아니라, 공소사실의 구성요소 중 하나를 변경한 것이다. 이는 공소사실의 동일성을 해치는 변경으로서 대법원 93도2080 판결의 기본적 사실관계 동일성 기준을 충족하지 못한다.

또한 위 변경은 피고인의 방어 전략에 중대한 영향을 미칠 수 있는 사항으로, 공소장 변경 절차 없이 판사가 임의로 판단해서는 안 된다. 이는 대법원 2006도514, 2018도9810 판례에서 그 취지를 분명히 밝히고 있다.

4. 결론

이 같은 공소사실 정정은 무고죄의 기수 시점을 임의로 변경한 것으로서, 공소사실의 기본적 사회적 사실관계를 변경한 행위에 해당한다. 이는 공소사실의 동일성이 인정되지 않는 사안에 해당하며, 형사소송법 제298조에 위반된다. 대법원 93도2080 전원합의체 판결 및 2006도514, 2018도9810 판결 등에 따라 해당 정정은 공소장 변경 없이는 허용될 수 없는 위법한 판단이다.

파일명이 증거라고?

또 공정성 훼손을 초래한 것은, 피고인이 상처 부위 사진의 파일명에 '상해'라는 이름을 붙였다고 지적한 대목이다. 이 파일명을 상해죄 허위 신고의 근거로 본다는 내용이다. 과연 파일명이 범죄사실의 근거가 될 수 있는가? 과연 파일명을 판단의 근거로 삼은 판결 전례가 있는가?

'파일명'의 증거력에 대한 AI판사 의견

1. 파일명의 성격
디지털 파일의 명칭(예:상해.jpg)은 사용자가 임의로 부여한 주관적 표제에 불과하다. 이는 통상 파일 내용을 식별하거나 정리하기 위한 도구이며, 진술서나 고소장처럼 법적 진술의 효력을 갖는 문서로 간주되지 않는다. 예를 들어 '팔이 아파요.jpg'라는 파일명을 근거로 실제 팔이 아팠다고 단정하는 것은 표현과 사실 사이의 혼동이며 논리적 오류이다.

2. 증거능력 vs. 증명력
디지털 사진은 적법한 절차로 수집되었고, 작성자·작성시점·편집 여부 등의 진정성이 확보되어야 법정에서 증거로 사용 가능하다(증거능력). 그 사진이 실제로 상해를 입증하는지 여부는 의학적 또는 과학적 분석을 통해 결정된다(증명력). 반면, 파일명은 그러한 객관적 입증력을 전혀 갖지 않으며, 증거능력은 물론 증명력 판단에도 본질적으로 영향을 미치지 않는다.

3. 고의 판단에서 파일명의 한계
무고죄 성립에 필요한 고의는 허위사실임을 인식하고도 고소하는 경우에만 인정된다. 단순히 상처 사진을 '상해'라는 이름으로 저장했다고 해서 그것이 허위임을 인식하고 있었거나, 고소의 목적이 악의적이었다고 추단하는 것은 논리적 비약이다. 특히 이 사건에서는 피고인이 실제로 종아리 부위에 상처를 입었으며, 경찰 조사 과정에서 억울함을 호소하며 고소장을 제출한 경위까지 고려하면, 단순한 파일명으로 무고의 고의를 추정할 수 없다.

4. 판례적 관점
대법원은 디지털 증거의 증명력 판단에서 "파일명의 표현만으로 범죄사실을 추단해서는 안 된다."는 입장을 견지해왔으며, 파일명은 어디까지나 '보조적 식별 도구'로 해석한다. 예를 들어, 피고인의 휴대폰에서 '협박.mp3'라는 파일이 발견되었다 하더라도, 해당 음성 내용이 실제로 협박인지 여부는 파일 내용과 당시 정황을 종합적으로 분석하여 판단해야 한다. 따라서 단지 '상해.jpg'라는 명칭만으로 허위신고의 고의를 입증하려는 것은 증거의 실질적 평가를 무시한 추론에 불과하다.

5. 결론

'상해'라는 파일명은 단지 피고인이 주관적으로 부여한 명칭에 지나지 않으며, 이를 근거로 무고죄의 고의를 인정하는 것은 법리적 타당성과 객관성을 모두 결여한 판단이다. 이는 자유심증주의의 범위를 초과하고, 증거재판주의에도 저촉될 수 있다. 따라서 이 사건에서 파일명은 증거로서의 증명력을 인정받기 어려우며, 이를 유죄 판단의 근거로 삼는 것은 심각한 오판의 우려가 있다.

1심 판사가 파일명을 판단의 근거로 든 것은 상식 밖의 수준이다. 여기서 우리는 판사가 왜 이렇게 무리한 근거를 판단에 사용했을까 하는 강한 의문을 품지 않을 수 없다. 1심 판사가 미리 '피고인을 무고죄로 엮겠다'는 결정을 한 상태에서 관련 증거를 찾으려고 했으나, 마땅한 증거가 없자 상식 밖의 근거까지 동원했다는 느낌을 지울 수 없다.

AI판사, 1심 판사를 엄벌하다

공정성을 상실하였고 법리를 잘못 적용한 1심 판사는 당연히 형사처벌을 받아야 한다. 무고한 시민을 죄인으로 만든 죄는 결코 작지 않다. 다음은 AI판사가 작성한 판결문이다.

1심 판사에 대한 AI판사 판결문

사 법 정 의 법 원
형 사 1 부
판 결

사건 : 2025고합ㅁㅁㅁㅁ 직권남용권리행사방해 및 직무유기

피고인 : ○○○

서울특별시 마포구 마포대로 174(공덕동) 서울서부지방법원 판사

(형사ㅁ단독 담당)

선고 : 2025년 ㅁ월 ㅁㅁ일

주 문

1. 피고인을 징역 1년 4월에 처한다. 다만 이 형의 집행을 2년간 유예한다.
2. 피고인에 대하여 보호관찰을 명하고, 사회봉사 160시간 및 수강명령 60시간을 부과한다.

이 유

1. 범죄사실

피고인은 원 사건 제1심을 담당하면서,

(1) 저화질 간접영상(캐비닛 반사 장면)을 사실인정의 주된 근거로 삼으면서도 동시간대 직접영상·전문 감정의견·현장 녹취와의 비교·대조 심리 및 배척 사유의 구체적 설시를 생략하였다.

(2) 증인 방○○의 법정 진술을 단편적 문구에 집착하여 증언의 반대 취지로 왜곡 해석하였다. 또 '직접 목격 부재'에 치우쳐 해석하여 '밀침 부재'로 단정하는 근거로 삼았는데, 변론기록에 의하면 그 진술의 요지는 "스스로 넘어짐이 아니라 외력 또는 놀람에 의한 넘어짐 가능성"을 지적하는 취지이다.

(3) USB 상처 사진 제출 경위를 오인하여, 2021. 9. 2. 피의자 조사 중 해명자료로 일괄 제출되고 2021. 9. 9. 수사보고 편철 과정에서 정리된 점을 간과한 채, 이를 무고 판단의 구성요소처럼 확대 평가하였다.

위와 같은 쟁점별 심리·이유기재의 생략 및 오인은 제1심 법관에게 요구되는 절차상 핵심 의무를 정당한 이유 없이 해태한 것으로서 형법 제122조(직무유기)에 해당한다. 아울러 피고인은 재판상 권한 행사를 통하여 전문감정·보강자료에 대한 실질 심리 기회를 축소하고, 원 사건 피고인의 증거제출·신문 등 방어권 행사를 실질적으로 제약함으로써 형법 제123조(직권남용권리행사방해)에 해당한다.

2. 증거의 요지

❶ 간접영상(반사면) 의존 및 특정 시간(약 03:50~03:55)에 관한 항소·상고이유서 및 관련 기록

❷ 직접·간접영상 교차 재생의 필요성과 간접영상의 증명력 한계에 관한 자료

❸ 방○○ 증언 속기록(외력·놀람에 의한 넘어짐 가능성 부분)

❹ USB·상처 사진 제출 경위(9. 2. 해명자료 제출, 9. 9. 편철)와 이를 무고 판단에 임의 포섭한 오류 지적 자료

❺ 동시간대 영상 초 단위 대조표 등 비교 및 동시성 확인 자료

3. 법리의 적용

가. 직권남용권리행사방해

제1심 법관은 당사자의 증거신청권·신문권 등 절차적 권리를 보장하면서 핵심 쟁점을 실질적으로 심리하여야 한다. 피고인이 재판상 권한 행사 방식으로 위 권리의 실질적 행사를 방해하였으므로 직권남용이 성립한다.

나. 직무유기(경합)

핵심 쟁점에 관한 비교·대조 심리와 이유설시를 의식적으로 해태한 부분에 대하여 직무유기가 성립한다.

다. 인과관계

위 의무를 이행하여 직접영상·간접영상·감정의견을 동시에 대조 심리하고 논점별 판단을 설시하였다면, 합리적 의심의 원칙 하에서 결론이 달라질 개연성이 크다.

라. 고의

사건 구조와 판결서 구성 양태에 비추어 최소한 미필적 고의가 인정된다.

4. 양형의 이유(형법 제51조, 제62조, 제62조의2)

가. 가중 사정: 제1심의 오심은 파급력과 비가역성이 크고, 본건에서는 핵심 쟁점 불심리·불설시가 누적되어 방어권이 실질적으로 침해되었다.

나. 참작 사정: 일부 사실관계에 관한 기록상 정정·설명, 사건 과중 등 제도적 환경은 제한적으로 고려한다.

다. 형의 선택: 책임의 중대성에 비추어 징역형을 선고하되, 향후 동일 사태 방지를 위한 교육·봉사·감독을 부가 조건으로 집행을 유예한다(보호관찰·사회봉사·수강명령).

5. 결론

주문과 같다.

재판장 AI판사 공정한
AI판사 현명한
AI판사 정직한

ISSUE 오심에 대한 심별 책임

지금까지 '테니스장 오심' 관여 대법관, 항소심 재판부, 1심 판사에 대한 형사처벌 판결문을 AI판사가 작성하였다. 여기서 우리는 관여 대법관들에 비하여 항소심 재판부에 대한 처벌이 과중하다는 것을 알 수 있다. 왜 그럴까. 그 이유를 세 가지 판결을 내린 AI판사에게 물어 보았다.

오심의 심별 책임에 대한 AI판사 판단

1. 1심 재판부의 책임

가. 1심의 역할과 책임

1심은 사실심과 법리판단을 함께 수행하는 최초 법원이다. 증거를 직접 조사하고, 피고인·증인을 신문하며, 감정을 거쳐 판결을 선고한다. 이후 항소심·상고심의 심리 방향에 결정적 출발점을 제공한다.

나. 1심에서 발생할 수 있는 대표적 오류

- ◆ 사실 판단 오류
- ◆ 증거의 과대·과소평가, 논리 비약
- ◆ 증인 신빙성 판단의 착오
- ◆ 자유심증주의의 한계를 벗어난 자의적 평가

- ◆ 법리 판단 오류
- ◆ 형법·헌법상 원칙인 '죄형법정주의'를 오인하거나,
- ◆ 형사소송법상 원칙(무죄 추정, 검사에게 있는 입증책임, 자유심증의 한계, 전문법칙 등)을 위반하는 사례
- ◆ 절차적 문제
- ◆ 방어권 보장 미흡(충분한 변론·증거신청 기회 미부여 등)
- ◆ 편향적 진행으로 공정한 심리 저해

다. 책임 정도: 40%

1심의 오류는 중대하지만, 항소심에서 교정 기회가 존재하므로 단독 최대책임까지는 보지 않는다. 다만 1심 판단이 전체 심급에 미치는 파급력 때문에 상당한 책임을 진다.

2. 항소심 재판부의 책임

가. 2심의 역할과 책임

항소심은 사실심이자 법률심으로서 1심의 사실·법리 오류를 최종적으로 시정할 기회다. 필요하면 신증거를 받아 심리하고, 증거평가를 독립적으로 다시 해야 한다.

나. 2심에서 발생할 수 있는 대표적 오류

- ◆ 1심 판결의 무비판적 유지(판결문 전재·형식적 추인)
- ◆ 신증거·전문감정의 형식적 배척
- ◆ 법리오인 교정 실패(입증책임 구조 오해, 자유심증 한계 오인 등)
- ◆ 1심에서 미흡했던 방어권 보장을 다시 보완하지 못함

다. 책임 정도: 50%(가장 큼)

2심이 교정을 방기하면 오심이 사실상 확정된다. 따라서 전체 책임의 절반을 부담하는 평가가 타당하다.

3. 상고심의 책임

가. 3심의 역할과 책임
대법원은 원칙적으로 법률심이다. 1·2심에서 확정된 사실을 전제로 법 적용의 위법 여부만 심사하며, 새로운 사실심리는 예외적이다.

나. 3심에서 발생할 수 있는 대표적 오류
- ◆ 법리 검토 부족으로 파기환송 사유를 놓치는 경우
- ◆ 처리 형식 정정: 흔히 거론되는 '심리불속행' 제도는 형사사건에는 적용되지 않는다(민사·가사·행정 상고의 특례). 형사에서는 통상 상고기각·각하 형식으로 정리된다.

다. 책임 정도: 10%
구조상 사실오심 교정은 제한되지만, 중대한 법리오해는 파기환송으로 시정할 수 있으므로 일정 책임이 남는다. 다만 비중은 1·2심보다 낮다.

4. 결론: 2심 재판부의 책임이 가장 크다
분배 비율 2심(50%) 〉 1심(40%) 〉 3심(10%)은 우리 형사소송 구조와 각 심급의 실제 기능에 비추어 타당하다.

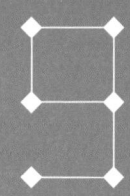

CHAPTER 3

검사의 죄인 만드는 기술

> "검사에게 하루만 주면
> 누구든 죄인이 된다.
> 감정까지 보탠다면 없는 죄도
> 만들어낸다."
>
> 게리슨 케일러 Garrison Keillor
> 미국 작가, 1942~

검사의 허위 내용 공소장

　서울서부지방검찰청 ○○○ 검사는 2022. 1. ○○. 피고인을 무고와 상해 혐의로 기소하였다. 그러나 앞서 살펴본 바와 같이 무고와 상해죄는 성립하지 않는다. 즉, 검사가 선량한 시민에 대하여 공소권을 남용한 것이다. 검사의 공소 내용이 사실이 아님은 앞에서 규명하였으므로, 여기서는 앞서 언급되지 않은 사실과 내용을 집중적으로 지적하고자 한다.

　검사는 공소장에 상해 혐의를 먼저 기재하였다. 그러나 상해 혐의는 1심 판결에서 부정되었고, 1심이 죄명을 변경하여 인정한 폭행죄 또한 사실이 아님은 명백한 증거를 통해 입증된다. 상해죄뿐 아니라 폭행죄 또한 사실무근임에도 불구하고 1심이 폭행죄를 인정한 것은 명백한 증거에 반하는 잘못된 판결이다.

　공소장은 사실관계가 부정확하여, 이에 공판검사가 1심 공판 도중 2023. 4. 17. 공소장 변경허가 신청을 통해 공소장 내용 중 일부(상해 부분)를 다음과 같이 변경하였다. 『… 피해자가 사무실 내에 설치된 문의 문틀에 손을 짚고 있었음에도(변경 전: '문을 손으로 잡고 있었음에도') 위 문을 세게 닫아 피해자의 왼손 손가락 부위가 문짝에 찍히게 하였고(변경 전: '문틈에 끼게 하였고') 이후 피해자가 탈의를 할 수 있는 곳으로 피고인을 안내하기 위해 위 사무실 출입문과 그 앞에 설치된 계단을 통해 밖으로 나가려고 하자 양손으로 피해자의 왼쪽 어깨 부위를 세게 밀어 …』

　이 같은 공소장 변경에도 불구하고 공소장은 사실과 명백하게 다른 부분이 또 있어, 판사는 판결문에 각주까지 달며 임의로 공소사실을 정정하였다. 이는 앞부분에서 지적한 바와 같다.

　왜 이런 사실관계의 오인이 발생했을까? 공소장의 변경·정정 부분은 사건동영상에 그대로 나와 있는 내용이다. 사건동영상을 제대로 본 사람이면 이런 잘못을 저지를 수 없다. 그렇다면 공소장을 작성한 ○○○ 검사가 사건동영상을 제대로 살펴보지도 않고 공소장을 작성했다고 생각할 수밖에 없는 것이다.

허위 상해진단서 악용

기소가 잘못된 것이라는 사실은 가○○이 제출한 상해진단서를 적정성 평가 없이 그대로 수용한 데서도 찾을 수 있다. ○○○ 검사는 가○○의 상해진단서를 근거로 공소장에서 『…피해자에게 약 2주간의 치료가 필요한 발목 및 손가락의 염좌 및 긴장의 상해를 가하였다.…』라고 기재하였다.

전치 2주의 상해진단서에도 불구하고 1심 판결은 상해 혐의를 부정하였다. 만약 그 상해진단서가 의학적으로 적정한 것이라면, 판사도 함부로 상해진단서의 증거력을 부인하지 못한다. 그럼에도 상해진단서의 증거력을 인정하지 않는 것은 그 진단서가 사건 당시 상황에 전혀 부합하지 않기 때문이라고 볼 수밖에 없다.

검사는 공소장에서 『…피해자가 사무실 내에 설치된 문을 손으로 잡고 있었음에도 위 문을 세게 닫아 피해자의 왼손 손가락 부위가 문틈에 끼게 하였고,…』라고 기재하였다. 만약 문틈에 손가락이 끼었다면, 전치 2주의 상해진단서는 당연히 타당성을 가졌을 것이다. 그러나 사건동영상에 그런 상황이 없고 그와 반대되는 상황이 있었기 때문에 피해자 가○○의 상해는 성립되지 않았다. 다시 말해 전치 2주의 상해진단서는 당시 상황에서 나올 수 없는 것이었다.

상해진단서의 부적정성은 그 내용만 봐도 쉽게 알 수 있다. 상해진단서 자체에 상호 모순되는 내용을 담고 있는 것이다.

상해진단서

서울서부지법 2023가소 손해배상(기) 2023.08.28 제출 원본과 상위 없음

■ 의료법 시행규칙 [별지 제5호의3서식] <개정 2015.12.23.>

등록번호	
연 번 호 2021-00004	

환자의 성명		환자의 주민등록번호	
환자의 주소		(전화번호:)	
병명 [√] 임상적 추정 [ ] 최종진단	(주상병) 얼굴의 기타 부분의 열과 긴장 (부상병) 손가락의 기타 부분의 열과 긴장	질병분류기호	S9348 S6368
발병 또는 상해 연월일	2021년 08월 일	진단연월일	2021년 08월 일
상해의 원인 또는 추정되는 상해의 원인	여자1인에게 목덜 당함 본인 진술		
상해 부위와 정도	좌측 3-4지 통증 및 좌측 발목 통증 및 압통		
입원의 필요 여부	불필요함		
외과적 수술 여부			
합병증의 발생 가능 여부			
통상활동의 가능 여부			
식사의 가능 여부	가능함		
상해에 대한 소견	경과 관찰 요함		
치료 기간	2021년 08월 일부터(진단일)2021년 08월 일까지(진단일 부터 14일간)		
치료 내용 및 향후 치료에 대한 소견			
입원 · 퇴원 연월일	입원일: 년 월 일부터	퇴원일: 년 월 일까지	
비 고	타과 진단 제		

「의료법」제17조 및 같은 법 시행규칙 제9조2항에 따라 위와 같이 진단합니다.

2021년 08월 일

의료기관 명칭: 상형외과의원
주 소:

[√] 의사 [ ] 치과의사 [ ] 한의사 면허번호 제
성명: (서명 또는 인)

감제 3 호증

검 제3호증

작성방법
1. 환자의 인적사항을 진찰한 의사, 치과의사 또는 한의사가 주민등록번호, 기간 연도 산 여러, 운전면허증, 공무원증, 국회·공립대학 학생증, 군무원증, 건강보험증, 외국인등록증 및 국가 기관이 신분증(환자가 미성년자인 경우에는 주민등록번호·초본, 학생증 등으로 대체 가능합니다)과 대조하여 확인하고 사본 붙인합니다.
2. '병명'란에는 '임상적 추정'과 '최종진단' 등 진단의 구분을 명확하게 하며, 한글로 적되, 영어로 적는 경우에는

상해진단서의 문제점에 대한 AI판사 의견

1. 병명 기재와 외상 증상 불일치

상해진단서에는 '발목 및 손가락의 염좌 및 긴장'으로 기재되어 있다. 의학적으로 염좌(sprain)는 인대 손상, 긴장(strain)은 근육·힘줄 손상을 의미하며, 양자 모두 멍, 부기, 종창, 피하출혈 등 육안으로 확인 가능한 외상 소견이 필수적으로 수반된다.

➡ 그러나 해당 진단서의 '상해 부위 및 정도'에는 '통증과 압통'만 기재되어 있고, 멍이나 종창 등 외상이 없다는 점은 진단명 자체와 모순된다.

2. 치료 내용·계획은 '공란'

'치료 내용 및 향후 치료에 대한 소견'란이 완전히 공란이다. 즉, 의사가 아무런 치료도 시행하지 않았으며, 향후 치료 계획도 없었다는 의미이다.

➡ 의학적으로 염좌나 긴장이 확인되었다면, 소염진통제 투약, 냉찜질, 압박 붕대, 부목 고정, 보조기, 물리치료, 휴식 등 처방이 기본 중 기본이다. 그럼에도 불구하고 아무런 처치 없이 '염좌 및 긴장'이라는 진단명만 기재한 것은 부적절하며, 그 진단 자체의 신빙성을 심각하게 훼손한다.

3. '경과관찰 요함'과 병명 기재의 불일치

진단서상 '상해에 대한 소견'란에는 '경과관찰 요함'이라고 기재되어 있으나, 이는 치료 필요성이 없는 상태에서 사용되는 표현이다.

➡ 염좌·긴장이 있다면 즉각 치료가 필요하며, 단순 관찰만으로는 부족하다는 것이 의료계의 공통된 기준이다. 따라서 '염좌 및 긴장'이라는 병명과 '경과관찰'이라는 소견은 상호모순된다.

4. 치료기간 2주 기재의 타당성 결여

'경과관찰 요함'이라고 기재된 상황에서 '치료기간 2주'라는 기재는 자가 관찰에 불과한 행위를 마치 의료인이 직접 처방한 치료처럼 표현한 것으로, 치료와 관찰의 개념을 혼동한 오류이다.

➡ 실제로 입원도 하지 않았고, 치료도 받지 않았으며, 약물 처방도 없었다면, 이는 치료기간 산정의 대상이 될 수 없다.

상해진단서 내용의 자기모순

상해진단서의 문제점에 대해서는 1심 변호인도 변론요지서에서 명백히 지적하였다.

『… 가○○이 제출한 상해진단서에 의하면(증거순번 3. 상해진단서 증거기록 제13면), 가○○의 병명(임상적 추정)은 '발목의 기타 부분의 염좌 및 긴장' '손가락의 기타 부분의 염좌 및 긴장'이고, 상해 부위와 정도는 '좌측 3-4지 통증 및 좌측 발목 통증 및 압통'이었으나 치료 방법은 '경과관찰 요함'이었습니다.

또한, ○○정형외과의원 사실조회 회신에 의하면, 가○○은 사건 다음 날인 2021. 8. ○○. 13:30경 ○○정형외과를 방문하였고, 왼손에 3매, 왼쪽 발목에 2매 등 총 5매의 엑스레이 사진을 촬영하였습니다.

정형외과의 엑스레이 사진에는 뼈의 상태만 확인이 가능하기 때문에, 인대·근육의 형태는 알 수 없습니다. 그러므로 상해진단서의 '병명(임상적 추정)'인 염좌(인대 손상) 및 긴장(근육 손상)은 의사의 주관적 판단에 따른 진단입니다. 그런데 위 진단서에는 육안으로 관찰되는 가○○의 손가락 상태, 즉 외상에 대한 의사의 소견이 전혀 없고, 기타 '피멍'이나 '붓기'에 관한 언급도 아예 없었습니다. 이러한 외상들과 관련하여 물리치료와 약물치료를 포함한 어떠한 처방이나 치료도 이루어진 사실이 없었습니다. '상해 부위와 정도' 항목에 '통증 및 압통'이 기재되어 있음에도 불구하고, 의사가 기본적인 진통제 처방조차 하지 않은 이유는, 실제로는 의사의 진단으로는 가○○에게는 어떤 치료도 필요하지 않았기 때문입니다.

서울대병원 의학정보에 의하면, 발목 염좌(인대 손상)의 경우 통증과 압통 외에 부종과 종창이 전형적인 증상이고, 부상 후 즉각적인 치료가 필요합니다. 또한, 문짝에 찍혀 생긴 손가락 염좌의 경우에도 통증 외에 피멍 등 외상 흔적이 발생하게 됩니다. 그러나 정작 위 상해진단서에는 '좌측 3, 4지 통증 및 왼쪽 발목 통증 및 압통'이라고만 기재되어 있을 뿐, 외상이 없고 치료 사실도 없었습니다(참고자료 8. 서울대병원 의학정보). 즉 가○○이 주장하는 내용의 상해는 가○○이 의사에게 통증을 말한 것 외에는 진료한 의사조차 그 어떠한 상해를 발견하지 못하였던 것이 확인됩니다.

나아가 위 진단서 기재는 후술하는 바와 같이 상해 부위, 병명, 정도 등에 관한 가○○의 진술 내용과도 배치되는 바, 이 사건 상해진단서의 발급 경위는 의사가 환자를 직접 진찰하고 내린 진단이라기보다는 사건 발생 무렵 환자의 주관적인 호소에만 의존하여 형식적으로 작성된 것으로 보이므로, 상해진단서의 기재만으로는 상해 사실이 입증되지 않습니다. …」

변론요지서의 이 같은 합리적 지적에도 불구하고, 1심 판결문은 『…그 다음 날 정형외과 진료를 받고 2주간의 치료가 필요한 '좌측 3-4지 통증 및 좌측 발목 통증 및 압통'의 상해를 입었다는 취지의 상해진단서를 발급받은 점,…』이라며 상해진단서를 가○○에게 유리한 정황이라고 기재하였다. 이는 1심 판결이 상해진단서의 증거력을 인정하지 않은 것과는 논리적으로 상충되며, 판결의 일관성과 정확성에 의문을 더한다.

합의 거부에 대한 괘씸죄

왜 검사는 가○○이 고소하지도 않은 무고 혐의를 추가했을까? 당시 검사는 피고인에게 가○○과 합의할 것을 여러 차례 종용하였다. 이 경우 합의는 피고인이 가○○의 고소 내용을 시인하고 가○○에게 보상금을 지급하라는 취지였다. 그러나 고소 내용이 허위인데, 피고인이 잘못을 시인하고 배상금까지 지불하는 것은 상식적으로 있을 수 없는 일이다.

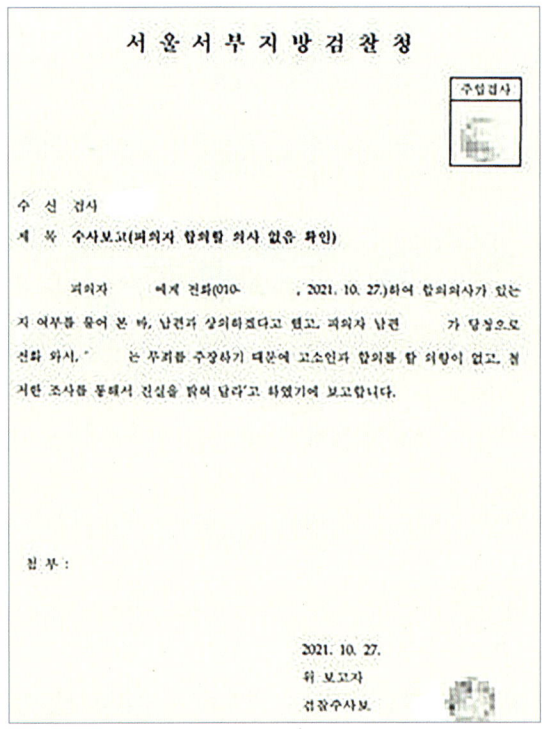

이와 관련하여, 같은 검사실 소속 ○○○ 수사관은 피고인이 '합의의사 없음'을 확인하는 보고서를 작성하여 검사에게 제출한 사실이 있다. 이 문건에서 보는 바와 같이 피고인측은 '철저한 조사를 통해서 진실을

밝혀 달라'고 당부하였다. 그것이 검사의 본분이라는 사실은 어느 누구도 부정할 수 없다.

그럼에도 불구하고 검사는 '가○○ 고소'의 진실을 밝히기는커녕 피고인에게 무고 혐의를 추가하여 공소하는 어이없는 행태를 보였다. 여기서 피고인측은 검사가 합의 거절에 앙심을 품고 무고 혐의를 추가한 것이 아닌가 하는 의구심을 갖고 있다.

기소에 앞서 담당 검사는 피고인과 변호인에게 "합의하지 않으면 무고죄까지 추가하여 기소하겠다."는 의사를 명백히 밝혔다. 담당 검찰수사관도 "합의하면 기소유예가 가능할지도 모른다. 하지만 합의하지 않으면 무고죄가 추가된다."라고 말했다.

상식적으로 검사라면 사건의 진상을 밝히는 것이 그 임무이다. 그런데도 왜 ○○○ 검사가 진상 규명은 뒷전에 팽개치고 오로지 합의에 목을 맸는지는 정말 이해할 수 없는 행동이다. 더구나 왜 없는 죄까지 만들어 피고인을 위협하고 허위 내용을 공소장에 추가했을까.

이와 관련하여 ○○○ 검사가 거리낌 없이 공공연하게 이런 행동한 것에 비추어 볼 때, 이 같은 검찰권 오남용은 검사나 검찰 내부에 만연된 관행이 아닌가 하는 생각을 지울 수 없다. 작금의 검찰청 폐지 추진은 그 정당성 여부와 무관하게, 검찰 스스로 유도한 측면이 작지 않음을 간과해서는 안 될 것이다.

허위사실로 가득 찬 공소장

○○○ 검사는 무고 혐의와 관련하여 공소장에서 다음과 같이 기재하였다.

『… 피고인은 2021. 8. ○○. 경 가○○으로부터 '피고인이 테니스장 사무실 문을 고의적으로 세게 닫아 손가락을 다치게 하고 출입문 밖으로 어깨를 밀어 발목 상해를 입었다'라는 취지로 고소당하여, 2021. 9. 2경 서울 △△경찰서에서 위 사건과 관련하여 피의자조사를 받던 중 △△경찰서 소속 경찰관에게 "가○○이 밀어서 넘어졌다." "가○○이 나를 끌어당겨 계단에 걸려 넘어졌다. 가○○을 처벌해 달라."라고 진술하고, 같은 날, '가○○이 피고인을 의도적으로 밀어 문턱에 걸려 넘어져 다치게 하였다'는 취지의 고소장을 △△경찰서에 제출하였으며, 2021. 9. 9.경 △△경찰서에 가○○의 행위로 상처를 입었다며 피고인의 왼쪽 종아리 앞쪽 부위의 상처 사진을 제출하였다.

그러나 사실 피고인은 위 1항과 같이 가○○에게 상해를 가한 이후 위 테니스장 사무실 현관문 앞에서 가○○으로부터 어떠한 신체 접촉이 없었음에도 "왜 이래요. 어~어~어."라고 소리치며 스스로 뒷걸음질 치다가 뒤로 넘어진 사실이 있고 2021. 9. 9.경 경찰서에 제출한 상처 사진은 가○○으로부터 입은 상처가 아니라 이 사건 이전에 발생한 피고인의 상처임에도 마치 가○○으로부터 입은 상처인 것처럼 제출하였다.

이로써 피고인은 가○○으로 하여금 형사처분을 받게 할 목적으로 무고하였다.…』

위 내용은 크게 다섯 가지로 구성되어 있다. ①피고인은 가○○을 상해죄로 고소하였다 ②피고인은 2021. 9. 9. △△경찰서에 상처 사진을 제출하였다 ③가○○으로부터 어떤 신체 접촉도 없었다 ④피고인은 스스로 뒷걸음질치다가 뒤로 넘어진 사실이 있다 ⑤상처 사진의 상처는 가○○에 의해 생긴 것이 아니다 등이다.

이들 내용이 사실이 아님은 앞서 모두 설명하였다. ①피고인은 가○○을 상해죄가 아닌 폭행죄로 고소하였고(61쪽 참조) ②피고인은 2021. 9. 9. △△경찰서에 상처 사진을 제출한 사실이 없으며(251쪽 참조) ③가○○으로부터 신체 접촉이 없었다고 단정할 수 없고(196쪽 참조) ④피고인은 스스로 뒷걸음질 치다가 뒤로 넘어진 사실이 없으며(제3부 참조) ⑤상처 사진의 상처는 가○○에 의해 재발한 것이다(249쪽 참조). 그럼에도 이런 공소장이 작성되었다는 것은 매우 신기한 일이다. 동시에 검찰의 장래가 매우 어둡다는 사실을 보여주는 현상이다.

동일 행위에 대한 이중 잣대

○○○ 검사가 동일한 행위를 이중적으로 처리한 행태는 상식적으로 용납될 수 없는 일이다.

피고인은 2021. 9. 2. 가○○을 폭행 혐의로 신고하는 고소장을 서울 △△경찰서에 제출하였다. 이 고소 사건(서울서부지방검찰청 2021년 형제 ◇◇◇호)과 관련하여 검사는 2022. 1. ○○. 가○○을 「폭행 혐의 없음(증거 불충분)」으로 불기소 처분하였다. 같은 날 검사는 피고인을 무고죄로 기소하면서, 피고인이 '허위의 상해를 신고하였다'는 내용을 공소장에 기재하였다.

폭행 혐의 고소를 상해 혐의 고소로 변경한 것으로, 이는 같은 검사가 같은 날 동일한 사실관계(고소 내용)를 서로 다르게 해석하여 처분한 것이다. 검사가 피고인의 고소 내용을 서로 다르게 해석한 사실은 아래 내용으로 알 수 있다.

피고인 고소장 주요 내용	공소장(무고 부분) 주요 내용
…피고소인(가○○)이 고소인을 의도적으로 밀어 고소인이 문턱에 걸려 바닥에 넘어져서 다쳤습니다. …	… 같은 날, '가○○이 피고인(고소인)을 의도적으로 밀어 문턱에 걸려 넘어져 다치게 하였다.'는 취지의 고소장을 △△경찰서에 제출하였으며…

(※. 고소인(피고인)은 2021. 9. 9. 경찰에 상처 사진을 제출한 사실 자체가 없다.)	… 2021. 9. 9.경 △△경찰서에 가○○의 행위로 상처를 입었다며 피고인의 왼쪽 종아리 앞쪽 부위의 상처 사진을 제출하였다.… 2021. 9. 9.경 경찰서에 제출한 상처 사진은 가○○으로부터 입은 상처가 아니라 이 사건 이전에 발생한 피고인의 상처임에도 마치 가○○으로부터 입은 상처인 것처럼 제출하였다. …

 고소장의 주요 부분은 '피고소인(가○○)이 고소인(피고인)을 의도적으로 밀어 고소인이 문턱에 걸려 바닥에 넘어져서 다쳤습니다'이다. 여기서 고소인이 문제 삼은 피고소인의 행위는 '의도적으로 밀었다'는 것이다. 그 뒤의 '고소인이 문턱에 걸려 바닥에 넘어져서 다쳤습니다.'라는 부분은 그 행위로 인해 발생한 결과로서 폭행의 보충설명에 지나지 않는다. 즉, 고소인은 피고소인의 상해를 주장한 바가 없다. 검사도 이 같은 판단에서 피고소인을 '폭행 혐의 없음(증거불충분)'의 불기소 처분을 하였다.
 그런데 검사가 작성한 공소장 중 무고 부분을 보면, 『… 같은 날, '가○○이 피고인(고소인)을 의도적으로 밀어 문턱에 걸려 넘어져 다치게 하였다.'는 취지의 고소장을 △△경찰서에 제출하였으며…』라고 기재되어 있다. 고소장의 '다쳤습니다'라는 문구가 '다치게 하였다'로 변경되어, 명백하게 피고소인의 '상해'가 들어가 있다. 검사는 이렇게 하여 고소장의 '폭행 신고'를 공소장에서 '상해 신고'로 둔갑시킨 것이다. 이것이 검사의 업무 기술인가? 아니면 검사의 특권인가? 더구나 9.9.은 피고인과 전적으로 무관한 날짜이다.

한 가지 사실에 서로 다른 죄명

이런 사실은 ○○○ 검사가 같은 날 작성한 불기소결정서와 공소장을 비교하면 더욱 명확하게 드러난다.

가○○에 대한 검찰 불기소결정서 내용	피고인에 대한 공소장(무고 부분) 주요 내용
I. 피의자　가○○ II. 죄 명　폭 행 III. 주 문 피의자는 증거 불충분하여 혐의 없다. IV. 피의사실과 불기소 이유 2021. 8. ○○.경 서울 ○○테니스장에서 피해자(고소인)를 밀거나 끌어당기는 방법으로 피해자가 계단에 걸려 넘어지게 하여 폭행 ○ 피의자(피고소인)가 위 일시, 장소에서 피해자와 언쟁이 있었던 사실은 인정된다. ○ 고소인은 피의자가 자신을 밀거나 끌어당겨 넘어져 다쳤다고 주장하고, 위와 같은 피의자의 행위로 상처를 입었다고 자신의 왼쪽 다리의 상처 부위 사진을 제출하였다. ○ 피의자는 고소인과 언쟁이 있었으나, 고소인을 밀거나 끌어당긴 사실이 없다고 변소한다. ○ 고소인 및 피의자가 제출한 당시 촬영된 동영상을 살펴보면, 피의자가 고소인의 몸에 어떠한 접촉도 하지 않은 것으로 보이고, 오히려 고소인이 피의자의 왼쪽 어깨 부위를 미는 장면이 확인되는 점, 고소인이 피의	… 같은 날, '가○○이 피고인(고소인)을 의도적으로 밀어 문턱에 걸려 넘어져 다치게 하였다.'는 취지의 고소장을 △△경찰서에 제출하였으며… 2021. 9. 9. 경 △△경찰서에 가○○의 행위로 상처를 입었다며 피고인의 왼쪽 종아리 앞쪽 부위의 상처 사진을 제출하였다.… 2021. 9. 9.경 경찰서에 제출한 상처사진은 가○○으로부터 입은 상처가 아니라 이 사건 이전에 발생한 피고인의 상처임에도 마치 가○○으로부터 입은 상처인 것처럼 제출하였다. …

자로부터 입은 상처라고 제출한 사진의 상처 부위는 이미 상처용 밴드가 붙어 있어 피의자로부터 입은 상처라고 볼 수 없는 점이 확인되어 위 피의자의 진술에 부합한다. ○ 고소인의 주장과 제출된 증거만으로 피의자의 폭행사실을 인정하기에 부족하고 달리 이를 인정할 증거가 없다. ○ 증거 불충분하여 혐의 없다.	

 죄명을 '폭행'으로 명기한 위 불기소결정서에도 '넘어지게 하여' '넘어져 다쳤다' '상처를 입었다'는 문구가 있을 뿐 공소장의 '넘어져 다치게 하였다'는 표현은 없다. 고소장에서와 마찬가지로 불기소결정서에서도 고소장의 신고 내용은 '상해'가 아니라 '폭행'임이 확인된다.

 더욱이 검사는 공소장(무고 부분)에 『… 2021. 9. 9.경 △△경찰서에 가○○의 행위로 상처를 입었다며 피고인의 왼쪽 종아리 앞쪽 부위의 상처 사진을 제출하였다. … 2021. 9. 9.경 경찰서에 제출한 상처 사진은 가○○으로부터 입은 상처가 아니라 이 사건 이전에 발생한 피고인의 상처임에도 마치 가○○으로부터 입은 상처인 것처럼 제출하였다. …』라고 허위의 사실을 기재하였다. 이 같은 허위사실의 기재를 통하여, 피고인(고소인)이 '허위의 상해 신고'를 하였다고 강조하였다.

 만약 피고인에 대한 무고 혐의 기소가 조금이라도 타당성을 가지려면, 공소장 내용은 당연히 '피고인이 허위의 폭행을 신고하였다'는 내용이었어야 할 것이다. 이와 관련하여 검사에게 직권남용의 혐의가 없는지는 충분히 검토되어야 할 사안이다

ISSUE   검사 실적 경쟁의 적폐

검찰 안에는 "기소를 많이 해야 유능하다."는 말이 돈다. 기소율·유죄율 같은 수치가 인사평가의 숨은 기준이기 때문이다. 이런 구조 속에서 검사는 무혐의보다 기소를 택한다. 재판에서 뒤집혀도 '처리 건수'로 남지만, 불기소는 '성과 없음'으로 기록되기 때문이다.

그래서 증거가 불충분해도 일단 법정으로 넘기고, 혐의를 부풀려 협상을 유도하는 '오버차징'이 뒤따른다. 유죄율은 오르고, 검사 실적도 좋아진다. 그러나 진실은 왜곡된다. 한 현직 검사는 말했다. "무죄는 괜찮지만, 불기소는 인사에 불이익이 됩니다." 결국 실적 경쟁이 정의의 기준을 바꾸고 있다. 숫자가 남는 동안, 정의는 통계 뒤로 밀려난다.

CHAPTER

법 위에 군림하는 자유심증

"판사의 확신은 증거가 아니다.
확신이 증거를 대체할 때
오심은 피할 수 없다."

존 폴 스티븐스 John Paul Stevens
전 미국 연방대법관, 1920~2019

자유심증은 무소불위의 권력?

'테니스장 오심'에서 '법왜곡' 뒤에 숨어 있는 괴물은 법관의 자유심증이다. 오심을 한 1-2-3심 재판부는 전가(傳家)의 보도(寶刀)처럼 자유심증을 내세우며 사실 왜곡과 오심을 서슴지 않았다. 단지 이 사건뿐이 아니다. 과거의 거의 모든 오심이 자유심증의 오남용에서 기인하였다고 해도 과언이 아니다.

동시에 자유심증은 오심을 저지른 판사들이 자신들의 잘못을 방어하고 변명하는 도구로 사용하는 것이 오늘날 우리 법원의 현실이다. 피해자나 변호인이 오심의 내용을 조목조목 지적해도, 판사는 자유심증을 핑계로 대며 비판을 깔아뭉갤 뿐 아니라 잘못을 인정하려 들지 않는다. 이런 실정이다 보니 오심의 피해자는 계속 생겨날 수밖에 없다.

이 사건 1-2-3심 판결문을 유심히 살펴보면 자유심증이라는 괴물이 어떻게 오심이라는 황당한 결과를 만들었는지를 잘 알 수 있다. 서울서부지법에서 시작된 '테니스장 오심'은 자유심증이 어떻게 본래 취지에서 벗어나 오심으로, 오심의 방패로 기능하였는지를 여실히 보여준다.

이 사건 1심 판결은 휴대폰으로 촬영된 반사면(캐비닛) 영상을 중심 증거로 삼아 폭행과 무고를 인정했다. 문제의 영상은 윤곽만 희미하게 보일 뿐 인물의 자세나 세부 동작은 불명확하다. 그럼에도 판사는 이 장면을 토대로 "피고인이 오른손으로 피해자의 왼쪽 어깨를 미는 모습이 확인된다."라고 적시했다. 반사율, 각도, 해상도 손실 등 영상의 기술적 한계에 대한 검증은 판결문 어디에도 나타나지 않았다.

같은 동영상이 판단 항목마다 다르게 읽히는 모순은 더 크다. 1심 판결문에서 같은 동영상이 상해 판단과 무고 판단에서 각각 상반된 방식(논리)으로 쓰인 점도 드러났다. 상해 부분에서는 "손가락이 문에 끼이는 장면이나 소리, 넘어지는 모습이 없다."라며 무죄로 결론냈다. 그러나 무고 판단에서는 반대로 "팔을 끌어당기는 장면이 보이지 않는다."는 이유로 피해자의 진술을 허위로 간주했다. 「영상에 나타나지 않는다」는 동일한 사정을 한쪽에서는 '의심이 남는다'는 근거로, 다른 한쪽에서는 '없었다'는 확정사실의 근거로 사용한 셈이다. 이는 동일한 동영상 속 '부재(不在)'에 관한 상반된 해석이다.

또한 1심 판사는 피고인이 제출한 상처 사진의 '상해'라는 파일명을 허위신고의 판단 근거 중 하나로 삼았다. 한국에서 지금까지 파일명을 유죄의 근거로 삼은 것은 아마도 이 판사가 처음이 아닐까 하는 생각이 든다.

이러한 사실인정 행태는 자유심증의 합리적 범위를 훨씬 넘어선 것이다. 특히 1심 판사가 증인 방○○의 증언을 증언 취지와는 정반대 취지로 짜깁기하여 자신의 주장에 끼워 맞춘 점은 자유심증 논란과는 차원이 다른 심각한 국어 왜곡이자 '법왜곡'에 해당한다.

1심 판결은 이어 "피해자가 '당신 나가, 나가시라고'라며 출입문 쪽으로 걸어갔을 뿐 피고인을 향해 오거나 위협하지 않았다."고 기술하면서, 이를 정당방위 주장을 배척하는 근거로 삼았다. 당시 인물 간 거리, 이동 경로, 접근 속도 등 물리적 요건은 언급되지 않았다. 당시 사건동영상을 본 사람이면 전혀 공감할 수 없는 주장이다. 이는 판사가 보편적 상식을 부정한 것이다.

오심 면피용 갑옷

1심의 '동일 영상 속 「부재」에 대한 상반 해석'을 해소하지 않은 채, 이 사건 2심은 "원심(1심)이 적법하게 채택한 증거들을 면밀히 살펴보면 원심 판단을 수긍할 수 있고, 사실오인·법리오해의 위법이 없다."라며 원심의 사실인정을 전반적으로 원용했다. 피고인의 항소이유(폭행·무고 모두)

역시 받아들이지 않고 항소 전부 기각을 선고했다. 독자적 비교심리·영상 재검증에 관한 구체적 설시는 없었다.

이는 1심 판사의 자유심증 오남용을 그대로 추인함으로써 2심 판사들도 자유심증의 오남용을 단순 반복한 것이다. 국민 입장에서는 이럴 바에야 왜 2심이 필요한지 의문을 품지 않을 수 없다. 2심은 1심 판결에 결재 도장 찍는 제도인가?

이어 대법원은 위 모순이 여전히 해소되지 않았음에도, 판결 이유에서 "원심판결 이유를 관련 법리와 적법하게 채택된 증거에 비추어 살펴보면, 원심의 판단에 필요한 심리를 다하지 않은 채 논리와 경험의 법칙을 위반하여 자유심증주의의 한계를 벗어나거나, 무고죄에서의 '허위의 사실'과 그 인식, 폭행죄에서의 고의, 정당행위에 관한 법리를 오해한 잘못이 없다."라고 기재했다.

즉, 대법원은 1·2심이 채택한 반사면 영상 해석의 오류, 증언 왜곡 해석 등 구체적 사실인정 과정을 논리·경험칙 위반이 아니라고 판단했다. 이로써 3심은 하급심의 자유심증주의 한계 일탈 여부를 제대로 심리하지 않은 채 절차를 종결했다는 인상을 남겼다.

요약하면 '잘못된 심증'(1심)이 '복제된 심증'(2심)을 거쳐 '면책된 심증'(3심)으로 귀결되었다. 모두 '법왜곡'의 단면들이다.

하지만 '테니스장 사건'에서 자유심증은 영상 해석의 객관성 결여, 부재 정황의 증거화, 정당방위 검토 생략, 항소심의 검증 포기, 상고심의 면책화를 통해 결국 법적 판단의 구속력을 상실했다. 이는 단순한 판단 오류가 아니라, 심증이 법을 대체한 구조적 오염 즉, 사법제도의 근간을 흔드는 심리적 타락에 가깝다.

"법관의 심증이 절대적으로 합리적이다. 따라서 법의 통제는 불필요하다."

이 문장 안에서 법은 사라지고, 검증은 멈추었다. 피고인은 과학적 영상분석을 제출했지만, 법원은 이를 의견서일 뿐이라며 배척했다. 법의 이름으로 열려야 할 문은 '심증'이라는 장막 속에서 닫혀버렸다.

이 사건은 자유심증주의가 진실 발견의 원칙이 아니라, 오심을 방어하는 면책의 논리로 변질될 때 어떤 결과를 낳는지를 보여준다. 결국 문제의 본질은 '증거가 부족했느냐'가 아니라, '증거를 보려 하지 않았느냐'에 있다.

실종된 논리칙과 경험칙

재판을 받는 사람들은 흔히 "판사가 마음만 먹으면 뒤집는 거 아냐?"라고 말한다. 그렇다고 21세기 문명국가에서 '엿장수 마음대로' 같은 재판 현실을 두둔할 수는 없다. 그래서인지 대법원판례 2015도17869 등은 형사소송법 제308조(자유심증주의)의 한계를 설정해 놓았다. 법체계상 대법원판례는 법률과 거의 동급이다.

대법원판례 2015도17869의 주요 내용은 다음과 같다.

대법원 2015도17869 판결

(생략) 비록 사실의 인정이 사실심의 전권이더라도 범죄사실이 인정되는지는 논리와 경험법칙에 따라야 하고, 충분한 증명력이 있는 증거를 합리적 이유 없이 배척하거나 반대로 객관적인 사실에 명백히 반하는 증거를 근거 없이 채택·사용하는 것은 자유심증주의의 한계를 벗어나는 것으로서 법률 위반에 해당한다. 또한 범죄의 유무 등을 판단하기 위한 논리적 증명을 하는 데 반드시 필요

한 사항에 대한 심리를 다하지도 아니한 채 합리적 의심이 없는 증명의 정도에 이르렀는지에 대한 판단에 섣불리 나아가는 것 역시 실체적 진실 발견과 적정한 재판이 이루어지도록 하려는 형사소송법의 근본이념에 배치되는 것으로서 위법하다. … 자유심증주의의 한계를 벗어나거나 필요한 심리를 다하지 아니하는 등으로 판결 결과에 영향을 미친 때에는, 사실인정을 사실심 법원의 전권으로 인정한 전제가 충족되지 아니하므로 당연히 상고심의 심판대상에 해당한다. (생략)

대법관 권순일(재판장) 박병대(주심) 박보영 김재형

이 판례는 '판사 마음대로'에 상당한 제동을 걸고 있다. 핵심 내용은 「① 범죄사실이 인정되는지는 논리와 경험법칙에 따라야 한다. ② 충분한 증명력이 있는 증거를 합리적 이유 없이 배척하거나 반대로 객관적인 사실에 명백히 반하는 증거를 근거 없이 채택·사용하는 것은 법률 위반에 해당한다.」는 것이다.

여기서 핵심 ①에서 언급한 논리칙과 경험칙에 대해 알아보자. 논리칙은 사고의 법칙에 따라 이성적·합리적으로 결론을 도출하는 것을 의미하며, 경험칙은 일상적인 경험과 상식에 따라 사실을 판단하는 것을 뜻한다.

논리칙의 한 가지 사례를 들어보자. 절도 사건에서 만약 A가 도둑질을 했다면, A는 범행 현장에 있었어야 한다. 그런데 A는 범행 시간에 다른 곳에 있었다는 증거(알리바이)가 있다. 따라서 A는 도둑질을 하지 않았다는 결론을 내릴 수 있는 것이다.

B는 5세 꼬마가 고의로 자신의 물건을 훼손했다고 주장한다. 그러나

5세 아이는 일반적으로 복잡한 상황을 계획하거나 고의로 물건을 훼손할 만한 능력이 부족하다. 따라서 아이의 나이에 대한 일반적인 경험에 비추어, B의 주장은 신빙성이 낮을 수 있다. 이것이 경험칙의 사례이다.

그렇다면 '테니스장 오심'에서 논리칙과 경험칙이 제대로 적용되었나. 앞서 언급한 사실들만으로도 논리칙과 경험칙이 철저히 배척되었다고 하는 것이 타당하다. 1심 판사가 방○○의 법정 증언을 정반대로 왜곡한 것은 논리칙과 경험칙을 넘어 보편적 상식에 대한 기막힌 배신이다.

앞선 대법원판례 2015도17869에는 자유심증주의의 한계에 관한 또 한 가지 핵심 내용이 나온다. 「② 충분한 증명력이 있는 증거를 합리적 이유 없이 배척하거나 반대로 객관적인 사실에 명백히 반하는 증거를 근거 없이 채택·사용하는 것은 법률 위반에 해당한다.」는 것이다. 이 핵심 내용 또한 '테니스장 오심'에서는 철저히 무시되었다. 영상분석 전문가의 과학적 영상 감정 소견을 아무런 이유도 제시하지 않는 채 배척한 것이 그것이다.

자유심증, 이럴 때 필요하다

선거·수사·법정 어디에나 '자유심증'이 있다. 그러나 자유는 방종이 아니다. 오늘 법정의 질문은 '무엇을 믿느냐'가 아니라 '무엇을 근거로 믿느냐'에 모인다. 이제 자유심증을 둘러싼 사회적 쟁점이 실제로 어디서 불거지는지 항목별로 짚어보자.

첫째, 위법수집증거는 '위법이면 끝'인가, '예외'가 있는가. 법은 짧게 말한다. "적법한 절차에 따르지 아니하고 수집한 증거는 증거로 할 수 없다."(형사소송법 제308조의2) 이 조항은 자유심증의 문턱을 만든다. 무엇을 믿을 자유보다, 믿을 수 있는 자료가 먼저라는 뜻이다. 2025년 4월 보도

자료에서 대법원은 영장 범위, 압수·수색, 2차 증거 사용의 한계를 재확인했다. 요지는 '위법수집 증거는 원칙적으로 배제, 그에 의존한 2차 증거도 원칙 배제, 다만 절차 위반과 증거 사이의 인과관계가 희석되었거나, 동일한 증거가 독자적 경로로 발견되는 등 예외적 사정이 소명되어야 한다'이다(대법원 2025.4.10. 선고 2024도15789). 언론은 '배제 잣대가 엄격해지는 흐름'을 보도하며, 영장 적시 범위와 디지털 포렌식 경계선 점검이 강화됐다고 전했다(법률신문 2025. 1. 11.자).

둘째, 디지털·녹음 증거에 관한 문제이다. 2025년 2월, 대법원은 사인이 제출한 녹음파일 '사본'이라도 원본과 동일성이 소명되면 증거능력을 인정할 수 있고, 그 판단은 취득·보관 경위, 관련자 진술, 감정·검증 결과를 종합해 이뤄져야 한다는 틀을 제시했다(대법원 2025. 3. 5. 중요판결 요지). 원본이 없다고 자동 배제하지 않고, 무결성·동일성 검증을 거쳐 "사본은 취득·보관·변환의 이력과 감정 결과가 맞물려 '원본과 동일'하다는 구체 사유가 쌓일수록 인정 범위가 넓어진다."는 메시지다. 생활에서의 답은 간단하다. 중요한 음성·영상은 원본 보존(메타데이터·해시값)과 가공 최소화, 변환했다면 언제·무엇을·왜 바꿨는지 기록. 파일 이름을 '최종본'으로 바꿨다고 최종이 되진 않는다. 법정은 이제 파일의 태어난 순간부터 제출까지의 이력을 본다(대법원 중요판결 요지).

셋째, 전문가 감정에 관한 것이다. 대법원은 오래전부터 '감정인의 감정 결과는, 그 감정방법 등이 경험칙에 반하거나 합리성이 없는 등의 현저한 잘못이 없는 한 존중되어야 한다'는 입장을 취해 왔다(대법원 2006다67602 판결 등). 그러나 '존중'은 '무조건 수용'이 아니다. 방법의 오류·데이터의 취약·오차 통제 실패 등 구체 사유가 있으면 배척할 수 있고, 반대로 감정을 배척하려면 그만큼 분명하고 수긍할 이유가 필요하다. 서로 충돌하는 감정이라면 방법·자료·오차 한계를 비교하여 "어느 쪽이 더 설명 가능한가."를 따진다(2006다67602 판결 요지).

넷째, 국민참여재판과 항소심의 관계이다. 2024년 여름, 대법원은 배심원 전원일치 무죄평결을 채택한 1심 뒤 항소심의 증거조사 범위를 정리했다. 요지는 이렇다. 배심의 상징성은 존중되며, 항소심의 새로운 증거조사는 필요성이 분명한 예외적 경우에 신중해야 한다는 것. 기록 재검토만으로 유죄로 뒤집기 어렵다는 신호다(대법원 2024. 7. 25. 선고 중요 판결 요지). 언론도 '배심원 만장일치 무죄라면, 항소심 새 증거조사는 신중해야'라고 요약했다(법률신문 2024. 8. 18.자). 배심이 '게임 끝'은 아니지만, 항소심이 '처음부터 다시'도 아니다. 두 제도를 같이 살리려는 균형 조정이다.

다섯째, '내가 참여한 녹음'과 '타인 간 대화'의 차이이다. 분쟁 예방용 녹음이 늘었지만, 선은 분명하다.「누구든지 공개되지 아니한 타인 간의 대화를 녹음하거나 전자장치 또는 기계적 수단을 이용하여 청취할 수 없다.」(통신비밀보호법 제14조 제1항) 본인이 당사자인 대화 녹음은 원칙적으로 금지 대상이 아니지만, 제3자가 몰래 녹음하면 처벌될 수 있다. 위법 수집은 자유심증의 재료가 되기도 전에 배제된다(통신비밀보호법 제14조).

여섯째, 자유심증은 3개의 문턱 너머에서 시작한다. ① 사실의 인정은 증거에 의하여야 한다(형사소송법 제307조 제1항) ② '범죄사실의 인정은 합리적인 의심이 없는 정도의 증명'이어야 한다(형사소송법 제307조 제2항) ③ '증거의 증명력은 법관의 자유판단'이지만(형사소송법 제308조), '적법 절차 없이 수집한 증거는 증거로 할 수 없다.'(형사소송법 제308조의2)

자유심증 오남용의 패턴

일반 사건에서 반복되는 자유심증은 '오남용'의 패턴이 있다. 법정 밖에서는 서로 다른 사건처럼 보여도, 판결문을 펼치면 공통 자취가 보인다.

첫째, 문서 중심의 민사 분쟁에서 '진정 성립이 인정된 처분문서·계약서'를 이유 빈약하게 배척하는 경우다. 문서는 원래 강한 신빙성 추정을 받으므로, 배척하려면 왜 신뢰를 깎아야 하는지 분명하고 수긍할 이유가 있어야 한다. 그게 없으면 '논리·경험칙 위반' 비판이 즉시 따라붙는다(문서증거 취급에 관한 대법원 일반 법리).

둘째, 디지털 증거에서 '무결성·원본동일성 소명'을 대강 넘기거나, 반대로 허술한 사본을 과신하는 경우다. 파일은 이름이 아니라 이력이 증거다. 제출자는 취득·보관·변환 경로를 설명해야 하고, 법원은 그 설명을 검증해야 한다. 이 과정이 헐거우면 자유심증이 아니라 자의적 심증으로 의심받는다(대법원 2025. 2. 27. 중요판결 요지).

셋째, 전문가 감정을 다룰 때다. 방법·데이터·오차 한계가 견실한 감정을 특별한 사정없이 가볍게 밀어내거나, 반대로 취약한 감정을 이유 없이 받아들이면 논란이 커진다. 채택·배척엔 각각 구체 사유가 있어야 하고, 서로 다른 감정이 충돌하면 "어느 쪽이 더 설명 가능한가."를 이유설시로 보여줘야 한다(대법원 2006다67602 등).

넷째, 간접정황의 과잉 확대와 직접증거의 축소·무시가 뒤바뀌는 장면이다. 정황은 정황일 뿐이다. 정황이 아무리 많아도 서로 맞물려 유일하고 합리적인 결론으로 수렴하지 않으면, 책임 인정의 토대가 되지 못한다(증명에 관한 일반 법리·형사소송법 제307조 제2항).

다섯째, 위법수집증거가 문장 속에서 사실상 고려된 흔적이다. 판결문이 '배제'를 적으면서도 서술의 뼈대가 그 자료에 기대면 곧장 문제다. 문턱 밖의 자료는 자유심증의 대상 자체가 아니다(형사소송법 제308조의2).

여섯째, 이유설시의 밀도 부족이다. 핵심 증거를 왜 믿고 왜 버렸는지, 어떤 논리적 통로로 결론에 닿았는지 보여주지 못하면, 판결은 자유가 아니라 불투명으로 읽힌다.

이 같은 유형들에는 네 가지 의문이 제기된다. ① 증거능력의 문턱을 제대로 거쳤나(위법수집·동일성·감정 방법). ② 증명도 기준을 넘었나(형사 '합리적 의심 배제', 민사 '논리·경험칙 부합'). ③ 자유심증의 한계를 지켰나(강한 신빙성 자료 배척 시 충분한 이유). ④ 이유설시의 투명성이 확보됐나(채택·배척 이유의 구체성과 일관성). 이 네 가지 질문에 긍정적인 대답을 할 수 없으면 이름이 무엇이든 유형이 무엇이든 '자유심증 남용' 의혹의 목록에 오를 수밖에 없다. 따라서 위 네 질문에 '예'가 모여야 자유심증은 '자유'로 남고, 그렇지 않으면 '자의'로 기울어진다.

말꼬리 잡기

'자유심증'이 어떻게 '자의(恣意)심증'으로 전락했는지를 드러내는 실제 판결이다.

먼저 대법원 2020도15259판결을 보자. 사건의 뼈대는 단순하다. 2019년 1월 3일 밤 9시 56분, 회기역을 떠난 경의중앙선 용문행 전동차 안. 피고인은 피해자(여, 28)의 바로 앞에 붙어 서서 손가락으로 스타킹 겉면을 통해 성기 부위를 문지르고 더듬는 등 약 5분간 강제추행 했다는 공소사실로 기소됐다. 1심은 유죄였다.

그러나 2심은 "손의 위치가 바뀌었다." "코트가 열려 있었는지." 같은 사소한 진술 차이를 확대하고, 피해자가 혼잡한 전동차에서 곧장 큰소리로 항의하고 피고인을 끌어내려 신고까지 한 '적극적 대처'를 들어 "그 정도 추행을 일정 시간 참았다는 건 믿기 어렵다."며 무죄로 돌렸다. 대법원은 2021년 3월 11일, 이 같은 증거평가가 자유심증주의의 한계를 벗어났다고 못박고 파기환송했다.

대법원의 논지는 일관된다. 피해자 진술의 주요 골자가 일관되고, 허위로 진술할 합리적 동기가 드러나지 않으며, 경험칙에 비추어 비이성적 모순이 없다면, 조사 과정에서의 사소한 흔들림이나 표현상의 과장만으로 전체를 배척해서는 안 된다. 2심처럼 진술의 가지를 집요하게 붙들어 나무 자체를 지워버리는 평가는, 증거를 파편화하여 의심을 제조하는 방식일 뿐이며, 그것이 바로 자유심증의 이름을 빌린 법리 일탈이라는 지적이다.

결론은 분명하다. 법이 요구하는 자유심증은 증거 전체를 엮어 실체에 다가가라는 명령이지, 마음에 드는 단서만 골라 왜곡 해석으로 신빙성을 무너뜨리라는 면허가 아니다. 판사의 느낌이 자유심증이 아니다. 논리와 경험칙을 떠난 의심 만들기는 결국 파기의 사유가 될 뿐이다.

이 사건의 2심은 피해자 진술 전체보다는 일부 내용에 집착하여 말꼬리 잡기를 하는 행태를 보였다. 2심은 말꼬리 잡기를 확대, 과장하여 피해자 진술 전체를 부정하는 어이없는 결과를 초래했다. 이는 '테니스장 오심'에서 1-2-3심 재판부가 목격자 방○○의 증언의 왜곡 해석한 것과 너무나 흡사하다.

흐릿한 CCTV 화면

다음은 '흐릿한 CCTV 화면'을 둘러싼 자유심증의 오남용 사례이다. 서울고등법원 2021노4632 판결에서는 준강제추행이 쟁점이었다. 역사 CCTV는 측면만 담겼고 화질도 낮았다. 그럼에도 1심은 "영상 속 인물이 피고인으로 보인다."는 직관과 일부 장면에 맞춘 해석을 근거로 유죄를 선고했다.

2심은 영상이 제공하는 정보의 한계를 분명히 지적했다. 화면에서 행동의 성격조차 분명히 식별되지 않는데, 일부 불일치나 주변 사정을 확대해 전체 신빙성을 무너뜨린 평가는 논리와 경험칙을 벗어난 자의적 증거 판단에 가깝다는 것이다. 결국 2심은 1심을 파기하고 무죄를 선고했다.

1, 2심 판결을 나란히 놓으면 구조가 보인다. 식별이 곤란한 영상 → 인상적 판단 → 결론에 맞춘 증거 읽기. 오판은 자유심증을 '증거를 마음대로 믿는 자유'로 오해한 데 있다. 흐릿한 영상은 진실의 거울이 아니라 조각에 불과하다. 그 조각을 전체로 착각하는 순간, 재판은 '보이는 대로 믿기'의 함정에 빠진다.

1심이 "그렇게 보인다."는 심증으로 유죄를 선고하는 것은 자유심증이 아니라 위법이다. '테니스장 오심'에서 1-2-3심 재판부가 캐비닛 옆면에 반사된 흐릿한 간접영상을 보고 피고인이 고소인을 폭행한 사실을 확인하였다고 판시한 것도 이 범주를 벗어나지 못한다.

괴물이 되어버린 자유심증

한 여성의 한마디가 법정의 공기를 갈랐다. "판사님은 왜 안 들으시죠?" 전직 판사 도진기 변호사는 법정에서 "녹취를 틀어도 심드렁했고, 재판을 빨리 끝내려는 기색이 역력했던" 장면을 기록했다. 그의 요지는 단순하다. 사건은 넘치고 판사는 부족하다. 시간의 부족이 곧 경청의 결핍으로 이어지고, 그 빈자리를 자유심증이라는 말이 메운다(경향신문 2018. 6. 17.자 인터넷판).

현직 판사도 같은 진술을 남겼다. "5분 재판을 누가 승복하겠나." 공판정에서 하나하나 증거를 확인하는 절차가 자주 생략되고, 결론은 '사무실에서 혼자 읽는 수사기록'에 좌우된다는 고백이 이어졌다. 법정의 말이 짧아지는 만큼, 판사의 심증은 서류의 요약본 위에서 더 빨리 굳는다(시사인, 2018. 9. 7.자).

이런 현실은 법원 공식 간행물에도 남아 있다. "일반 재판은 보통

10~15분 간격으로 사건이 지정돼 충분한 구두변론이 어렵다… 국민참여재판에서야 영화처럼 공판중심주의가 실현된다." 스스로 적시한 이 문장은, 경청 부재가 어떻게 제도화되는지 보여준다(법원행정처, 「국민이 함께 하는 참여재판 이야기」).

법정에 떠도는 오래된 속언이 있다. "형사사건 증거 제1호는 공소장." 도진기 변호사는 이 말을 '현장의 관행'으로 다시 끌어올린다. 과부하 속 재판은 공판정의 대면검증보다 편철 기록을 더 '안전'해 보이게 만든다. 절차가 실체를 압도하는 순간, 자유심증은 검증이 아니라 합리화의 기술로 변한다(경향신문 2018. 6. 17.자 인터넷판).

2021. 2. 1. 전국법관대표회의 주최 토론회에 나선 한 판사의 설명은 더 노골적이다. "공판중심주의가 도입됐지만 법정에서 일일이 증거 확인·공방하는 절차는 많은 경우 생략된다." 판사가 사무실에서 혼자 읽는 수사기록에 의존하는 현실, 자백이 반가울 수밖에 없는 업무환경, 그리고 "상당수 법관들이 기본적으로 공소장을 신뢰한다."는 지적까지. 이 한 묶음의 진술은 자유심증이 어디에서 자라는지 정확히 가리킨다.

같은 자리에서 다른 판사는 '처리건수' 중심의 인사 문화가 판사의 숙고와 독립을 훼손한다고 비판했다. 통계상의 처리율을 우선하는 구조는 결국 변론기일의 형해화로 귀결되고, 그 공백을 심증의 편의주의가 점령한다(경향신문, 2021. 2. 2.자 인터넷판).

고광우 변호사는 "증거의 증명력은 법관의 자유판단이라는 문장이 논리와 경험칙의 울타리를 잃는 순간 단박에 자의로 전락한다."라고 경고한다. 자유심증은 '마음대로'가 아니라 '이유로 설명 가능한' 판단이어야 한다—당연하지만, 가장 자주 잊힌다(법률신문, 1998. 9. 24.자 인터넷판).

류인규 변호사는 다른 균열을 짚는다. 심증 비공개 관행이 반박의 기회를 없애 자의성을 키운다는 지적이다. 무엇을 왜 배척했는지 드러내지 않는 판결문은 결론만 있는 문서가 되고, 자유심증은 설명되지 않는 권위로 둔갑한다(법률신문, 2022. 11. 30.자 인터넷판).

백원기 교수는 자유심증의 '울타리'를 다시 그린다. 충분한 증명력이 있는 증거를 이유 없이 배척하거나, 객관 사실에 명백히 반하는 증거를 이유 없이 채택하는 등 논리·경험칙을 벗어난 판단은 자유심증의 영역이 아니라고 정리한다. 자유심증은 무제한이 아니다—규범을 벗어나는 순간, 그것은 자유가 아닌 위법한 자의이다(『형사법의 신동향』, 제70호, 2021.).

여기서 우리는 여러 법조인(전문가)들이 지적한 동일한 장면을 보았다. 절차의 생략 → 기록의 관성 → 경험칙의 오만 → 설명 없는 결론. 이 사슬이 반복되는 한, 자유심증은 증거의 자유로운 종합이 아니라 논증 없는 자의의 다른 이름이다. 그 순간, 자유심증은 괴물이 된다.

TIP 자유심증 오남용에 울리는 경종

앞서 거론된 내용들을 10인의 말로써 다시 요약해본다.
1. "법의 그늘과 '정의'의 이름으로 자행되는 폭정만큼 잔혹한 것은 없다"(몽테스키외, 『로마인의 흥망성쇠 원인에 관한 고찰』).
2. "판사는 제 취향의 선(善)을 좇아 멋대로 떠도는 기사(騎士)가 아니다"(벤저민 N. 카도조, 『The Nature of the Judicial Process』).
3. "일부 재판에서는 이러한 '합리적인 의심' 없이 증거를 배제하고 경험칙과 논리칙에도 맞지 않는 채증법칙위반의 재판이 발생하기도 한다"(황종수·양신철, 『자유심증주의의 의미와 한계에 관한 검토』).
4. "어떠한 재량도 법적으로 아무런 구속을 받지 않을 수는 없다"(톰 빙엄, 『The Rule of Law』).
5. "대법원이 그 '자유심증의 판단 기준'을 명확하게 제시하지 못한

점에서 비판받아야 마땅하다고 본다"(백원기, 「형사소송법 제308조… 의미와 한계」).

6. "이는 무엇보다도 임의적 권력의 영향에 반대되는, 통상적 법의 절대적 지배 또는 우위를 의미한다"(A. V. 다이시, 「헌법 연구 입문」).

7. "우리 법제에 도입된 자유심증주의는 법관에게 일반 상식에 부합하는 추론을 허용한다는 것일 뿐, 법관이 일반 상식과는 어긋나게 자기 마음대로 추론하는 자의심증은 결코 허용되지 않는다"(김기현, 경향신문).

8. "확신 없는 개연성으로 족하지 않으며, 개연성 없는 확신은 자의(恣意)이다"(홍기문, 「민사소송에서의 증명도 기준의 개선에 관한 연구」에서 재인용).

9. "'법관의 자유판단'은 법관이 전적으로 자유롭게 판단하라는 요청이 아니라, 법관이 합리적 이성에 따라 판단하라는 요청으로 이해되기 때문이다"(양천수, 「형사소송에서 사실인정의 구조와 쟁점」).

10. "사법적 재량도 오직 '합리적'으로 사용되어야 한다"(아하론 바라크, 「민주주의 시대의 판사」).

CHAPTER

판사의 오심과 면책특권

"권한 남용으로 인한 오심은
단순한 오류가 아니라,
사법권의 범죄적 남용이다."

아하론 바라크 Aharon Barak
전 이스라엘 대법원장, 1936~

경찰-검찰-법원의 사법권력 유착

  2017년 화제가 된 영화 〈재심〉은 전라북도 익산 약촌오거리 택시기사 살인 사건을 소재로 한 작품이다. 15세 소년이 억울하게 살인범으로 몰려 무기징역형을 선고받았으나 복역 10년 만에, 한 변호사가 집요한 노력 끝에 재심을 통해 무죄를 밝히는 과정을 그렸다.
  이 영화에서 소년은 살인을 저지르지 않았음에도 경찰의 구타와 협박에 의해 허위자백을 하게 된다. 허위자백이 유일한 증거임에도 판사는 자백이 어떻게 이루어졌는지를 검토하지 않았고, 검찰이 제출한 수사결과를 비판 없이 수용하였다.
  "피고인은 자백을 했고, 그 자백을 번복할 만한 명백한 증거가 없다."
  판사의 이런 판결은 대법원에서도 인정되어 확정되었다. 당시 오심은 경찰-검찰-법원의 사법권력 유착이 낳은 구조적 부조리였다.
  "진실은 반드시 승리한다는 걸 보여 주고 싶었습니다."
  이 대사는 영화 속 변호사가 법정에서 진심을 담아 던진 말로, 진실이 외면당한 현실에 대한 분노와 정의에 대한 집념이 응축된 명장면으로 관객에게 울림을 주었다.
  국내서 여러 차례 방영된 영화 〈쇼생크 탈출〉에서 주인공은 아내와 그 애인을 살해한 혐의로 종신형을 선고받는다. 그러나 주인공은 실제로 무고한 인물이며, 이 영화는 사실상 오심으로 인생을 송두리째 빼앗긴 주인공의 탈옥을 중심으로 한 이야기이다.
  영화 초반, 법정 장면이 짧게 등장한다. 주인공은 상당히 차분하고 논리적인 태도로 자신의 무죄를 주장하지만, 검사는 정황증거를 제시하면서 범행 동기를 강조한다. 아내가 불륜을 저질렀고, 주인공이 술을 마신 채 총을 가지고 근처를 배회했다는 것이다.
  판사는 정황증거와 피고인의 태도만을 근거로 유죄를 인정한다. "이보다 더 명백한 사건은 본 적이 없다."라는 말과 함께 종신형을 선고한다. 직접증거가 전혀 없는 상태에서 판사는 주인공의 '태도'를 유죄의 근거로 삼았다.

오심해도 사과는 안 한다

오심에 대하여 해당 판사가 사과한 사례도 있다. 박범계 전 법무부 장관은 판사 재직 시절인 1999년, 허위자백과 경찰의 강압수사에 의해 살인범으로 몰린 삼례 나라슈퍼 3인조 강도치사 사건의 1심 배석판사였다. 2016년 재심을 통해 진범이 밝혀지고 살인범의 무죄가 확정된 이후, 박범계 전 장관은 2017년 언론 인터뷰에서 "그 사건에서 무죄가 나왔다는 얘기를 듣고 정말 가슴이 철렁했다. 미안하고 죄송했다."라고 밝혔다. 그리고 국회 의원회관에서 피해자들을 만나 사과했다고 한다.

우리나라에서는 재판을 맡았던 판사가 공식적으로 오심을 인정하고 사과한 보기 드문 사례이다. 하지만 이런 사과가 3~6년의 억울한 옥살이를 한 피해자들의 고통에 얼마나 위안과 보상이 될 수 있을까. 더구나 더 큰 책임 있는 관련 판사들은 침묵으로 일관했으며 이후 어떠한 불이익도 받지 않은 것으로 알려져 있다.

판사의 오심 사과 사례는 일본에서도 있었다. 무라카미 가즈유키는 1974년 강간살인 혐의로 사형 판결을 받고 27년간 복역하다 재심에서 무죄 확정되었다. 당시 재판에 관여했던 일본 고등재판소 판사 이노우에 요시유키는 공식 기자회견에서 오심에 대해 사과했다. "당시의 판단은 완전히 잘못된 것이었으며, 너무나 무거운 짐을 평생 지게 한 점을 깊이 사죄드립니다."

일제 때 평양 복심법원(고등법원 격)의 이찬형 판사가 사형을 선고, 집행까지 된 살인사건의 진범이 검거되자 그날로 법복을 벗고 금강산 암자에 들어가 불도에 귀의했다. 그가 훗날 우리나라 최고 선승인 효봉스님이 된 것은 널리 알려진 이야기이다. 하지만 그렇게 한다고 해서 무고한 사람의 목숨을 빼앗은 '합법적 살인'의 죗값을 충분히 치를 수 있는지는 의문이다.

영화 〈부러진 화살〉(2012년)은 형사사건은 아니지만 피해자인 대학교수가 오심(행정소송)을 한 판사를 찾아가 석궁을 발사한 사건을 소재로 한 것이다. 법원은 내용이 사실과 다르다는 입장이지만 당사자인 김명호 전 교수는 영화가 실제 사건과 맥락상 100% 일치한다고 주장하며, 사법부의 문제점을 지적했다.

오심 순간 판사가 하는 말

TV 드라마 〈이상한 변호사 우영우〉(2022년) 속에서 판사들은 오심의 순간에 이런 말들을 한다.

"피해자의 진술은 일관되고 구체적입니다." (증거 없이 오직 피해자의 진술에만 의존, 실질적으로 증거 부족 상태에서 판사가 판단을 내려버리는 상황)

"피고인은 범행을 부인하고 있으나, 그 진술은 신빙성이 없습니다." (피고인의 일관된 부인 진술은 배척하고, 피해자 진술만 신뢰한 편향적 판단)

"증거는 부족하지만 피해자의 진술이 명확하므로 유죄로 판단합니다." (직접증거가 없음을 판사 스스로 인정하면서도 유죄를 선고하는 상황)

"그런 식으로 진술을 번복하는 것은 오히려 거짓말을 감추려는 의도입니다." (피고인의 진술 변화나 감정적 반응을 모두 부정적으로 해석하며, 방어권을 침해하는 형태)

"재판은 법에 따라 합니다. 동정이나 감정은 고려 대상이 아닙니다."

(인권 보호를 외면하고 기계적 판결을 정당화할 때 사용하는 전형적인 발언)

앞서 언급한 영화 이야기는 상상 속 허구가 아니다. 지금도 우리 현실에서 벌어지고 있는 일이다. 우리 사법 현실에는 아직도 이런 말이 일상이라는 생각을 피할 수 없다.

책 〈이상한 재판의 나라에서〉의 저자 정인진 변호사는 '한국법학원'과의 2021년 10월 21일자 인터뷰에서 "반대로 사법에 대한 변호사님의 믿음을 크게 저버린 사건을 경험하신 적이 있다면 말씀 부탁드립니다."라는 질문을 받자, 다음과 같이 답변하였다. 정 변호사는 1980년 임관하여 24년간 법관 근무를 하였다.

"사법에 대한 믿음을 저버리게 한 판결을 말하자면 여럿 있습니다. 법령의 형식적 해석으로 정의롭지 못한 결론을 낸 판결, 법률행위 해석에서 법은 그만두고라도 상식상 도저히 승복할 수 없는 결론을 낸 판결, 판사가 예단을 가지고 아예 증거신청을 받아주지 않아 싸워보지도 못하고 패소한 판결, 기록을 제대로 읽어보고 쓴 것일까 싶은 판결… 다양합니다만 구체적으로 소개하지는 않겠습니다."

오심의 출발선은 허위 공소장

형사재판이 검사의 기소에서 시작되듯이 오심의 출발선도 공소장이다. 1심 판사가 공소장 내용을 대부분 인정하는 방향으로 결론을 내기 때문이다. 여기서 엉터리 공소장이 검사 실적 경쟁의 산물이라는 현실은 흔히 무시된다. 왜 판사는 공소장에 발 묶이는가. 왜 사건의 진실 규명에서 솔로몬의 지혜를 발휘하지 못할까. 여기에는 나름대로 판사와 검사, 기소와 재판이라는 구조적인 문제가 내재되어 있다.

판사가 법정에서 처음 맞닥뜨리는 것은 서랍 가득한 기록이 아니라 검사가 적어 낸 공소장 몇 장이고, 그 문장이 곧 심리의 선을 그어 버린다는 감각(선입견)은 오래 법복을 입었던 사람들 입에서 가장 노골적으로 나온다. 전직 판사 도진기 변호사는 "형사사건 증거 제1호는 공소장"이라는 속언이 괜히 나온 말이 아니라며, 한 언론매체에서 이렇게 적었다.

『화난 듯 거친 말투가 법정을 압도했다. 그 주인공은 판사였다. 검사는 오히려 온화했다. 법정 안의 공기가 얼어붙었다. 형사법정의 피고인들은 안 그래도 위축되어 있다. 느낌이 좋지 않았다. 증거로 녹취파일을 틀 때도, 심드렁한 표정이었다. 재판을 빨리 끝내고 싶어 하는 역력한 기색. 성추행 무고로 피고인석에 선 60세 여성은 이 실리 없는 재판에서 그저 억울함을 풀고 싶었다. 결과는 항소기각. 여성은 피를 토하는 심정이었지만, 판결문에는 별다른 이유가 없었다. "판사님은 왜 안 들으시죠?" 여성은 원망의 한마디를 남겼다.』(경향신문, 2018. 6. 17.자 인터넷판)

그런 흐름을 더 직설로 말한 판사도 있다. "형사재판은 한 기일에 수십 건이 넘어오고 공소장 외에는 볼 것이 없다. 판사는 재판이 진행되는 동안 수사기록을 볼 시간도 없고, 볼 필요도 없다."라는 그의 좌담 발언은, 변호인이 법정에서 늦게 꺼내 든 항변이 이미 정해진 레일 바깥으로 밀려나는 이유가 무엇인지 차갑게 설명한다(신동아, 2006. 11.호)

오심의 전형적 핑계는 '사건 과다'

정인진 변호사는 책 〈이상한 재판의 나라에서〉 및 인터뷰에서 "그(초기 진술과 기록 편집)가 사실이라고 믿고 그대로 기소가 들어왔으면 내가 담당 판사였더라도 틀림없이 공소장대로 판결했을 터였다."라고 적었다. 즉, 판사가 다룰 수 있는 '진실'은 공소가 열어 준 창(窓)의 크기만큼으로 줄어들며, 항변은 그 창틀을 바꾸지 못하는 한 공중에 흩어진다(한국법학원,

2021. 10. 21.자 인터넷판).

현장 업무의 압력도 그 방향을 거든다. 〈지금부터 재판을 시작하겠습니다〉의 저자 정재민 전 판사는 "장날이면 하루 25건, 일주일이면 50건을 준비해야 하고, 한 건이 수백~수천 쪽, 어떤 사건은 4만 쪽까지 불어난다."라고 썼다. 이 스케일에서는 재판장이 처음 받은 공소 문장으로 신문 순서와 관련성 문턱을 정리하지 않으면 법정이 서지 않는다는 것이다. 요약하면 사건은 많고 판사는 적어 "해결" 대신 "처리"의 유혹이 커지는 구조에서, 법정은 공소장을 사건의 사실 설계도로 취급하며 달린다는 것이다.

이 같은 전직 판사들의 실토를 감안해보면, 무죄 추정의 원칙(헌법 제27조 제4항)은 아예 재판 시작 시부터 배제되는 것이 현실이다. 판사들은 검찰이 만든 색안경을 낀 채 선입견을 가지고 사건을 심리하는 것이 분명한 것 같다. 피고인은 기울어진 운동장에 서서 재판을 받게 되는 것이다. 달리 표현하면 형사재판은 판사들조차 '유죄 추정의 원칙'에서 출발한다고 볼 수 있다.

이는 통계를 통해서도 확인된다. 2024년 1심 형사공판사건 선고 결과를 보면 기소된 21만 5,009명 중 무죄 6,725명(약 3.1%), 공소기각 5,269명(약 2.5%)으로 합계 약 5.6%만이 공소장 주장대로 받아들여지지 않았다. 같은 통계에서 자유형 14만 5,246명·재산형 5만 5,895명·선고유예 1,845명·무기형 29명으로, 대다수는 유죄 유형으로 귀결되었다(뉴시스, 2025. 9. 25.자 인터넷판). 반면 약식까지 포함한 국가통계 지표에서는 2024년 제1심 무죄율이 0.91%로 훨씬 낮게 나타났다(국가통계포털 '지표누리').

'테니스장 오심'도 여기서 예외가 아니다. 1심 판사는 공소장 내용을 바탕으로 빨리 재판을 마무리하고 싶었을 것이다. 더구나 벌금형의 경미한 사건이기에 결론은 더 쉽게 이미 정해져 있었을 것이다. 다만 공소장 내용 중 어처구니없이 사리에 맞지 않는 부분(가령, 닫히는 문틈에 손가락이 끼

없는데도 문이 찰칵 소리를 내며 정상적으로 닫히고 고소인은 전혀 비명이 없었다는 등)만 부정하였다. 정확히는 부정한 것이 아니라 검사에게 공소장 변경을 요구하였다. 그리고는 검사의 손을 들어주었다.

국가의 형벌권에서 경찰, 검사, 판사는 세 축이다. 이 세 축은 별도의 기관이지만 서로 맞물리며 상호의존적으로 돌아간다. 그리고 웬만해서는 이 세 축은 파열음을 내지 않고 한 동체로 작동한다. 판사가 이 동체로부터 자유롭지 못하고 현명하지 못할 때 오심의 위험은 항상 존재한다. 필연적으로 오심은 발생할 수밖에 없다.

ISSUE 사법부 신뢰도에 대한 AI판사 보고서

"10명의 죄인을 잡기 위해서라면 한 명의 무고한 사람은 처벌해도 된다." 이 말이 우리 현실인 것 같다. AI판사는 사법부 신뢰도를 어떻게 보고 있을까.

사법부 신뢰도에 대한 AI판사 보고서

1. 한국 사법부 신뢰도 현황

한국 국민의 사법부에 대한 신뢰도는 OECD 평균보다 낮은 수준에 머무르고 있다. OECD의 「한눈에 보는 정부 2023」에 따르면, 한국에서 사법부를 신뢰한다고 응답한 비율은 49.1%로, OECD 평균인 56.9%보다 7.8%포인트 낮다. 이는 조사 대상 20개국 중 15위에 해당하며, 사법 시스템에 대한 국민의 낮은 신뢰를 보여준다(연합뉴스, 2023. 9. 30.자).

영국의 싱크탱크 레가툼 연구소가 발표한 「2023년 번영지수」에 따르면, 한국은 '법의 지배' 부문 중 사법 시스템 신뢰도에서 167개국 중 155위로 매우 낮은 순위를 기록하였다. 2013년 146위에서 2023년 155위로 하락했으며, 10년간 국

민 신뢰도가 점진적으로 악화된 것을 보여준다(메디컬이코노미뉴스, 2023. 10. 3.자)
이러한 수치는 국민이 느끼는 사법부의 불공정성, 정치적 편향, 전관예우 및 비밀주의적 운영에 대한 비판이 누적된 결과로 해석된다.

2. 사법부 불신의 주요 요인

사법부에 대한 불신의 주된 원인은 다음과 같다. ① 일부 재판에서 반복적으로 드러난 정치적 편향 논란 ② 유사한 사건에서 서로 다른 판결이 내려지는 판결의 일관성 부족 ③ 법원 결정문·판결문 등 정보의 비공개 관행으로 인한 투명성 저하 ④ 전관예우 문제로 상징되는 구조적 폐쇄성 등이다.
이와 같은 요인들은 사법부를 '공정하지 못한 집단'으로 인식하게 하며, 특히 고위 법관이나 정치·경제 권력과 얽힌 재판에서 이러한 불신은 더욱 두드러진다.

3. 국제적 비교: 외국의 사법 신뢰도

국제적으로 보면, 핀란드, 노르웨이, 덴마크 등 북유럽 국가는 사법 신뢰도가 매우 높은 편으로, OECD 평균을 상회하는 70~80% 수준의 신뢰도를 유지하고 있다. 독일, 캐나다, 네덜란드도 사법 독립성과 투명성 면에서 비교적 높은 평가를 받고 있다.
반면, 한국은 체계상 독립성을 보장받고 있음에도 불구하고, 실질적 독립성과 신뢰 확보에 실패하고 있는 것으로 분석된다. 특히 사법부 고위직 출신이 정치 권력과 밀접하게 연루된 사례는 사법 독립성에 의구심을 증폭시키는 요인이 되었다.

4. 국민 인식의 구체적 양상

국내 여론조사에서도 사법부 불신은 단순한 느낌 수준이 아니라 구조적 현상이다. 서울대 행정대학원이 실시한 2022년 조사에 따르면, '법원이 공정하게 재판을 한다고 생각하느냐'는 질문에 '그렇다'고 응답한 국민은 전체의 43%에 그쳤으며, '그렇지 않다'는 응답은 42.6%로 나타나, 양분된 인식을 보여준다.
특히 20·30대 젊은 층에서는 '법원이 권력자에게 유리한 결정을 한다'는 인식이 두드러졌으며, 이 연령층은 전체 사법 불신 응답자의 과반수를 차지하고 있다.

5. 결론 및 시사점

한국의 사법부는 헌법상 독립기관으로 설계되어 있음에도 불구하고, 국민의 눈높이에서는 신뢰를 충분히 확보하지 못하고 있다. 이는 단지 여론의 문제가 아니라, 사법 시스템의 구조적 문제와 운영 방식의 비민주성이 그 원인이다.
신뢰 회복을 위해서는 ① 판결문과 재판 과정의 투명성 강화 ② 정치적 독립성 보장 및 인사 시스템 개혁 ③ 전관예우에 대한 제도적 감시와 실질적 징계제도 마련 등이 필요하다. 사법 시스템의 투명성 확보 없이 민주주의의 질적 심화는 불가능하며, 국민의 신뢰 없는 사법부는 정의 구현의 기반이 될 수 없다.

'법왜곡죄' 도입 추진

어떻게 판사의 오심을 예방하고 줄일 수 있을까?
이런 관점에서 보면 우선 관심을 끄는 것은 '법왜곡죄' 도입 추진이다. 2025년의 '법왜곡죄' 논쟁은 "판사의 오심을 어떻게 구조적으로 줄일 수 있는가?"라는 단 하나의 질문에서 출발한다. 정치적 구호와 진영 공방을 걷어내면, 핵심은 고의적 법리 일탈을 형사적으로 억지해 편향·자의·왜곡을 차단하고, 그 반사효과로 오심 가능성을 낮추는 제도적 안전장치를 만들 수 있느냐에 있다.
최근 이 질문이 본격적인 입법 문장으로 옮겨 적히기 시작한 출발점은 2025년 5월 13일 더불어민주당 김용민 의원이 '법왜곡한 판·검사·사법경찰관 처벌법'을 대표발의한 것이다. 법리를 왜곡해 사실을 조작하거나 잘못된 판결·처분을 한 경우 최대 징역 10년을 부과한다는 그의 안은 오판을 초래하는 의도적 일탈에 형사적 위험 신호를 켜겠다는 취지를 분명히 했다(뉴시스, 2025. 5. 13.자 인터넷판).

김 의원 안이 제시한 메시지는 단순했다. "고의로 법을 비틀어 결과를 왜곡하면, 그 결과가 오심이든 불공정한 처분이든 책임을 묻겠다." 이 설계는 법관의 독립을 전제로 하되, 악의적 왜곡은 독립의 보호막 밖에 있다는 선을 긋는다. 같은 날 보수지의 비판적 해설이 '사법부 압박' 프레임을 내걸었지만, 입법안의 구조 자체는 '단순 오판'과 '의도적 왜곡'의 구별을 전제로 한다는 점에서 오심 방지 논리와 충돌하지 않는다. 오히려 명백한 고의와 결과를 중심축으로 구성요건을 세우면, 선의의 오류는 형사처벌 대상에서 제외하고, 고의적 왜곡만을 겨냥하는 정밀한 억지효과가 생긴다(동아일보, 2025. 5. 13.자 인터넷판).

이어 조국혁신당의 신장식·정춘생 의원은 "법관·검사의 의도적 법왜곡 처벌"을 명시한 형법 개정안을 공개하고, 기자회견에서 "독일식 '법왜곡죄'처럼 고의·중대한 일탈을 엄격히 겨냥하겠다."라고 방향을 못 박았다. 그 취지는, 재판 전 과정에서의 의도적 왜곡 가능성을 제도적으로 봉쇄해 최종 판결의 오류 가능성을 줄이겠다는 데 있다. 고의적 왜곡을 엄격히 정의하고 입증책임을 높이면, 오히려 정상적 해석·재량은 더 안전해지고, 결과적으로 오심 방지의 기초체력이 높아진다는 셈법이다(조국혁신당, 2025. 5. 12.자 보도자료).

'최대 징역 7년·자격정지 10년'을 제시한 더불어민주당 박찬대 의원은 증거·사실관계 조작 같은 악성 왜곡을 명시적으로 포섭해 재판의 사실인정 단계에서의 오심 유발 요인을 정면으로 겨냥했다. 그리고 적용돼야 할 법령의 부당한 적용·누락까지 적시해 판결문 작성의 법리 단계에서의 고의적 왜곡 여지를 좁혔다. 이 설계는 '의도적 조작'과 '부당한 법 적용'이라는 오심의 양대 원인을 병렬로 처리해, 고의 왜곡에 대한 형사적 금지선을 두텁게 긋는 데 초점이 맞춰져 있다(뉴시스, 2025. 7. 28.자 인터넷판).

법왜곡죄 이미 시행하는 나라들

우리 국민들에게 '법왜곡죄'는 생소하게 들리겠지만 외국에서는 이미 시행하고 있는 나라들도 있다.

독일은 '단순한 법률오해'와 '의도적·현저한 일탈'을 가르는 데 가장 엄격한 나라로 꼽힌다. 형법 제339조 '법왜곡'은 판사나 중재인, 그 밖의 공무원이 재판에서 당사자 일방에 유·불리를 주기 위해 법을 '굽히는' 경우를 처벌하지만, 적용은 오직 '사법작용의 핵심을 허무는 현저한 위반'으로 한정돼 왔다(독일정부 법령 검색 포털). 2024년 11월 독일 연방대법원은 이 원칙을 실제 사건에 적용해, 관할을 끌어오고 절차를 뒤틀어 방역조치 금지 결정을 내린 이른바 '바이마르 마스크' 사건의 판사에 대해 징역 2년(집행유예)을 확정했다. 재판부는 '법해석의 의견 차이'가 아니라 사건의 유도·편파적 전문가 선정·절차 파괴 등 절차의 근간을 무너뜨린 행위가 핵심이라고 못 박았다(독일 연방대법원 보도자료 2024. 11. 20.자).

스페인은 '행정형'과 별도로 사법왜곡(형법 446조)을 두어, 판사가 명백히 불법임을 '알고도' 부당한 결정을 내릴 때를 처벌한다(스페인 정부 관보, 2024. 11. 23.자 인터넷판). 대표적 운용으로 2012년 스페인 대법원은 '구르텔' 사건 관련 불법 도청 지시를 내린 발타사르 가르손 전 판사에게 자격정지 11년을 선고했고, 이후 사법평의회가 퇴출을 확정해 조항의 문턱과 효과를 분명히 보여주었다(스페인 대법원 공지, 2012. 2. 9.자).

포르투갈의 형법 제369조 '사법거부 및 왜곡'은 수사·재판·징계 등 절차에서 공무원이 의식적으로(고의로) 법에 반해 결정을 내리거나 결정을 회피하면 처벌하고, 특정인에 이익·불이익을 줄 의도가 있으면 가중하며, 그 결과가 자유박탈로까지 이어지면 1~8년까지 올린다(포르투갈공화국 관보 통합본, 2025. 10. 14.자 인터넷판). 대법원과 학설은 단순 지연·절차 하자만으로는 부족하고 '자의적·고의적 일탈'이 있어야 한다는 해석을 반복하며 문턱을 높여, 정상적 재량은 보호하되 오심을 낳는 악의적 왜곡만 형사로 걸러낸다(리스본 지방검찰청 조문·주해, 2025. 10. 14.자 인터넷판).

프랑스는 '잘못된 판결' 자체의 형사화를 피하면서 사법 기능의 고의적 거부를 직접 규율한다. 형법 제434-7-1조 '사법거부죄'는 재판부 구성원이 청구를 받고도 상급자의 경고·명령에도 불구하고 사법 제공을 거부하면 벌금과 5~20년간 공직 취임 금지를 부과한다. 이는 오심 그 자체가 아니라 재판받을 권리의 고의적 침해(거부)를 겨냥해, 악의적 지연·회피라는 오심 촉발 요인을 제도적으로 봉쇄하는 방식이다(레지프랑스, 2025. 10. 14.자 인터넷판).

미국 연방법에는 판사만을 겨냥한 '법왜곡' 조문은 없지만, 연방법 제242조(권리침해), 사법 방해(제1503조 등) 같은 규정으로 재판 왜곡·부패를 처벌해 왔다. 1980년대 시카고 '그레이로드 작전'은 판사 17명을 포함해 90여 명을 기소·유죄로 이끌며, 별도 '법왜곡' 조문 없이도 권리침해·사법방해·부패죄의 조합으로 사법왜곡을 단죄할 수 있음을 입증했다(FBI 공식 히스토리, 2004. 3. 15.자/상시 업데이트). 이러한 운용은 판결 내용의 옳고 그름이 아니라, 권리 침해와 절차 파괴라는 객관적 침해행위를 중심으로 오심의 원인을 차단한다는 점에서 비교법적으로 시사하는 바가 크다(미 법무부·FBI, 각 인터넷판).

법왜곡죄의 공통분모

정리하면, 위 국가들의 공통분모는 오심 자체의 형사화가 아니라 '의도적 왜곡'의 형사화이다. 국내 입법 발의안들은 이런 원칙을 고수하는 것으로 보인다. 오동운 고위공직자범죄수사처장은 2025. 9. 25.자 서울신문과의 인터뷰에서 "독일의 법왜곡죄 정도라면 사법 면책 뒤에 숨을 수 있는 판사와 검사에 대한 유효한 견제 장치는 된다고 생각한다. 법을 다루는, 최종적인 법의 해석자가 되는 법관들이 항상 자신을 경계해야 한다는 측면에서 도입에 찬성한다."라고 밝힌 바 있다.

이 원칙은 입법 기술로 번역하면, ① 고의 요건의 명백화(의도·목적) ② 결과의 중대성 요건 ③ 사실·법리 단계별 왜곡 유형의 구체화 ④ 입증책임 구조의 강화로 표현될 수 있다. 그럴수록 선의의 재판활동은 보호되고, 고의 왜곡만 표적화되어 오심을 만드는 유인은 억제된다(서울신문, 2025. 9. 25.자 인터넷판).

'테니스장 오심'의 관련 판사들에게 법왜곡죄를 적용하면 유죄 판결의 가능성이 매우 크다. 법왜곡죄의 도입은 재판의 공정성이 강화되고, 오심이 줄어드는 효과는 확실할 것으로 평가한다. 그리고 그 결과는 정치적 유불리를 넘어, 판결문 한 장의 무게를 감당해야 하는 당사자들의 삶에서 확인될 것이다. 만약 우리나라에 법왜곡죄가 이미 시행되고 있었다면 '테니스장 오심'은 예방할 수 있었을 것으로 보인다.

오심의 헌법소원

여기에 대법원 판결도 헌법소원 대상이 되도록 하자는 법안도 발의되어 있다. 현행 「헌법재판소법」 제68조 1항은 「공권력의 행사 또는 불행사로 기본권을 침해받은 자는 법원의 재판을 제외하고는 헌법소원심판을 청구할 수 있다.」고 못박고 있어, 원칙적으로 재판 내용은 헌법소원 대상이 아니다.

2025년 5월 더불어민주당 정진욱 의원은 이 단서 문구('법원의 재판을 제외하고는')를 삭제하는 방식의 개정안을 발의했다. 취지는 대법원 확정판결이라도 기본권 침해가 명백하면 헌재의 최종 심사를 한번 더 받게 하자는 것이고, 헌법재판소는 국회에 보낸 의견서에서 "개정 취지에 공감한다."는 입장을 밝혔다(조선일보, 2025. 5. 16.자 인터넷판).

이어 8월에는 한창민 의원이 보다 구체적인 '재판헌법소원청구권 도입법'을 대표발의했다. 이 안은 단순히 문구를 지우는 수준을 넘어, ① 재판헌법소원 허용 ② 위헌 시 '취소·환송' ③ 긴급 '가처분' 허용 ④ (형사사건) 형사소송법 준용 ⑤ 변형결정 기속력 명문화 등을 담고 있다. 확정된 형사재판 사건의 헌법소원 절차에는 형사소송법을 준용한다는 조항도 포함돼 있다. 요컨대 '대상·기간·서류·가처분·취소·환송'을 한 묶음으로 설계한 전면적 도입안이다(뉴시스, 2025. 8. 18.자 인터넷판).

요약하면, 재판을 헌소 대상에 포함시키려는 최근 법안들은 단순 허용을 넘어 청구 요건·절차·효력(가처분, 취소·환송, 형사사건 준용)까지 구체 설계되어 있고, 헌재도 원칙적으로 취지에 호응한 상태이다. 이 방안 또한 재판의 오심에서 피해자를 구제하는 방법이 될 수 있을 것으로 보인다. 이 제도 하에서라면 '테니스장 오심'은 당연히 그 적용대상이 될 것이다.

하지만 이 방안에 대해서는 '4심제'로 가는 길이라는 비판이 거세다. 대부분의 피고인이 이 제도를 악용할 소지가 크다는 것이 주된 이유이다. 그리고 만약 헌재가 헌법소원을 인용할 경우 향후 해당 사건이 각 심급의 도돌이표 대상이 되어 확정판결이 내려지기까지 부지하세월(不知何歲月)이 된다는 것이다.

오심 예방을 위한 AI의 역할

필자는 법왜곡죄 도입 외에 AI의 활용 가능성을 생각해 본다. 현실적으로 인공지능의 도입과 활용이 오심을 줄이는 한 가지 방안이 될 수 있을 것으로 생각한다.

이 책에서도 '테니스장 오심'과 관련한 각종 쟁점의 정리에서 인공지능의 도움을 받았다. 인공지능을 AI판사로 활용하여 여러 쟁점에서, 기성 판사나 변호사 외에 새로운 관찰자와 판단 주체가 되어 객관적이고 정확한 의견을 제시하도록 하는 차원에서 활용하였다.

현실 재판에서도 이와 마찬가지 방법으로 활용할 수 있을 것으로 본다. 대법원뿐 아니라 법조계 전반에서 AI의 활용방안을 모색하고 있는 것으로 알려져 있다. 필자는 특히 오심 방지 차원에서 법원이 AI 도입에 적극적으로 나서기를 희망한다.

오심 방지 및 AI 도입에 관한 AI판사 보고서

1. 서론

형사재판에서 오심은 단지 한 개인의 삶을 무너뜨리는 데 그치지 않고, 사법제도 전반에 대한 국민의 신뢰를 심각하게 훼손한다. 약촌오거리 살인사건, 삼례 나라슈퍼 사건 등은 수사기관과 법원의 판단 오류가 어떻게 한 사람의 인생을 파괴하는지를 단적으로 보여준다. 이러한 현실 속에서 AI 판사의 도입은 오심을 방지하고, 공정한 재판을 구현할 수 있는 중요한 수단으로 주목되고 있다.

2. 오심의 주요 원인

오심은 다음과 같은 요인에서 비롯된다.

- ◆ 판사의 직관과 감정 의존
- ◆ 과도한 사건 부담에 따른 증거 미검토
- ◆ 반복된 진술의 일관성에 대한 과신
- ◆ 공소 유지 목적의 검사 논리 수용
- ◆ 객관 증거 해석 미숙
- ◆ 확증 편향과 무의식적 차별

AI는 이러한 요소 중 상당 부분을 정량적·논리적 분석으로 대체함으로써 오심 방지에 기여할 수 있다.

3. AI 판사의 오심 방지 기능

가. 진술 분석의 정밀화

AI는 진술 기록 전체를 비교하여, 동일 인물의 진술 간 모순 여부를 탐지하고, 수사기관 진술·법정 진술·녹취록 등을 종합 분석할 수 있다.

나. 판례·양형 비교 분석

AI는 수십만 건의 판례와 양형 자료를 입력값으로 삼아, 유사한 사실관계에서 어떤 판결이 내려졌는지 통계적으로 예측 가능하다. 이는 판사에게 편향된 결론을 자각할 기회를 제공한다.

다. 동영상·음성 증거 자동 해석

이미 실제 감정 사례에서 보이듯, 영상분석 AI는 3D재구성 및 행동 분류를 통해 폭행 여부, 밀침 방향, 행동 반응 등을 추정할 수 있다. 이는 인간 감정인의 해석 한계를 보완한다.

라. 법리 해석 오류 자동 탐지

AI는 형법·형소법 조문과 최신 판례를 대조하여, 법리 적용의 오류 가능성을 사전에 감지할 수 있다. 자유심증주의(형사소송법 제308조)나 증거재판주의(제307조)의 남용도 자동 분석 가능하다.

4. 국내 AI 재판 시스템 도입 현황

가. 지능형 재판지원시스템 개발 및 시범 운영

대법원은 2022년부터 '지능형 재판지원시스템' 개발을 추진하고 있으며, 일부 법원에서는 시범 운영이 이루어지고 있다. 이 시스템은 판결문 요약, 유사 판례 검색, 사건 자동 분류, 진술 요지 추출 등을 지원하는 AI 기반 보조 도구로, 판사의 판단을 보조하는 목적으로 설계되었다. 단독으로 법적 판단을 내리거나 판결문을 확정하는 기능은 없으며, 모든 결과물은 법관이 최종 검토·확정한다.

나. AI 재판 관련 연구 활동

법원행정처 산하 사법정책연구원 및 정보화센터를 중심으로 AI의 재판 보조 활용에 관한 다수의 정책 연구와 파일럿 프로그램을 운영하고 있다. 여기에는 일부 판사와 기술 전문가들이 참여하고 있으며, AI를 활용한 판례 추천, 법률 요약, 사건 분류 정확도 개선 등에 대한 연구가 진행 중이다. 다만 아직 판결 예측 알고리즘의 본격적인 실무 적용은 이루어지지 않았고, 이와 관련된 실증적 정확도 검증은 제한적으로 이루어지고 있다.

5. 해외 주요 사례

- ◆ 중국 상하이 AI 법정: 중국은 '스마트 법원' 시스템을 통해 AI가 소액 민사사건에서 판결문 초안을 작성하고, 이를 인간 판사가 검토 및 승인하는 구조로 운영하고 있다.
- ◆ 미국 COMPAS 시스템: 피고인의 재범 가능성을 평가하는 도구로, 판사에게 참고 자료로 제공되며, 판결의 보조 수단으로 활용된다.

6. AI 판사의 한계와 보완책

- ◆ 도덕·정서 판단 불능
- ◆ 입력 자료 편향 가능성
- ◆ 책임 소재 불명확성
- ◆ 공공 불신 및 '비인간성' 우려

따라서 단독판결 도구가 아닌 보조 판단 시스템, 감시 보조 장치로 활용하는 것이 바람직하다.

7. 결론 및 제언

AI 판사의 도입은 사법의 오류를 줄이고, 합리적이고 일관된 판단을 가능케 하는 유력한 수단이 될 수 있다. 특히 오심을 야기한 주요 사례의 구조적 요인을 AI가 보완 가능하다는 점에서, AI는 '오심 방지 장치'로 작동할 수 있다.

마치며

"권력은 부패를 속성으로 하며, 절대권력은 절대적으로 부패한다."

영국의 저명한 역사학자 액턴 경이 1887년 한 주교에게 보낸 서한에서 언급한 내용이다. 당시 액턴 경은 이 말에 정치권력뿐 아니라 교회(교황권) 같은 제도·직위 권력에 대한 경고의 메시지를 담았다. 모든 권력은 통제 없이 집중될 때 인간을 부패시킨다고 경고했다. 마치 고인 물이 필연적으로 썩는 것처럼. 이런 취지는 같은 편지에서 이어지는 "직위가 그 보유자를 성스럽게 만든다는 것만큼 나쁜 이단은 없다."는 구절에서도 잘 나타나 있다.

이 말은 현재 우리 사회의 재판권에 그대로 적용된다. 이는 필자가 '테니스장 오심'을 추적하면서 철저히 느낀 점이다. 판사들은 재판에 관한 한 절대권력을 행사하고 있다. 오심을 해도 아무런 견제나 처벌을 받지 않는다. 모든 오심은 법관의 자유심증이라는 미명 하에 합리화된다.

일부 판사들은 마치 신(神)인양 군림하며 사회의 기본 상식마저 왜곡하고 있다. 오심의 피해 당사자가 목숨을 잃고 일생을 망치는 비극과 불행을 겪어도 오심 판사는 재판권 뒤에 숨어 얼굴조차 드러내지 않는다. 이것이 우리 사회의 실상이다.

우리 사법 현실에서는 재판권을 오남용하는 판사들이 예상 외로 많은 것 같다는 것이 필자의 느낌이다. 따라서 '고인 물'이 제대로 흐를 수 있도록 물꼬를 터 주어야 한다. 재판권에서 그것은 견제 장치이다. 절대화된 재판권이 오남용 없이 적절하게 사용될 수 있도록 해야 한다. 재판권을 오남용한 판사를 처벌하는 법적 장치가 마련되어야 한다는 생각을 피할 수 없다.

우리는 '고인 물'을 국회의원의 탄핵소추권, 입법권 오남용에서도 본다. 다수당이 자기네 마음에 들지 않는 정부 고위인사를 무조건 탄핵소추하는 현실에서 적절한 견제장치가 필요하겠다는 생각을 하게 된다. 그리고 국가적 필요성, 국민적 여망과는 무관하게 당리당략에 따라 입법권을 오남용하는 현실은 결코 방치되어서는 안 될 것이다. 이런 국회 권한의 오남용을 막기 위해 국회의원 해임 중간투표제, 선거구민 소환제 등의 견제장치의 도입이 시급하다는 생각을 한다.

사법부와 판사들은 툭 하면 3심제를 들먹인다. 그러나 현실을 돌아보면 3심제는 빛 좋은 개살구에 불과하다. 1심의 오심에 대해 사건의 사실을 다시 다투고 바로잡을 기회는 항소심에서 끝난다. 하지만 항소심도 1심의 판결문에 결재도장 찍는 식으로 끝나는 경우가 허다하다. 그리고 대법원은 법률심이라는 미명 하에 아예 심리조차 하지 않는 경우(간이기각)가 대부분이다. 이렇게 따져보면 우리나라는 단심제라고 하는 것이 타당하다.

이런 경향은 경미한 사건, 소액 사건에서는 두드러진다. 실형이나 중형 사건이 아니면 1심 판사는 철저한 진상 규명 없이 대충 공소장의 토대로 유죄 판결을 내린다. 2심 재판부는 사건의 재검토는커녕 결재도장 찍기에 급급하다. 대법원은 아예 제대로 눈길도 주지 않는다. 경미한 벌금형 사건은 판사 기분대로 해도 된다는 권리를 누가 부여했는가?

이렇게 오심을 확정해 놓고도 재심을 청구하면, 이미 3심까지 거쳐 확정된 사건이라며 기각하기에 급급하다. 이때 판사들의 핑계는 "3심까지 거치면서 공정한 재판을 거쳐 확정된 판결을 쉽게 번복하면 법적 안정성이 손상된다."라는 것이다.

정말 제대로 된 3심을 거쳤나? 공정한 재판을 받았나? 1-2-3심 재판부가 제대로 사건을 들여다보고 제대로 심리를 했나? 그러고는 법적 안정성? 오심을 토대로 쌓아올린 법적 안정성은 사상누각(沙上樓閣)일 뿐이다. 정치권을 비롯한 우리 사회의 작금의 현실은 그 사상누각이 무너지고 있음을 보여준다. 허울뿐인 3심제는 이제 손 봐야 할 때가 되었다는 생각을 피할 수 없다.

재판 지연과 오심에 대한 비판이 거세질 때마다 사법부는 "담당하는 사건이 너무 많다."는 말을 방패처럼 앞세운다. 2023년 법원 접수 사건이 666만 7,442건으로 전년 대비 8.1% 늘었고, 2024년에는 691만 5,400건으로 다시 증가했다. 늘어난 사건은 재판의 질을 갉아먹고, 국민의 권리는 통계 속 처리 물량으로 축소된다. '사건 과다'는 현실이다.

개별 법관의 업무량을 들여다보면 현실은 더 적나라하다. 법관 1인당 본안사건 처리 기준으로 지방법원은 503건, 고등법원은 96건, 대법원은 4,038건이 공개돼 있다. 대법관 1인당 연간 사건 부담은 3,100~3,300건대로 추산된다. 하루로 환산하면 몇 건씩 결론을 내야 하는 속도전이다. 기록을 읽고, 쟁점을 정리하고, 대체설명을 검토해 논리적으로 배척하는 정상적인 '심리'가 이 물량에서 가능하다고 말할 수 있는가. 이 구조에서는 판결이 문장으로 완성되기 전에 이미 시간표가 결론을 정한다.

문제 해결의 핵심은 간단하다. 사건 과다는 우연이 아니라 구조이며, 구조는 인력 확충으로만 풀린다. 대법관을 의미 있게 증원하고(최소 26명 이상으로의 확대가 출발점이다), 항소심과 사실심 재판부의 판사 정원을 혁신적으로 늘리며, 재판연구관·서기관·기록관리 인력을 함께 대폭 보강해야 한다.

사법부는 더 이상 "사건이 너무 많다."는 말을 변명으로 사용할 수 없다. 언제까지 사건 과다를 방치할 것인가. 결국 답은 숫자에서 숫자로 돌아온다. 늘어난 사건에 맞춰 판사와 대법관을 혁명적으로 늘리고, 보조 인력으로 심리 능력을 복원해야 한다. 물론 이는 사법부 혼자의 힘으로 되는 일은 아니지만 그렇다고 이 외에 다른 뾰족한 해법은 없다.

'사건 과다'와 관련하여 한때 대법원은 상고법원의 설치를 내세운 적이 있다. 이 방안은 위헌 소지, 4심제 등의 논란으로 현실화하지 못했다. 하지만 이 방안도 대법원만을 위한 방안이었을 뿐 하급심까지 포함한 방안은 아니었다. 이제 대법원은 간판만 3심제인 오늘을 지속할 것인지, 내용까지 3심제로 복원할 것인지 선택할 시간은 끝났다.

사법부에 대한 문제가 제기될 때마다 사법부는 재판의 독립, 법적 안정성 등을 방패로 삼아왔다. 판사의 잘못을 지적하면 그것이 재판의 독립을 훼손하는 일인가? 오심을 지적하면 그것이 법적 안정성을 해치나? 오히려 오심이 누적되면 법적 안정성이 훼손된다는 것이 상식이다. 판사들은 착각하지 말아야 한다.

"국민이 부여한 재판권에는 '오심할 권리'까지 포함되어 있지 않다."
"오심을 일삼는 판사는 폭정을 하는 독재자와 다름없다."
"법을 왜곡하는 판사는 더 이상 법관이 아니다."

지은이

**대법관을
징역 1년에
처한다**

초판 1쇄 인쇄	2025년 12월 3일
초판 1쇄 발행	2025년 12월 8일
지은이	김창기
발행인	김창기
편집	김제석
교정	김연수
디자인	홍시
펴낸 곳	행복포럼
신고번호	제 25100-2007-25호
주소	서울시 광진구 아차산로 452, 다성리버텔 504호(구의동)
전화	(02) 2201-2350
팩스	(02) 2201-2326
이메일	somt2401@naver.com
인쇄	정우P&P
ISBN	979-11-85004-06-8

* 값은 뒤표지에 있습니다.
* 잘못된 책은 바꾸어 드립니다.